一套关于传统文化的百科知识全书

传统文化十万个为什么

历史文明
科学技术
军事体育

撰写者

薛斐　蒋成峰　包学菊　徐秋琴　续文嘉　李洁　姜晓松
陈然　尹日高　何余华　文孟君　乔天一　张辉
舒银霞　方萍
王林晚　陈品

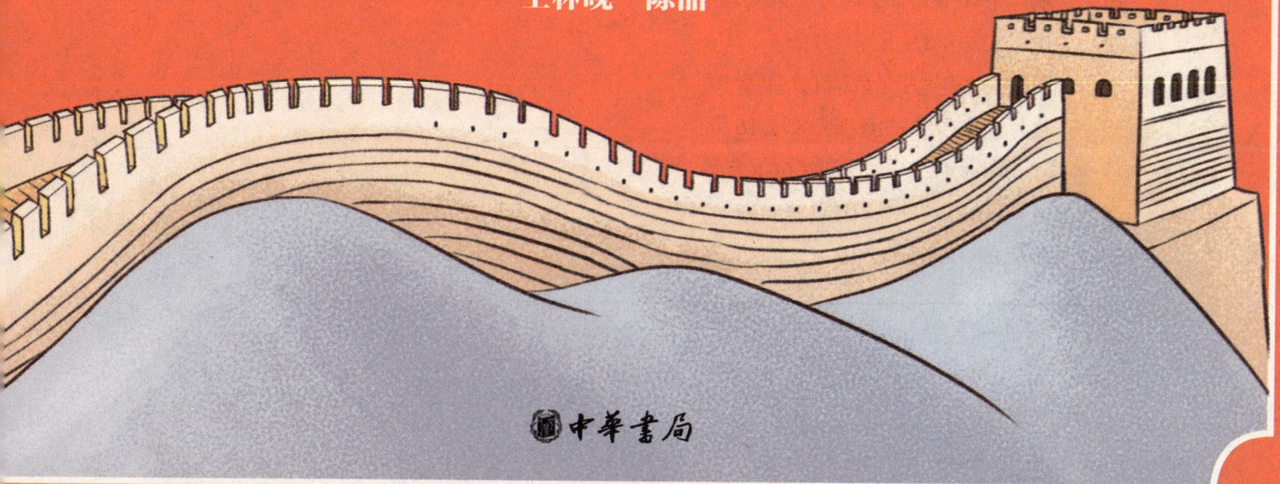

中華書局

图书在版编目（CIP）数据

传统文化十万个为什么 / 中华书局编辑部编. — 北京：中华书局，2020.8

ISBN 978-7-101-14654-7

Ⅰ.传…　Ⅱ.中…　Ⅲ.中华文化—青少年读物　Ⅳ.K203-49

中国版本图书馆CIP数据核字（2020）第128162号

书　　名	传统文化十万个为什么（全三册）
编　　者	中华书局编辑部
责任编辑	刘德辉　杨旭峰　刘晶晶　刘　三
出版发行	中华书局 （北京市丰台区太平桥西里38号 100073） http://www.zhbc.com.cn E-mail:zhbc@zhbc.com.cn
印　　刷	中煤（北京）印务有限公司
版　　次	2020年8月北京第1版 2020年8月北京第1次印刷
规　　格	开本/787×1092毫米 1/16 印张42.75　字数661千字
国际书号	ISBN 978-7-101-14654-7
定　　价	168.00元

为什么是这样而不是那样?

——写给爱问“为什么”的你

面对奇妙的大千世界，我们的脑海里时常会蹦出无数个“为什么”。写字的时候可能会问：为什么汉字一、二、三画横杠，四就不画了呢？早上起来梳头时也许会问：额前的短发为什么叫“刘海”？难道头发也有姓名吗？上学路上会问：古人上学也背书包吗？古人上课有没有课程表呢？下雨的时候会问：古人也有雨伞吗？出去旅游的时候会问：很多地方的大门前都放着一对石狮子，为什么不放石老虎呢？……细心的你可能已经发现，生活中有许多事物和现象，背后好像都有着一段来历。很多我们习以为常的东西，它的来龙去脉可能很复杂，甚至久远得超乎我们的想象。许多我们固有的认识和观念，可能也并不正确、严谨。

这些“为什么”，其实就是历史变迁在我们的文化和生活中留下的印记，每一个问题的背后也许都藏着一段曲折而有趣的“内幕”。而要追寻它们的答案，就必须沿着历史的河流回溯，去发源地做一番考察。这一过程，能让我们更真切、更深入地理解我们的文化。

我们的文化为什么是这样而不是那样？因为今天的我们不是孤立的个体，我们跟过去有着千丝万缕的联系，我们是有着悠久历史的中国人，今天的每一个现象背后都有着历史的痕迹，几千年发展传承的文明使得我们今天的种种现象和文化是这样而不是那样。为什么我们长成这样？为什么我们的衣食住行和西方人有很多不同？为什么东西方人在某些观念上不尽相同？这一切都需要从过去寻找答案。

这套《传统文化十万个为什么》如同一幅助你探寻历史的导航图，也是一部内容丰富的传统文化百科知识全书。我们按照不同的话题分为历史文明、科学技术、军事体育、多彩汉语、文学长河、艺术博览、日常生活、身体奥秘和地理名胜九个部分，以“一问一答”的形式解答传统文化的相关问题。这些问题多从生活中来，那些与传统文化有关的最有趣的问题，都可以在书中找到答案。我们力求把问题的答案写得通俗易懂、好玩有趣，使它既有知识性，又有趣味性。为了扫清阅读障碍，我们给一些生僻字词加了注音和简注，为一些问答配了有助理解的插图。让大家在轻松愉快的阅读体验中收获传统文化知识，是编辑这套图书的初衷。

本套图书由精通传统文化、乐于分享知识的专业人士协力完成，感谢他们辛勤而有益的劳动。

现在，让我们一起来问关于传统文化的“十万个为什么”吧！

中华书局编辑部

目 录

历史文明

科学技术

军事体育

历史文明

中国人自称为“龙的传人”，龙真的是我们的祖先吗？中国龙和侏罗纪的恐龙有关联吗？

中国人自称“龙的传人”，我们的祖先真的是龙吗？世界上真的有龙这种动物吗？如果有的话，是不是来自侏罗纪的恐龙呢？

遥远的原始时代，人类还处在蒙昧时期，自然界各种各样的危险事物都可能给人造成伤害。人类幻想着有一种超能力来帮助他们，庇护他们。人们觉得很多日常见到的动物都具有某种自己不具备的本领：鸟会飞，鱼会游，老虎、狮子都有锋利的牙齿……于是把这些动物当作自己的祖先和自己部落的守护神，在和别的部落打交道的时候就以这些动物的形象作为自己部落的标志，这就是所谓的“图腾”。

最早的时候，原始部落很多，每个部落都有自己的图腾。有的时候为了避免战争，人们采取和平的方式合并成更大的部落，于是就用几种动物的组合体形式作为图腾。龙图腾应该就是这样产生的。现在我们看到的龙的形象基本上是这样的：身体总体上像一条大蛇，但是长着牛的脑袋、鹿的犄角、龟的眼睛、鱼的鳞片和须子、鹰的爪子、老虎的脚掌。这样的动物在自然界中是不存在的，只能是部落图腾融合的结果。

至于现实世界中真实存在过的恐龙，它们生活在中生代，是一种体型庞大的爬行动物，距今6500万年前就已经灭亡了。虽然现在我们可以通过一些化石来还原它们的形象，但我们人类的历史最长不过两百万年，所以即便是我们最早的祖先也无缘见到最后的活恐龙。我们是龙的传人，只是说我们祖先的图腾是龙，和恐龙一点儿关系都没有。

我们国家什么时候有了“中国”这个名字？

“中国”这两个字在历史上多用来指一个区域，主要是黄河流域的中原地区，也就是现在的河南、陕西等地。这些地方是华夏民族最早的聚居地，文明程度比周围的民族要高，由此，中原人就有了一定的优越感，觉得自己是世界的中心，自己所处的地

方就是世界的中央，这种思想一直影响了几千年。

与地域概念相应的是民族的概念。从先秦时代中国人就自称为“华夏”。“华”就是“花”，意思是我们的服饰很漂亮；而“夏”就是“雅”，意思是我们的礼仪很雅正。“华夏”其实更偏重于文化上的认同而不是血缘上的关系。几千年来，周边少数民族不断地接受、融入中原文化，渐渐地也都成了“华夏”的组成部分。“华夏”“中华”慢慢地成了我们的固定身份，不随朝代变迁而改变。

在历史上，汉代的版图基本上和秦代一样而有所扩展，而且国力更加强大，所以“汉”便成了我们民族的代称，我们说的是汉语，写的是汉字。除了汉代以外，我国历史上最让国人引以为傲的朝代就是唐朝，所以现在国外的华人聚居区还被称为“唐人街”。

辛亥革命成功后建立的中华民国和1949年成立的中华人民共和国，简称都是“中国”。所以，“中国”这两个字作为真正意义上的我们国家的名称，其实不过100多年的历史。

为什么一些朝代前要加上“东”“西”“南”“北”，比如“西汉”“东汉”“南宋”“北宋”呢？

我国历史上的朝代，很多都有“东”“西”“南”“北”的前缀，比如“西汉”“东汉”“西晋”“东晋”“南宋”“北宋”等。其实，这些前缀都是后人加上去的，为的是区分相同国号的朝代，在当时并没有这样的称呼。

刘邦建立的朝代叫“汉”，新莽政权被推翻后，光武帝刘秀建立的政权同样叫“汉”。人们将刘邦建立的汉朝叫“西汉”，把刘秀建立的汉朝叫“东汉”。这是因为刘邦定都长安，刘秀定都洛阳，而长安在洛阳的西边，这是以都城的地理位置来区分这两个汉朝。当然，也有人称刘邦建立的汉朝为“前汉”，称刘秀建立的汉朝为“后汉”，这是从两者建立的时间上来区分的。到了三国时期，汉皇室刘备以正统自居，建立的朝代名称也叫汉，后人以他政权所在区域——蜀地作前缀，称之为“蜀汉”。

其他有前缀的朝代大多与此相似。比如晋武帝司马炎取代曹魏政权而建立晋朝，定都洛阳。后来，在北方游牧民族的攻击下，建都洛阳的晋朝亡国了，宗室司马睿在大臣的保护下逃到南方即位称帝，定都在今天的南京，国号也叫“晋”。后世就把定都洛阳的晋朝叫“西晋”，把定都在南京的叫“东晋”，因为洛阳在南京的西边。

唐朝灭亡以后，我国经历了五代十国时期，五代分别是梁、唐、晋、汉、周。但此前这些国号都已经存在过了，怎么办？后人根据它们建立的时间，为朝代名加上前缀，称“后梁”“后唐”“后晋”“后汉”“后周”以示区别。

宋太祖赵匡胤靠“黄袍加身”建立的宋朝，定都在开封。后来，金兵南侵，宋徽宗和宋钦宗两位皇帝成了俘虏。钦宗的弟弟赵构在南方被大臣拥立为皇帝，定都在临安，国号仍叫“宋”。因开封在临安的北边，所以后人就把赵匡胤建立的宋朝叫“北宋”，把赵构建立的宋朝叫“南宋”。而早在南北朝时期刘裕就曾建立过一个宋朝，为了与后来的北宋、南宋相区别，人们根据建立者的姓氏称其为“刘宋”。

汉服、唐装、长袍、中山装……到底哪个才是真正的“国服”？

历史上，不同朝代的服饰有很大的不同，中国传统服饰经历了变革。

在清代以前，中国的传统服饰的主要特点是交领、右襟，不用扣子，而用绳带系结，主要形制有“上衣下裳”制、“深衣”制（把上衣下裳缝连在一起）、“襦（rú）裙”制（襦为短衣）、“通裁”制（长衫、外披）。这样的服饰特点始于周朝，止于明朝。而在明朝覆灭后，清朝统治者推行满族的发型和服饰，禁止人们穿戴汉族服饰，史称“剃发易服”。

我们今天看到的旗袍、长袍、马褂等，其实是满族服饰的改良和发展，并非真正意义上的汉族服饰。我们今天所说的唐装和唐代的服装完全不是一回事。唐代的服装也是交领、右襟、系带、无扣。今天的唐装是从清朝满族服饰马褂发展而来的，特点是立领、对襟、盘扣，并融入了西式裁剪技术，如在肩部接袖等。

辛亥革命推翻满洲贵族的统治之后，孙中山认为应当有一种代表辛亥革命成果的新服饰，于是结合西服款式和一些特殊含义创造了中山装，它具有思想和政治含义：衣服外的四个口袋代表“国之四维”（即礼、义、廉、耻）；前襟的五粒纽扣和五个口袋（一个在内侧）表示五权宪法学说（五权即行政权、立法权、司法权、考试权、监察权）；衣领为翻领封闭式，表示严谨的治国理念；衣袋上面弧形中间突出的袋盖形似笔山（一种笔架），代表重视知识分子，背部不缝缝，表示国家和平统一的大义。

中国历史上在位时间最短和最长的皇帝分别是谁？

中国历史上在位时间最短的皇帝是金昭宗，也称金末帝。他名叫完颜承麟，女真名叫呼敦。

金哀宗统治时期，金朝已经四面楚歌、风雨飘摇。北边的蒙古对它虎视眈眈，南边的宋朝为报靖康之耻与蒙古联合，誓死要灭金。

公元1234年，宋蒙联军攻破金朝最后的据点蔡州，金哀宗传位给完颜承麟。在举行禅让仪式时，宋军已攻入南城，蒙古军已攻破西城。完颜承麟在匆忙中完成登基大典，率兵投入巷战，金哀宗则自缢（yì）身亡。完颜承麟率领金军将士拼死抵抗，但最终突围失败，战死在乱军之中，在位时间不足半天，如此看来他确实是中国历史上在位时间最短的皇帝了。

中国历史上在位时间最长的皇帝是清康熙皇帝爱新觉罗·玄烨。他8岁登基，69岁辞世，在位61年。中国历史上最后一个封建王朝盛世——康乾盛世的出现，和康熙皇帝在位时间长分不开。

康熙皇帝的孙子乾隆皇帝25岁登基，为了不超过自己的祖父，在位满60年后便将皇位让给了儿子嘉庆帝，自己又做了4年的太上皇，直到89岁才去世。而乾隆当太上皇时，嘉庆其实只是名义上的皇帝，一切政令措施还是要看乾隆的眼色行事。乾隆是无皇帝之名而行皇帝之实，如此算来乾隆做皇帝的时间应该是64年，比康熙多3年。

中国历史上即位年龄最小和最大的皇帝分别是谁？

东汉的殇（shāng）帝是中国历史上即位年龄最小的皇帝，他刚生下来一百天就当上了皇帝。殇帝名叫刘隆，是汉和帝与邓皇后的儿子。和帝在世的时候，生了许多皇子，可大多都夭折了。和帝认为这是宦官和外戚在谋害自己的儿子，便将剩余的皇子都送到民间抚养。

永元二年（106）正月，汉和帝死了，邓皇后因长子刘胜有病，不适合做皇帝，便将刘隆迎回皇宫，准备继承皇位，刘胜则被封为平原王。当时的刘隆出生只有一百天，还在襁褓中。

中国历史上即位年龄最大的皇帝应该是武则天。公元690年，武则天废黜自己的儿子唐睿宗李旦，登基做了皇帝，改国号为“周”，史称武周。此时，武则天已经67岁了，同时她也是我国历史上唯一的女皇帝。

如果以男皇帝论，南朝宋武帝刘裕算是即位年龄最大的皇帝，他做皇帝时已经65岁了。刘裕在东晋为官时逐渐掌握了大权，最终废了晋恭帝司马德文，自立为皇帝，国号“宋”，定都建康（今江苏南京），史称刘宋。

西周建立后将诸侯分封到各地，是因为都城太小没有地方供他们居住吗？

周武王伐纣取得胜利，建立了周朝，史称西周。为统治广大的疆域，周朝采取了分封制。所谓分封，就是将除了周朝都城及周边的其他土地划分为一个个诸侯国，让周朝的同姓宗族子弟、异姓功臣，以及古代帝王的后代去治理，这些人被称为诸侯。

诸侯拥有诸侯国内的土地、人口，并掌握着行政、军事、财政大权。他们还要履行相应的义务，那就是向中央缴纳贡赋，定期去朝见周天子，派兵随从周天子作战。诸侯若不尽义务，不服天子管辖，周天子有权率军讨伐。可见，西周的分封制度有着一套完整而规范的体系。

在封国内，诸侯同样按照周天子的方式将封地划分为许多部分，分封给卿大夫。卿大夫还可以把自己的领地分封给下面的士。这样，周天子一诸侯一卿大夫一士，形成了一个金字塔式的等级结构。

分封是管理统治区域、巩固政权的必要手段，因为当时社会的发展水平还很落后，没有今天这样便捷的交通工具，更没有先进的武器，这就使中央政府不可能随时有效控制所统辖的地区，如果某一地方发生叛乱，周天子的军队无法迅速平定，造成的后果可想而知。而通过分封，这些问题都可以妥善解决。诸侯听命于周天子，中央与地方诸侯国的联系加强，周王朝的统治得以保持稳定。

然而，西周中期以后，分封制的弊端逐渐显露。周天子力量衰微，不能制止诸侯势力的扩张，只好任由其发展，由此导致了春秋战国时期的乱局。

赵武灵王提倡穿少数民族的衣服，学习骑马射箭，是因为他喜爱穿衣打扮和游乐打猎吗?

赵国是战国“七雄”之一，赵武灵王是赵国的第六位国君，他执政时推行“胡服骑射”，即穿少数民族的衣服，学习少数民族骑马射箭，这种做法可不是为了穿着奇装异服去打猎，而是要使国家强盛起来。

当时的赵国军事力量不强，时常受到周边国家的欺负，就连北方的林胡、匈奴等游牧民族也时不时南下骚扰。赵武灵王意识到，再这样下去赵国很快就会被兼并掉。要想使国家强大起来，必须首先在军事上进行改革。

我国古代把北方游牧民族称作胡人，赵武灵王发现胡人作战时都是骑在马上的，行动很灵活。而中原各国作战往往是用马拉着战车，速度慢还不灵便。而且赵国的士兵都穿着笨重的长袍甲胄（zhòu），还没上战场就已经把自己累得不行了。

于是，赵武灵王决定让自己的士兵学着胡人的样子，脱掉厚重的铠甲，穿着胡人轻便的短衣长裤，骑在马上打仗。

然而，这个看似平常的决定，却遭到了众多王公贵族的反对，特别是改换服装一

项，被认为是大逆不道之举，坏了祖宗的礼法，是将自己等同于野蛮之人。赵武灵王力排众议，于公元前302年下令，军队实行胡服骑射。他又亲自训练了一支强大的骑兵队伍，改变了此前单纯靠战车和步兵作战的方法。

实行胡服骑射的效果很明显，赵国的军事实力逐渐强大起来，不但打败了前来侵扰的中山国，还攻破了林胡、楼烦等少数民族部落，并占领了今天内蒙古南部黄河两岸的广大地区，建立了云中、九原两个郡，又在阴山筑长城以抵御胡人。此时，赵国已成为实力仅次于秦、齐两国的军事强国。

秦始皇大规模焚毁书籍还活埋儒生，他为什么要和读书人过不去？

公元前221年，秦始皇统一六国，建立起了中国历史上第一个专制主义中央集权的统一多民族国家。接下来，他就要设法巩固自己的统治了。

首先，他认为自己的功绩“德兼三皇、功盖五帝”，所以创立了“皇帝”这一称号，自称为始皇帝。“皇帝”便成为此后两千年来中国封建社会最高统治者的称呼。

秦始皇还设立了“三公九卿”的官僚体制。三公九卿都听命于皇帝，由皇帝任免，不能世袭。皇帝独揽国家的政治、经济、军事大权。

在全国范围内，秦始皇确立了郡县制度。把全国分成36个郡，郡下分为若干县，县下又分乡、里、亭，把一家一户的百姓编制起来，以保证税收和监管。

然而，有一次在秦始皇宴请群臣的酒会上，博士淳于越出言反对郡县制，说不学习古人的分封制，国家不会长久。丞相李斯马上站出来反驳他，建议除了秦国历史、医药、卜筮、种树这种类型的书外，把民间的《诗》、《书》、诸子百家学说及秦国史以外的史书都烧了。秦始皇接受了他的建议，下令焚书，并禁止私人办学，愿意学习法令的，以官吏为师。

焚书的第二年，有方士（古代好讲神仙方术的人）卢生和侯生偷偷讥讽秦始皇。秦始皇知道后大为生气，命人追查都城咸阳内的所有方士儒生，并亲自为其中的

四百六十多人定了“妖言惑众”的死罪，下令将他们活埋。这就是历史上著名的“坑儒”事件。

秦始皇焚书坑儒是为了统一思想，巩固秦王朝的统治。但这种做法是残暴、愚昧的，它不仅造成了中国古代文化典籍的毁坏和读书人的心理恐慌，更加剧了阶级矛盾和人民对暴政的不满。秦朝只存在了短短15年就灭亡了。

我们常说“成也萧何，败也萧何”，萧何是谁？

我们比喻一件事情的成败、好坏都由一个人造成，会说这事真是“成也萧何，败也萧何”。这句话要从一个叫韩信的人说起。

韩信年轻时家里很穷，在秦末反秦义军并起时，他曾投奔项梁和项羽，都没得到重用。此时，韩信听说刘邦任用贤能，便去投靠，结果也只做了小官。

后来，一次偶然的机会，韩信认识了刘邦的谋士萧何，两人很快便成了朋友。萧何很赏识韩信，多次向刘邦举荐，可刘邦丝毫没有重用之意。失望之余，韩信再一次选择了逃走。萧何知道后，连夜将其追回。这就是历史上有名的“萧何月下追韩信”。最后萧何终于说动了刘邦，任命韩信为大将。

刘邦在和韩信的交谈中，发现他果然是个奇才，从此倍加信任。韩信也不负众望，出谋划策，东征西讨，终使刘邦打败了项羽，取得了天下。韩信因功被封为楚王，成为诸将领中功劳最大、才能最强、威望最高的大臣。

然而，不久，就有人告发韩信谋反，刘邦亲自带兵将他擒拿，贬为淮阴侯。韩信被削去了王位，心想自己为汉室出生入死，最后却落得如此下场，于是私下与代国相国陈豨（xī）联系，约定陈豨在北方举事，韩信在长安响应。

后来，陈豨举兵反叛。刘邦亲自带兵平叛，韩信称病不出征。这时有人向吕后告发韩信准备谋反，吕后设下圈套，命萧何出面引韩信入宫，因为她知道萧何的话韩信一定会听。萧何假称叛军已败，陈豨已死，请韩信进宫向吕后贺喜。韩信想不到萧何会谋害自己，刚入宫门，就被捉住。吕后将他带至长乐宫钟室杀害了，诛灭三族。

韩信的成功是由于萧何的大力推荐，韩信的败亡也与萧何有关。因此民间有了“成也萧何，败也萧何”的说法。

中国历史上最早做自我批评的皇帝是谁？

皇帝做自我批评一般会颁布“罪己诏”，就是自我反省罪过的诏书。

中国历史上最早做自我批评的皇帝是汉武帝，他在公元前89年颁布了一道《轮台罪己诏》，轮台是地名，在今天的新疆维吾尔自治区轮台县。此后，每当朝廷出现危机、国家遭受天灾、政权处于危难时，皇帝都会颁布“罪己诏”进行自省或检讨，并成为惯例。

汉武帝是一位雄才大略的君主，他在位期间取得了丰功伟绩：数次大破匈奴，平定西域，使盐铁由国家垄断专营，并削弱王侯势力，加强了中央集权。

然而，到了晚年，汉武帝却大搞迷信活动，并且花费巨资，多次出游，夸耀自己的功绩。宫廷中还发生了“巫蛊之祸”，逼死了无辜的太子刘据和卫皇后，受株连的有数万人之多，等他明白过来时，悔之晚矣。

经济上，由于连年对外用兵和肆意挥霍，导致国库空虚，加上吏治日趋腐败，社会矛盾激增，接连爆发起义。

因此汉武帝对自己的所作所为颇有悔意。公元前89年，大臣桑弘羊等人上书皇帝，建议在轮台驻扎兵力以防备匈奴，汉武帝驳回了他们的请求，并下“罪己诏”反思自己的过失，表示从今以后，凡是伤害百姓、浪费天下财力的事情，一律废止。《轮台罪己诏》的发布，使汉朝的统治方针发生了转变，重新回到了与民休息、重视农业发展的轨道，从而避免了像秦朝那样迅速败亡的结局。

皇帝也可以假冒吗？为什么两汉之间会出现一位“假皇帝”？

西汉和东汉之间有一个历时16年的短命王朝——新朝，它是王莽以汉室外戚的身份篡夺西汉帝位而建立的。

王莽是汉成帝的母亲王政君的侄子，王家在当时是很有权势的外戚。王莽幼年丧父，王太后将王莽母子养在宫中。王莽年轻时博学多才，谦恭礼让，声望很高。

汉哀帝死后，王莽开始了他的腾达之路。王太后让大臣推举王莽为大司马，领尚书事，将国家的政权交他执掌。王莽拥立年仅9岁的平帝，还把自己的女儿嫁给了他，从此国家大事便由他一人决定。不久，王莽又被封为宰衡，地位远在其他王公大臣之上。6年后，年仅14岁的汉平帝死了，王莽为了避免年长的皇帝继位后影响自己手中的权力，便选了一个两岁的婴儿为皇太子。王太后借口皇太子年幼，没有能力执政，命王莽暂代天子摄理国家政务，称“假皇帝”。这里的“假”不是“真假”的意思，而是“代理”的意思。

公元8年，王莽篡汉自立，自称“新皇帝”，完成了从一个“假皇帝”到“真皇帝”的转变。当皇帝后的王莽针对当时土地兼并严重、大批破产农民沦为官私奴婢的现状，打出了复古的旗号进行改革。但他推行的政策和措施不符合实际，无论是贵族还是百姓都站出来反对，社会矛盾不断加剧。

终于，以绿（lù）林军、赤眉军为主的农民起义爆发了。公元23年，绿林军的一支劲旅攻入长安，长安城中年轻人纷纷响应，攻入皇宫杀死了王莽，新朝彻底灭亡。

东汉冯异为什么被称为“大树将军”？他长得像大树一样高大吗？

冯异是东汉开国名将，起初他在新朝任职，然而他发现王莽的统治不得人心，于是产生了离开的念头。他听说当时的起义军领袖刘秀有远见，于是就投奔了他。得益于冯异的谋略，刘秀平定河北，建立了根基，这是他将来统一天下最关键的一步。

虽然功勋卓著，冯异却从不自夸。他为人谦逊，在路上与别的将领相逢时，他都会让自己的车驾在道旁避让。每到一个新战场，安营扎寨后，各位将军就会坐在一起聊天，无非是宣扬自己又打了什么胜仗、功劳有多么大，目的是将来能够得到更高的官爵和更多的赏赐。这时的冯异却躲在大树下面，一言不发，看起来是在乘凉，实际上是为避让战功。时间久了，大家就给他起了个绰号叫作“大树将军”。这个绰号丝毫没有贬损之意，反而是对他谦虚礼让、保持低调的赞扬。

刘秀登基做了皇帝后，封“大树将军”冯异为“云台二十八将”之一，可谓功成名就。

汉代最喜欢做买卖的皇帝是谁？

中国古代是一个重农抑商的社会，商人的社会地位很低，无论在穿着、住房、做官等方面都受到了严格的限制。然而，东汉有一位皇帝却热衷于当商人做买卖，他就是汉灵帝刘宏。

汉桓帝死后，因为没有儿子作为继承人，皇后窦氏便将桓帝的堂侄刘宏推上皇帝的宝座，这就是灵帝，他当时只有12岁，窦氏及其外戚家族掌握了朝政。

灵帝是个昏庸无能的皇帝，他宠幸宦官达到了极点，他酷爱做生意，专门在后宫开辟了“宫中市”，仿造街市、各种商店，并让大臣、嫔妃、宫女扮成买东西的顾客和集市上卖唱、演杂耍的人，而他自己则扮成卖货物的大商人，和这些假冒的买主讨价还价，玩得不亦乐乎。

更可怕的是，灵帝居然把自己做买卖的爱好发展到了卖官鬻（yù，卖）爵上，他开办了一个官吏交易所，明码标价，公开卖官。卖官所得钱款都流入自己的腰包。他还亲自制定了一整套卖官的标准和规定，官位的价码是依据官员的工资计算的，而地方官的价码要比京官高一倍。这是因为当时政治腐败，地方官很容易从百姓那里榨取钱财而不被追究。

后来，灵帝还变本加厉，连官吏的调迁、晋升或新官上任都必须支付钱财。汉灵

帝公开做了7年的卖官生意，将官场搞得乌烟瘴气，使原本就风雨飘摇的东汉王朝雪上加霜，最终引发了黄巾大起义。

东汉末年政坛、沙场和文坛的“三栖明星”是谁？

要说东汉末年驰骋于政坛、沙场和文坛上的“三栖明星”，非曹操莫属。

当时，军阀董卓窃取了丞相位置，专权残暴，引起各地豪杰的不满和争相讨伐。曹操曾在董卓手下做事，但他看出董卓没有前途，便加入了讨伐他的行列。

随着曹操势力的逐渐壮大，他把汉献帝迎接到许（今河南许昌东），从此“挟天子以令诸侯”，就是假借皇帝的名义发号施令，在政治上占据了优势。为他将来逐一消灭各路军阀，统一天下做准备。曹操还招募流民屯田，以发展生产，同时打击豪强地主，减轻百姓的负担。在用人方面，他提出“唯才是举”的原则，不拘泥于出身和品行，只要有治国之术就量才录用。

曹操具有很高的军事才能。他喜爱钻研兵书，仔细研究过《孙子兵法》。他反对刻板地运用兵书，主张随机应变，克敌制胜。公元200年，他在官渡之战中以少胜多，打败了强敌袁绍，又在之后的大小战役中消灭了北方的割据势力，统一了北方。

曹操不但是位政治家和军事家，他在文学上也很有成就。他的诗歌既清新自然，又气势雄浑，而且敢于突破传统诗歌形式的拘束。他不仅自己创作诗歌，还很重视学术文化，沦落在匈奴十多年的女诗人蔡文姬，就是他费尽周折赎回的。他的两个儿子曹丕、曹植，也都是当时的文坛健将，在文学史上父子三人合称“三曹”。

由此看来，历史上将曹操评价为杰出的政治家、军事家、文学家，是很中肯的。

黄巾起义是怎么回事？为什么《三国演义》中的主要人物都是从剿灭黄巾军起家的？

东汉后期，政治腐败，宦官和外戚交替专权，加之豪强地主兼并土地，农民变为流民，小规模的起义不断，遍及全国各地。

到了东汉末年，张角创立了道教中的一支——太平道，通过给人治病，在贫苦农民中宣传原始道教的平等思想。十几年后，他的信众就发展到几十万人。张角的目的是要发动大规模起义，推翻腐朽没落的东汉王朝，建立太平社会。

当时，就连汉朝宫廷中的卫士和宦官都有信奉太平道的，并愿意做内应。但是由于有人告密，京城内被捕杀的起义骨干多达一千多人。张角得知此情况，无奈之下连夜通知各地信徒提前起义。各地起义军头裹黄巾，人称“黄巾军”，规模很大，京师震动。小说《三国演义》的开头，讲的就是黄巾起义这一段历史。

大约10个月后，黄巾军的主力被官府、豪强地主等的联合武装打败。张角也在这期间病死。分散在全国各地的小股起义军则继续战斗，持续了二十多年。

为了消灭起义军，汉灵帝接受大臣刘焉的建议，将州刺史改为州牧，让他们掌握地方的军政大权，以便随时调动军队与起义军作战。这又使得地方州牧逐渐拥兵自重，变成割据一方的军阀。他们之间相互争斗，最后就连皇帝也成了一颗棋子，被军阀曹操挟持——这些故事在《三国演义》中有精彩的叙述。

好好的皇帝不当，偏要出家当和尚，如此有个性的皇帝是谁？

南北朝时期，南朝梁的建立者梁武帝名叫萧衍，他在南朝齐中兴二年（502）强迫齐和帝把皇位让给他，当上了皇帝，建立了梁朝。

在皇帝位置上，萧衍起初还颇有政绩。他勤于政务，还很重视对官吏的选拔和任用，在个人生活上，萧衍也不讲究，清粥蔬菜就让他很满足了。由此，梁朝的社会较之前朝有了明显的改观和发展。

可是，到了晚年，梁武帝却信佛到了疯狂的程度。他居然几次出家当和尚，大臣到寺院恳求他还俗，他不得已才答应，条件是要给佛寺大量的金钱。久而久之，梁朝的政局出现了危机，最终导致了侯景之乱的发生。

侯景原本是北朝东魏人，公元547年叛归西魏，但西魏不信任他，侯景就写信给梁武帝，说愿意献出河南十三州投奔梁朝。萧衍很高兴，便接纳了侯景。

可是不久，侯景以诛杀朝中奸臣为借口，发动叛乱，围困京城。驻扎在城外的诸王是梁武帝的子侄，他们希望武帝赶紧死，自己好有机会夺得皇位，所以都按兵不动。130多天后，侯景攻入京城，掌握了京城的管理大权，他的卫兵进出皇宫很随便，而且还佩带武器。一次，萧衍问侍从这些卫兵是谁的，侍从说是侯丞相的。萧衍听了很生气，嚷道："什么丞相！不就是曾经叛降的侯景吗？"侯景听后非常生气，开始派人监视萧衍，萧衍的饮食也被裁减。最终梁武帝萧衍被活活饿死了，享年86岁。

后来，侯景之乱被梁朝大将陈霸先平定，侯景在逃跑途中被部下杀死。

隋朝结束了南北分裂，又制定了许多开创性的政策，为什么反倒短命？

南北朝末期，北周大臣杨坚的女儿成了周宣帝的皇后，宣帝死后，静帝继位，当时只有8岁。杨坚乘机独揽军政大权，并于公元581年逼静帝退位，自己登上皇位，改国号为隋，历史上称他为隋文帝。不久，隋文帝就灭了南陈，结束了两百多年南北分裂的局面。

隋文帝在位24年，治国有方，当时隋朝政权稳固，人口急增，国库丰盈，史称"开皇之治"。然而，晚年的杨坚开始陷于迷信之中。他的次子杨广更是胡作非为，先是用阴谋手段让父亲废掉太子，后又谋害了自己的父亲当上了皇帝，这就是历史上饱受非议的隋炀帝。

隋炀帝穷兵黩武，继位后便下令开凿"大运河"，目的就是发动战争时便于运输粮草。他在位期间多次对外用兵，活奢侈腐化，大兴土木。他还多次出游巡幸，沿途大摆酒席，如此大的开销只能靠加重赋税来维持，这导致各民族间、各阶级间的矛盾激化。对于人民的反抗，隋炀帝采取的措施就是残酷镇压。不得人心的举措终于导致了农民起义。朝臣李渊父子趁乱在太原起兵，最终夺取政权，建立了唐朝。

需要指出的是，隋朝虽然只有短短三十多年的时间，但它在中国历史上的地位不容忽视。它是一个承上启下的朝代，很多制度都被后来的唐朝沿袭并发展，比如“三省六部制”“科举制”等，这和秦朝有相似之处。

唐朝为什么将国号定为“唐”？背后有什么深意？

唐朝国号的来历，一般认为是得于爵位名。唐朝开国之君李渊的祖父李虎是西魏府兵八位柱国大将军之一，地位很高。北周建立时，李虎虽然已死，但仍被列为开国第一功臣，追封为唐国公。李虎的儿子李昞继承了唐国公的爵位。李昞死后，儿子李渊又袭唐国公的爵位。

隋朝末年，李渊在太原起兵，最终攻占了隋朝首都长安，假意拥立隋炀帝之孙杨侑为傀儡皇帝，并授意杨侑将自己进封为唐王。公元618年，李渊正式称帝，并以爵位唐为国号。

如果深究起来，李渊将国号定为“唐”还有一层更深的含义。“唐”最早是远古部落陶唐代的简称，居住在平阳（今山西临汾）一带，这个部落最有名的一位首领就是尧，所以尧帝又被称为“唐尧”。

后来，周成王灭了“陶唐”部落，又将“唐”改为“晋”。“唐”虽灭亡，但其文化却传承下来。“李”这个姓氏来源于皋陶（gāoyáo），皋陶是尧帝时执掌刑狱的“大理”，其子孙以官为姓，称“理氏”。后来“理氏”子孙为避商纣王之害而出逃，并改“理”为“李”。可见李姓与“唐”有着密切的联系。

就李渊而言，隋朝时他曾任太原留守，后来他又在太原起兵。可以说，李氏起家于太原这个古老的“唐”地。李渊将国号定为“唐”，其实是蕴含着深刻的纪念意义。

中国历史上第一位和最后一位状元分别是谁？

据史料记载，中国历史上第一位状元是唐高祖武德五年（622）壬午科的孙伏伽。早在隋朝末年，孙伏伽便已经进入官场，但当的只是一个地位很低的小官。后来，李渊在太原起兵，并最终建立了唐朝。孙伏伽归顺了唐朝，并参加了武德五年的科举考试，结果一举夺魁，中了状元，从此开始了他在唐朝的仕途之路。

孙伏伽在唐朝为官以敢于进谏著称，曾多次向李渊、李世民谏言，深得赏识。唐高宗时，孙伏伽因年老辞官，安享晚年。

时间到了清末，废除科举之声蜂起，最终，清政府不得不下令在1905年停止科考，科举这一延续1300多年的选拔制度寿终正寝。而中国最后一位状元就是清光绪三十年（1904）甲辰科的刘春霖。因此有人说他是“第一人中最后人”。

刘春霖获得状元后，被授予翰林院修撰一职。由于当时需要新式人才，不久他就被派到日本，进入东京法政大学深造。辛亥革命后，刘春霖又在民国北洋政府中任不同官职。1928年辞官，从此以诗书为乐。1931年“九·一八”事变和1937年“七·七”事变后，刘春霖拒绝为伪满洲国和日本人效力，保持了晚节。1944年，刘春霖因心脏病突发辞世，时年73岁。

唐代名臣魏徵曾做过太子洗马一职，他的职责是为太子洗刷马匹吗？

“洗（xiǎn）马”是中国古代的官名，做这个官的人可不是负责洗刷马匹的马夫。“洗”字在古汉语里与“先”是相通用的，因此“洗马”也称作“先马”，即在马前奔走的意思。秦汉时期，洗马是太子的侍从官。太子出行时，洗马官就骑着马在前面做先导，这也与“洗马”这个词的本义相符。

到了两晋时期，洗马的职责改为掌管图册书籍。南朝时，洗马隶属于典经局，掌管经籍、典制。此后，历经隋唐直到清末，洗马都是掌管文章、典籍的官员，任职者需要有很高的文化水平。

一代名相魏徵（zhēng）曾做过唐高祖时期太子李建成的洗马，负责掌管书籍以及缮写文章等事务。但实际上，魏徵的工作远远超出了这个范畴。他很受李建成的器重，一直被视为心腹和谋臣。他被聘为太子洗马，等于是加入了太子的“智囊团”，帮太子出谋划策。魏徵也的确为太子提出了重要的建议，帮助李建成消灭了军阀刘黑闼（tà）的残部。后来，李建成与弟弟李世民的矛盾趋于激化，魏徵劝太子早做打算。就在此时，李世民先发制人，伏兵于玄武门，将太子李建成和弟弟李元吉杀死，又迫使父亲李渊退位，自己登上了皇帝宝座。

幸而李世民对魏徵的才干很赏识，不计前嫌，对他委以重任，才成就了一代明君贤相的千古佳话。

唐玄宗开元年间社会繁盛，为什么突然爆发了安史之乱呢？

唐玄宗李隆基即位后善用贤能、广开言路，整顿吏治，还致力于打击豪门士族势力，减轻农民负担，发展农业经济，缓和民族矛盾。这些举措有效地促进了唐王朝政治、经济、文化的发展，使得国力增强，人口增加，因其当时的年号为“开元”，历史上将这段时期称作“开元盛世”。

然而，就在这歌舞升平的盛世背景下，危机逐渐显现。公元742年，李隆基将年号改为天宝，此时他任用李林甫当宰相。李林甫是一个阿谀奉承、嫉贤妒能之辈，他把比自己优秀的人全排挤出朝廷，又让皇帝与百官隔绝。

而李隆基本人也开始贪图安逸，沉湎于轻歌曼舞的享乐之中。他宠幸杨贵妃，让杨贵妃的哥哥杨国忠入朝为官。李林甫死后，杨国忠升任宰相，收受官吏贿赂，做了很多坏事。

为了加强边境的防御，李隆基还增设了军镇和节度使，他们掌握着地方军政、民政、财政大权，很容易拥兵自重，不受中央调遣。

正是由于天宝以来政治的日趋腐化，以及边地节度使的力量逐渐强大，各种社会

矛盾逐渐显露，兼任平卢、范阳和河东三镇节度使的安禄山和手下史思明最终发动了叛乱，史称“安史之乱”。从此，唐朝走上了衰亡之路。

说某人为官资格老可称为“三朝元老”，可历史上还有一位“十朝元老”，他是谁？

五代十国时期是中国历史上的一个大分裂、大动荡时代，当时中国北方的政权更替如走马灯一般，南方则分裂成几个小国。然而，就在此时，却出现了一位能够在十个皇帝手下做官的奇人，他就是历史上唯一的“十朝元老”冯道。

冯道历经桀燕皇帝刘守光，后唐庄宗李存勖、明宗李嗣源、闵帝李从原、末帝李从珂，后晋高祖石敬瑭、出帝石重贵，辽太宗耶律德光，后汉高祖刘知远，后周太祖郭威十朝，而且基本上在每朝都受到重用，难怪他被称为“官场不倒翁”。

然而，这种经历反而让他背上了“墙头草”“没有气节”等骂名。他投奔辽国时曾说：“在南朝为子，在北朝为父，在两朝则都为臣，这有什么区别吗？”这句话让辽国皇帝耶律德光心花怒放，立即封他为太傅。

应当说，身处乱世的冯道，想的是如何在这个社会中生存、为官，如何给自己留下后路，至于气节等问题，他就顾及不得了。

此外，在十朝都做过官的冯道，他获得的职位名目也是中国历史上最多的，据统计达到四十余种。然而，虽然拥有众多官职，做了高官，冯道却并未做出过什么大的业绩来。因此，有人说冯道是一个很“专业”的官员，却算不上一个政治家。

宋太祖赵匡胤是武将出身，为什么当了皇帝后却重文官轻武官呢？

北宋开国皇帝赵匡胤（yìn）本是后周大将，一次他领兵出征，大军到了陈桥驿（今河南封丘东南陈桥镇）这个地方，众将士将黄袍披在赵匡胤身上，拥立他为皇帝。于是，

后周灭亡，北宋建立。

当上皇帝的赵匡胤并不踏实，禁军高级将领慕容延钊、石守信等都是赵匡胤的亲信或结拜兄弟，但他们掌握着军权，将来，这些人会不会夺权，重演黄袍加身的一幕呢？

于是，赵匡胤在登基后的第二年，一个秋天的晚上，他宴请几个高级将领。在酒席上，赵匡胤对将领们说："你们不如交出兵权，到地方做官，多累积一些金钱，买一些房产，传给后代子孙，我们君臣之间没有猜疑，不是很好吗？"

第二天，石守信等便声称自己身体不好，要求解除兵权。宋太祖欣然同意，这便是"杯酒释兵权"的故事。不久，赵匡胤又设法解除了地方藩镇节度使的军权，地方州县的官员也一律由文官担任。他还大力兴办儒学，增加科举取录的名额，为的是让文官在朝廷中占有绝对优势。

赵匡胤重文轻武很大程度上源于他得位的经历，及其对藩镇割据、武将势力过大的后果的认识，这或许也是赵匡胤不得已的举措。世人都说宋朝是文人的黄金时代，这源自赵匡胤的重文轻武。但压制武将、抬高文臣的风气也导致了宋朝在军事方面的软弱。

既然西夏向北宋称臣了，为什么北宋还要年年给西夏财物呢？

公元1038年，党项族的首领李元昊称帝，国号大夏，统辖区域大致相当于今天的宁夏、甘肃、陕西北部、内蒙古南部等地。因为它在北宋政权的西边，为了和此前曾有的夏朝相区别，被称为西夏。

随着西夏社会的发展、人口的增加，统治者开始有了对外掠夺的野心，目标便是富庶的北宋，由此引发了西夏和北宋间长期的战争。由于战争，北宋和西夏双方的正常贸易停止了，西夏百姓的生活必需品严重匮乏，怨声载道，最终西夏统治者被迫向北宋提出议和。

北宋的皇帝宋仁宗早就希望停止战争了，他欣然同意了议和的请求。双方约定：西夏取消帝号，名义上向宋称臣，宋册封其为“夏国主”，宋夏战争中双方所掳掠的将校、士兵、民户不再归还对方；宋朝每年给西夏银5万两，绢13万匹，茶2万斤，在各种节日还要额外赐给。两国重开边境贸易，恢复民间商贩往来。

西夏既然向宋称臣了，北宋为什么每年还要给它这么多财物呢？

原来，这个和议的主要目的是停止战争、恢复贸易。在宋朝皇帝看来，只要西夏不再骚扰宋朝边境，就万事大吉了。但作为中原的正统王朝，当然要在名义上有一个说法，那就是西夏向自己称臣，代价则是给西夏钱财和他们所需要的物品。宋夏之间的和议结束了两国长期对峙的战争局面，双方重开边境贸易，加强了双方的经济文化交流。从这个角度来讲，议和要比战争强得多。

南宋同意联合蒙古灭金，最后却为蒙古所灭，这算不算引狼入室？

公元1127年，北宋为金所灭。宋徽宗的第九个儿子康王赵构在大臣的帮助下在江南登上了帝位，定都临安（今浙江杭州），史称南宋，由此形成了南宋与金对峙的局面。

南宋建立时，也进行过北伐战争。然而，随着秦桧被任命为宰相，推行求和政策，主战派失势，北伐战争不再继续。就在宋金对峙时期，北方的另一个势力发展并强大起来，这就是蒙古。

成吉思汗临死前，嘱咐他的儿子要利用宋金的矛盾灭金。后来，成吉思汗的儿子窝阔台果然派使臣到南宋，提出联合灭金的请求。最终双方达成协议：南宋同意蒙古借道攻金，蒙古答应灭金后将黄河以南的中原地区归还南宋。

公元1233年，蒙古大军南下攻打金朝南京（今河南开封），金哀宗迫于蒙古军队的威胁，不敢坚持抵抗，逃到了蔡州（今河南汝南）。1234年，宋蒙两军分别自南门和西门攻入蔡州城，金哀宗自缢而死。金朝灭亡。

然而，就在金朝灭亡后，蒙古却对南宋这个昔日的盟友起了歹心，四十年后，南宋也灭亡在蒙古人的手中。

从表面上看，南宋联蒙灭金是引狼入室，再次犯了北宋联金灭辽的错误。其实，金哀宗逃至蔡州以后，已难逃灭亡的命运，南宋若此时与金联合，反而会让蒙古迁怒于宋。此外，攻灭金朝是宋朝一直的夙愿，现在这个愿望就要实现了，南宋统治者当然乐于接受。在宋朝统治者看来，北方新兴起一个蒙古，无非像此前宋辽、宋夏、宋金议和一样，也许南宋皇帝根本没想到蒙古有消灭自己的野心和决心。

元朝有一类人被称为色目人，是因为他们的眼睛五颜六色吗?

元朝是一个社会等级很严的朝代，元朝统治者把治下的人民划分为四等，分别是蒙古人、色目人、汉人和南人。其中的色目人是元朝对除蒙古以外的西北各族、西域以至欧洲人的概称。“色目”这个词的意思是“各色名目”，表明其种类繁多，与眼睛的颜色没有什么关系。

元朝的色目人有多少种，说法不一，而且很难精确计算。色目人是在元朝的建立和统一全国的过程中大量进入汉族居住地区的，他们作为蒙古人征服中亚和西域的归附者，受到了元朝统治者的重视，被列为元朝四等人中的第二等，待遇仅次于蒙古人。元朝的授官、奖惩基本都是按照等级执行的。身为第二等级的色目人常常身居要职，在科举和司法方面，色目人和蒙古人也都享受着特殊的照顾。

随着时间的推移，一些色目人因长期在中国生活，接受汉族文化的熏陶，生活方式有了改变，成为中国多民族大家庭中的重要组成部分。

中国历史上出身最低微的皇帝是谁？

中国历史上出身最低微的皇帝首推明太祖朱元璋。

朱元璋从小就生活在一个贫困的家庭里。他生活的江淮地区遭遇了罕见的旱灾和蝗灾，接着瘟疫大范围流行，朱元璋的父亲、大哥以及母亲先后去世。朱元璋和二哥眼看着亲人一个个死去，却没钱买棺材安葬，甚至连块埋葬亲人的土地都没有。最终，好心的邻居刘继祖给了他们一块坟地，兄弟二人找了几件破衣服包裹好尸体，将父母安葬了。

迫于生计，朱元璋只好来到皇觉寺当和尚。然而，随着饥荒越来越严重，寺里的粮食也不够吃了，皇觉寺住持只好让僧人外出乞讨，于是朱元璋又成了乞丐。

此时，由于元朝的高压政策和政治的黑暗，引发了红巾军大起义。朱元璋闻听这个消息，心想天天乞讨终不是个办法，或许有一天会饿死，或是被元朝官军抓走。恰巧，朱元璋收到儿时伙伴汤和的信，信中邀请朱元璋参加郭子兴的起义军。于是，朱元璋投奔了郭子兴的红巾军，这一年他25岁。

朱元璋当兵英勇善战，深得郭子兴赏识，郭子兴把自己的养女马氏许配给朱元璋，马氏就是后来的马皇后。郭子兴死后，朱元璋成了这支起义军的统帅。他东征西讨，统一江南。1368年，朱元璋称帝，国号大明，年号洪武，建都应天府（今南京）。同年，明朝大军攻克了元朝大都城（今北京），元顺帝北逃，元朝灭亡。

朱元璋从一介乞丐最终登上皇帝的宝座，恐怕在中国两千多年的封建帝制史上是前无古人后无来者了。

皇帝诏书开头总说“奉天承运皇帝诏曰”，这是什么意思呢？

看明清宫廷电视剧时，我们常听到太监在宣读圣旨的时候说“奉天承运皇帝诏曰”。奉是遵照的意思，奉天就是遵从上天的旨意，也就是说皇帝是受命于上天的。

“承运”是继承新生的气运。“奉天承运”就是皇帝以天子的身份代天来行使权力，传承国运大统的意思。

“皇帝诏曰”四字可以追溯到秦始皇统一天下时期。秦始皇称自己为皇帝，皇帝下的令叫作“诏”，“诏曰”二字最早出现在汉代帝王的文书中，而“奉天承运皇帝诏曰”连用在帝王的诏书上，是从明朝开始的。明太祖朱元璋从乞丐的身份，一步步夺得了天下。他感觉自己能当上皇帝是出于天意，因此认为自己是“奉天承运皇帝”，他对臣下发布诏命的第一句开头也必称“奉天承运皇帝诏曰”。

清代承袭明代的规矩，诏书上也多以“奉天承运皇帝诏曰”开头，中间是诏示的内容，最后一般以“布告天下咸使闻知”或“布告中外咸使闻知”结尾，就是昭告天下，让大家都知道的意思。诏书以外，清代还有“制辞”，又叫“制书”，它的开头一般是“奉天承运皇帝制曰”。

朱元璋建立明朝后定都南京，为什么他的儿子朱棣却要将都城迁到北京？

公元1368年，明太祖朱元璋称帝，把南京定为都城。朱元璋死后传位于皇孙朱允炆，可朱元璋的第四子燕王朱棣发动政变，夺取了侄子建文帝朱允炆的帝位，自己当了皇帝，他就是永乐皇帝。

永乐皇帝登基后便大力提升燕京北平府（今北京）的地位，以北平为北京。不久，又下诏在北京修建皇宫。永乐十九年（1421）下诏正式迁都北京，改北京为京师。

永乐皇帝为什么一登基就要迁都呢？原因大致有四点：

首先，北京这个地方是朱棣的“大本营”，这里有他自己的势力和亲信，占有天时、地利、人和。朱棣被封为燕王，在北平设立王府，在北京经营了三十多年。

其次，朱棣的皇位是从侄子朱允炆手里“抢”来的，当时南京朝中的大臣在心理上是支持和怀念建文帝的，如此朱棣如何维护和发展自己的统治呢？只有迁都北京，朱棣才能占住天时、地利、人和。

第三，南京地处长江下游，在军事防御上处于不利的地理位置，敌人可沿长江东下直抵南京。反观北京，位于华北平原的北端，三面环山，俯瞰中原，交通便利，形势险要，是北方的军事要地。定都于此不仅可以抗击蒙古军队的南侵，还可以进一步控制东北，有利于维护全国的统一。

第四，在南京建都的六朝——三国时期吴国，东晋，南朝的宋、齐、梁、陈，每朝的统治时间都不长。永乐皇帝迁都北京，也是为了打消这个不吉利的征兆，给自己一个好的心理暗示吧。

明朝皇帝命郑和七次下西洋，是为了寻找什么宝物吗？

永乐三年（1405），明成祖朱棣命太监郑和率领由二百四十多艘海船、两万七千多名船员组成的庞大船队远航，访问位于西太平洋和印度洋的国家和地区。此后，直到宣德八年（1433）郑和去世，如此规模的远航又进行了六次之多，最远到达了非洲东海岸和红海沿岸。

郑和的船队每到一国，首先向当地国王或酋长宣读诏书，举行隆重的册封典礼，赏赐宝物。除了建立藩属关系之外，郑和还奉命调解各国间的纷争。除了赏赐之外，郑和也从西洋带回了许多宝物。明朝赏赐给各国的物品要比自己收到的物品多得多。可见，郑和下西洋的目的不是为了寻找什么宝物。

其实，朱棣派郑和下西洋主要目的是想宣扬国威，展示明朝的实力，建立自己的声望，同时也借着这几次航海行动显示自己的兵力，以使各国臣服并前来朝贡。

据说，朱棣派郑和下西洋的另一个目的是寻找建文帝。建文帝兵败在宫中自焚后，却没找到尸体，朱棣怀疑他并没有死而是逃到了海外，他派郑和下西洋是为侦察建文帝的下落。当然，结果是两手空空。

明武宗为什么下令全国禁止养猪?

明朝的一些皇帝很有"个性",明武宗正德皇帝就是其中之一。他的某些行为很奇怪,比如他不住在宫中,而偏偏要住在豹房。豹房里面养着各种动物,还有教坊乐工和许多女子,武宗在里面过着荒淫的生活。又如,他不以皇帝自居,却偏要自称"威武大将军总兵官镇国公朱寿"。

更可笑的是,他居然下令禁止民间养猪。据史料记载,武宗在南巡途中突然颁布圣旨,禁止民间养猪、杀猪、卖猪。他让农民把家里养的猪杀净吃光,小猪扔到水里去。他发布禁猪令的理由有二:其一,"猪"与自己的姓氏"朱"同音,要避讳;其二,武宗生于辛亥年,生肖属猪。而对于违犯者的处置是将其全家老小发往边疆充军。

这一禁令,几乎使全国的猪绝了种。次年清明节时,在祭祀典礼上,按制度,礼仪祭品中必须要用牛羊猪三牲,但因为禁猪令的颁布,猪近乎绝迹,不得已只能改为牛羊两牲,这在古代看来是不成体统的大事。因此,礼部大臣上奏说,如果再这样下去国家的正常祭典就无法进行了。武宗虽说荒唐,但对于礼法之事也不敢怠慢。就在禁猪令发布三个月后,皇帝只好将其取消了。

需要指出的是,明武宗虽然做出了许多荒唐事,但他在某些大事上却不糊涂。一次他去巡查西北边境,遇上了蒙古小王子率领五六万人来侵扰。处于弱势的他急中生智,先用小部分兵力牵制住小王子,再不断从其他地方调来兵力,最终将来敌击退,显示出了很高的军事才能和随机应变的本领。

万历皇帝在位48年,却有20多年不上朝,他为什么如此消极怠工?

万历皇帝是明代在位时间最久的皇帝,共48年,但这48年中,皇帝有20多年不上朝、不见大臣,他为什么要如此怠工呢?

这一切的起因是万历皇帝的王皇后没有生儿子,万历皇帝想立他最宠爱的郑贵妃

所生的皇子朱常洵为太子。但是群臣坚持遵照传统，立皇长子朱常洛为太子。朱常洛是万历皇帝与一位王姓宫女所生，皇帝不喜欢王氏，因而也不喜欢朱常洛。

立皇太子之事一日不定，朝中大臣就不停地上书皇帝，要求册封皇长子朱常洛为太子。万历皇帝想尽办法拖延，甚至动用廷杖的酷刑，也没有吓退大臣们的攻势。于是，他找各种借口不上朝，后来他连借口也懒得找了，直接消失在了大臣的视线之外，二十几年都不与大臣相见。当然，在太后的压力下，万历皇帝最终还是立了朱常洛为皇太子。

万历皇帝不愿见大臣还有另一个原因，就是厌恶大臣之间的朋党斗争。当时，朝中一部分内阁大学士和高层官员与一部分中下层官员互相攻击，两个集团的人物见到皇帝后不是讨论时政，而是互相揭短。这让万历皇帝觉得很厌烦，于是采取了躲避的方式。

万历皇帝的长期消极怠工，给明朝统治带来了严重的危机。许多重要事情，政府无法形成及时有效的决策。面对女真人的不断入侵，明朝无法组织有效的军事回击。同时，贪婪的万历皇帝还将国库资金调为己用，并派大量宦官到地方直接收取矿税，这使明朝政治更加腐败，加速了衰亡。

为什么说明朝是士大夫最没有尊严的时代？

中国古代的儒家典籍中有“礼不下庶人，刑不上大夫”的话，意思就是士大夫或有品级的官员犯罪，要受到惩罚时，不能随意用刑。后来发展到由科举获得功名的人也不能随便施以刑罚。

然而，在明代，这一规矩被打破了，皇帝将廷杖作为一种制度确立下来。所谓廷杖，就是将官员扒去官服，反绑双手，用木杖打。官员不再分官职大小，是否德高望重，是否为国立过功，是否为国家和皇帝着想，只要一句话让皇帝听着不舒服，就有可能遭到廷杖的惩罚。所以明朝大臣上朝都是提心吊胆的。

早先，受廷杖的官员不用脱去衣服，还可以用厚棉衣垫着，但士大夫失去了人格尊严。即使这样，被打的大臣也要卧床几个月才能痊愈。谁知，到了武宗在位时，太监刘瑾掌权，凡是不顺从他意思的大臣都可能被廷杖，而且他下令凡受是廷杖的人要脱去衣服受刑。这是对士大夫肉体和尊严的进一步践踏，年老体弱的受刑者可能当场毙命。

受廷杖的人数，一次一般一两个。可是到了明代中后期，皇帝大多昏庸，对让自己不高兴的人更是严加惩处。明武宗时就创下了107人同时受杖的纪录，嘉靖皇帝同时廷杖过134人。据统计，明朝共行廷杖500多次，杖毙的大臣达50人之多。

土地登记簿为什么叫鱼鳞图册？和鱼有关系吗？

编制鱼鳞图册是中国古代社会为建立系统便捷的土地赋税管理办法而采取的一项措施。图册中详细登记了每块土地的编号、所有人的姓名、亩数、边界以及土质的好坏。由于土地间挨次排列，相互连缀，看起来像鱼鳞一般，因此这种薄册被称为“鱼鳞图册”。

鱼鳞图册最早出现在宋朝农业经济较为发达的浙江、福建等地。元末，朱元璋在安徽地区建立政权时，曾将境内的土地丈量划分，编制成册。他称帝后，发现全国土地隐匿现象严重，给国家税收造成了巨大损失，于是下令清查全国的土地，编造完整、严密的鱼鳞图册。

鱼鳞图册在相当程度上使政府摸清了地权，清理了隐匿土地，这是土地管理史上的一个巨大进步。然而，有些农民所占有的土地并不只限于本乡，在外省、外县都可能还有。这样在本地的鱼鳞图册上就不能完整反映该户的土地所有状况。为解决这一问题，明清两朝又编制了“归户鱼鳞册”，又叫“归户清册”，将一户的所有土地编制成册，以便征收赋税。

八旗是哪八旗？为什么有“成也八旗败也八旗”的说法？

八旗是清太祖努尔哈赤创建的一种军政合一的组织。努尔哈赤在统一女真各部的战争中取得节节胜利，随着势力的扩大、人口的增多，为方便管理，他在明万历二十九年（1601）建立黄、白、红、蓝四旗，旗帜都为纯色，目的是把女真部族组织起来，统一进行生产和战争。平时旗下的人从事耕作、狩猎等活动，战争时则应征为兵打仗。

到了万历四十三年（1615），努尔哈赤创建了八旗制度，即在原有的四旗之外，增设镶黄、镶白、镶红、镶蓝四旗，旗帜是黄、白、蓝三旗镶以红边，红旗镶以白边，进而把辖下的所有人都编入旗内。皇太极时，又建立了蒙古八旗和汉军八旗，旗帜和制度与满洲八旗相同。

八旗兵号令统一，纪律森严，训练有素，在清朝初期具有很强的战斗力。清朝入关后，在维护国家统一与领土主权的战争中，清军以八旗为主力平定三藩，远征新疆，戍守西藏，抗击沙俄。

清朝入关时，统治者通过大规模的圈地活动，掠夺许多肥沃的土地，并按不同等级分配给所有八旗官兵，但随着旗人人口的增加，后来政府已经没有足够的土地进行分配了，甚至就连饷银和粮食都出现了困难，旗人生活陷于困境，落魄的旗人成了社会的寄生虫。

另外，随着清朝社会的稳定、战争的减少，旗人原有的淳朴勇武的风气也逐渐丧失，而生活上追求奢华、安于享乐的风气却不断蔓延，这大大影响了八旗军队的战斗力。晚清时期的太平天国起义，八旗兵被打得惨败，清政府最终还是靠曾国藩的湘军和李鸿章的淮军这些地方武装才将起义镇压。此后直到1911年辛亥革命推翻清朝，八旗兵都只有虚名而没有其实了。

金庸的武侠小说里有个反清的秘密组织叫“天地会”，它在历史上真实存在过吗？

天地会是真实存在的，它是清代民间秘密社团之一，因拜天为父、拜地为母而得名，又叫洪门，俗称洪帮。

关于天地会的创立，一般有两种看法。第一种观点认为，天地会创立于明末清初，最初的成员应该是随明朝大臣史可法抵抗清兵的将领。后来，这些人听命于台湾参军陈永华（陈尽南的原型），而他们创建天地会的宗旨就是为了“反清复明”。

另一种观点认为，天地会最初是广东、福建一带靠卖苦力为生的劳动者的自卫反暴组织。他们结会的目的多是为了遇事相助，免遭欺凌。最初的成员，大多是农民或由破产农民转化而成的小手工业者、小商贩、水陆交通沿线的运输工人及其他没有固定职业的流浪者。随着组织的发展，其成员成分日益复杂，但仍以下层穷苦人民为主。他们没有明确的政治纲领，口号多是“反清复明”“顺天行道”“劫富济贫”等。

清朝严禁秘密结社活动，但天地会的反抗活动从未停止。后来，天地会还被洪门成员带到东南亚与美洲，成为华侨团结互助的重要纽带。辛亥革命时期，天地会及其分支积极参加和支持革命党人领导的武装起义，孙中山在美洲为革命奔走时也得益于天地会的资助，他创建的反清组织兴中会，其很多成员就是天地会的人。

民间盛传顺治皇帝因为董鄂妃之死而万念俱灰，去五台山出家为僧，这是真的吗？

顺治皇帝是清朝入关后的第一位皇帝，他6岁登基，在位18年，24岁就死了。顺治一生共有19位妃嫔，先后册立过两位皇后。但顺治的全部感情给了董鄂氏。顺治十三年（1656）皇帝册封董鄂氏为“贤妃”；一个月后，又晋封她为皇贵妃，并按照册封皇后的大礼颁布诏书，大赦天下。这在清朝历史上绝无仅有，充分表明了顺治皇帝对董鄂氏不同寻常的爱。顺治十七年（1660），年仅21岁的皇贵妃董鄂氏病逝，顺治

痛不欲生，追封其为皇后。为哀悼这位爱妃，他五天不理朝政。第二年，顺治皇帝也死了。于是，民间就有传言说顺治皇帝其实并没有死，他是为情所困，心灰意冷，到五台山出家当和尚去了，因为顺治皇帝一直很痴迷于佛法。

然而，据正史记载，顺治皇帝并没出家。他信佛教不假，特别是董鄂妃死后，他确实想过出家，经过身边两位高僧的开导，他放弃了出家的念头，然而精神再也振作不起来了。董鄂妃死后仅半年，顺治皇帝就得了当时的不治之症天花。临死前他口述遗诏，命皇三子玄烨继位，后死于养心殿。之所以传位给玄烨，主要是因为他小的时候已经出过天花，不会步父亲的后尘。

雍正皇帝因篡改诏书而登上帝位？历史真相原来如此。

雍正皇帝即位的背后有着一个谜团。据说当时康熙本没有打算让雍正继位当皇帝，雍正是让人篡改了父皇的诏书而登上皇位的，他在位时大杀兄弟和功臣，都与这件事有关。这是真的吗？

康熙皇帝晚年两次废掉皇太子允礽（réng），面对空着的太子之位，皇子们都垂涎欲滴，并结成党派，明争暗斗。不久，康熙命皇十四子允禵（tí）为抚远大将军，统兵援藏，这让人们觉得康熙是意有所钟的。

然而，令人意想不到的是康熙在畅春园突然病逝，大臣隆科多宣布遗诏，说立皇四子胤禛（zhēn）为太子，继皇帝位，这就是雍正皇帝。

即位后，雍正便将允禵从前线调回，永远禁锢，还把不服从自己的兄弟监禁或杀死。更奇怪的是，雍正的生母乌雅氏竟然拒绝儿子为自己上皇太后的尊号。人们对这些举动产生了疑惑，于是有了传言说雍正串通了当时掌管京师兵权的隆科多，篡改了康熙的遗诏。遗诏本来写的是“传位十四阿哥”，他将“十”改成“于”字，变成“传位于四阿哥”。这个理由看似合理，但经不起推敲。因为清朝诏书是由满汉两种文字写成，汉语可以改，满语改起来就不那么容易了。再者，“于”是简体字，古代“于”字通常写成“於”。

其实，康熙生前，胤禛就非常干练地处理了父亲交给他的一些事务，很得器重。另外，康熙帝很喜欢胤禛的儿子弘历，即后来的乾隆帝，他把皇位传给胤禛，一定程度上为的就是让弘历将来可以做皇帝。

在影视剧中，和珅与纪晓岚总是针锋相对，但真实历史中这两个人可能没碰过面？

在影视剧中，只要出现纪晓岚与和珅的镜头，两人多是在互相挤对、互相挖苦，而最终的胜利者往往是纪晓岚，这给我们留下了一个印象：和珅是一个“小丑式”的人物，而纪晓岚是一个风趣幽默、能说善辩的智者。

其实，和珅和纪晓岚斗智的故事大多来自民间传说。历史上真实的纪晓岚年龄比和珅大26岁，他博学多才，一生主要从事文化和教育方面的工作，最有名的便是主持修纂（zuàn）《四库全书》。和珅也不是一个小丑人物，他精通武艺，又很有学识，懂满、汉、藏、维吾尔等语言，诗也写得不错，是当时少有的文武全才。

后来，和珅被任命为国史馆副总裁，参与《四库全书》的编纂，又升任为《四库全书》总裁官。作为总纂官的纪晓岚，当时是归和珅领导的，因此以纪晓岚的地位，是不大可能对和珅发难的。

还要指出的是，纪晓岚一生都没有担任过军机大臣之职，不能进入国家中枢参与决策，而和珅却是军机大臣，因此两人很少能直接碰面，更别说同站一列了。

总之，历史中的和珅不是小丑，纪晓岚也不是人们想象中的全才，他们两位地位差距很大，在中国古代讲究礼制、等级的社会中，两人互相争斗基本是不可能的。

林则徐究竟做了什么事而被称为“开眼看世界”的第一人？

19世纪上半叶，道光时期的清朝，由于长期闭关锁国，皇帝和大臣们根本不知道世界上发生了巨变，什么工业革命，什么坚船利炮，在于他们完全是陌生词汇，甚至连英国和美国是两个不同国家都不知道。这些人还在自命不凡，为自己古老的文明而沾沾自喜。

在这样的情势下，钦差大臣林则徐组织人员从澳门购买外文书报，并翻译成汉语，用来帮助人们了解世界。他还让幕僚把英国人慕瑞所著的《世界地理大全》翻译出来，亲自加以润色、编辑，写成《四洲志》一书。此书简要叙述了世界四大洲（亚洲、欧洲、非洲、美洲）三十多个国家的地理、历史和政治状况，是近代中国第一部相对完整、比较系统的地理志书，具有开风气之先的作用，而作者林则徐也因此被后人称为“开始睁开眼看世界的第一人”。

另外，值得一提的是，林则徐也是最早提出建立近代海军的官员之一，他通过一位美国人购买了英国商船“甘米力治”号，并将其改装成一艘装有34门英制大炮的战船，它可以称得上是中国海军最早的军舰。

中国最早的国家银行开办于什么时候？叫什么名字？

光绪三十一年（1905），中国发生了两件大事：一件是有着1300多年历史的科举制度被废除了；另一件则是清政府设立了“户部银行”，这是我国最早由官方开办的国家银行，目的在于整顿币制，推行纸币，以救助当时困窘的财政。户部银行设总办和副总办各一人，总行设在北京西交民巷27号院。

到了1908年，清朝官制改革，户部改成度支部，“户部银行”也改称为“大清银行”，在上海、天津、汉口等地设立了二十家分行。

辛亥革命爆发后，中华民国临时政府在南京成立，吴鼎昌、宋汉章等人向临时大总统孙中山建议，请求将大清银行改组为中国银行。获准后，1912年2月5日中国银行在上海汉口路3号大清银行的旧址上开始营业，从此大清银行进入了历史。

中国第一首法定的国歌出现在什么时候？

中国第一首法定国歌颁布于清宣统三年八月十三日，即公历1911年10月4日，名字叫《巩金瓯》。“巩”是巩固的意思，“金瓯”就是金子做的盆，在中国古代比喻疆土的完整坚固，也泛指国土。所以歌名的意思就是巩固清王朝的万里江山。但滑稽的是，这首国歌颁布6天后武昌起义就爆发了，清朝也随之灭亡。因此，后世人们称之为“丧曲”。

其实，早在光绪三十二年（1906）清朝陆军部成立时，就谱制了一首陆军军歌《颂龙旗》，政府将它暂定为清朝国歌，也就是代国歌。

后来，清朝驻英大使曾纪泽看到西方国家在公共礼仪场合演奏国歌，觉得清朝也应该有本国的国歌，因此特地上奏了一份《国乐草案》，但未得到朝廷的批准。几年后，曾到日本考察过音乐的礼部官员曹广权又上呈拟订国乐的办法，得到了同意，典礼院便开始了国乐的制定工作。大家参考了英、美、法、德、俄、日等国国歌，最终由海军部参谋官、近代著名思想家严复作词，禁卫军军官、皇室成员傅侗编曲，作成了这首《巩金瓯》，其曲谱旋律来自康熙、乾隆年间的宫廷曲调。

需要指出的是，这首国歌清廷只称为“国乐”，没有定具体的歌名，后来是仿照《诗经》的取名方式，用首句“巩金瓯”当作歌名。

为什么太极图要画成一黑一白两条鱼的形象？

太极图又叫阴阳鱼图。阴阳的概念，源自中国古人的自然观。古人观察到大自然中存在很多互相对立但又互相联系的现象，如昼夜、天地、男女、上下……后来，古人以哲学的思想方法抽象出“阴阳”的概念。

古人认为世间的万物存在、成长与变化，都有一个总的根源，自然界中万物的发展变化都有一种内在的生命力，这种无形的力量创造了有形的世界，充溢于宇宙的每一个角落，是我们的生命之本、文明之源，这就是“太极”。

太极图中最外圈的圆形，就代表着“太极”，将它画为圆形是意味着“太极”周流不息，无始无终，而且无所不包，无处不在。图中的“S”形曲线，象征着“阴阳”两分，表示万事万物都包含相辅相成、无法分割的两方面，它们此消彼长，阳极生阴，阴极生阳，二者互为其根，生生不息。阴阳两条鱼的眼睛，则代表阴中有阳，阳中有阴，即使是阴阳本身也不是一成不变的，世界上事物的阴阳也都是相对而言的。

阴阳鱼太极图将阴阳的关系展示得惟妙惟肖，宇宙无限广大，世间万物也都运动不息，动则产生阳气，动到一定程度，便出现相对静止，静则产生阴气。如此一动一静，阴阳之气互为其根，运转无穷。这一黑一白、一阴一阳，在古人眼中包括了世界上所有有形无形的事物和现象。

孔子姓孔，孟子姓孟，庄子姓庄，按这种说法，老子是否姓老？

春秋战国时有很多著名的学者，如老子、孔子、墨子、孟子、庄子等，这些称呼都不是他们的本名，如孔子的原名叫孔丘，墨子名叫墨翟（dí），大都是在姓氏后加上一个表尊称的“子”字，成为现在我们熟知的称呼，这也是当时对有地位、有道德者的一种称呼习惯。按照这种习惯来推理，老子是不是应该姓“老”呢？

我们今天对老子了解得很少，直到司马迁作《史记》，才为他和庄子、申不害、韩非等学者写了一篇合传。据这篇传记的记载，老子姓李，名耳，字聃（dān）。那么按照“孔子”“孟子”的命名方式，他应该叫“李子”才对，为什么要叫“老子”呢？这个问题司马迁没有解释。

由于古人大多深信《史记》，所以为此找出很多解释来。有人说，老子成名时已经很老了，所以大家尊称他为“老聃”，进而就变成了“老子”；也有人说，老子的母亲怀胎81年才生下他，老子出生的时候已经很老了，头发、眉毛都是白的，因此被叫作“老子”。

近现代以来，一些学者开始怀疑司马迁所说的“老子”身份的真实性，然而由于缺乏确凿的证据，老子到底是否姓“老”，目前还无法得出结论。

老子强调无为，是不是说什么都不做就是最好的？

在《道德经》中，老子要求统治者“无为”“好静”“无事”“无欲”，后三者都比较好理解，但“无为”是什么意思呢？

“无为”不是什么事都不做的意思，而是指遵循事物的自然趋势来办事，不以自己的观念和要求作为标准来办事。老子认为，在治理国家的过程中，统治者一定要认清人民的需求和情况，而不能先在自己心目中设定一个模板，强迫人民按照这个模板生活和发展。如果统治者真能达到这样的执政水平，看起来就像是什么都没做一样，所以老子称之为“无为”。

必须说明的是，“无为”只是一种执政方针，其最终目的是“无不为”：看起来好像什么都没做，实际在各方面都对人民进行引导，使他们获得发展，这就是老子所谓的“无为无不为”。面临问题却什么都不做的消极行为，与老子所说的“无为”完全是两回事，是无法把国家治理好的。

老子主张“鸡犬之声相闻，民至老死不相往来”，是因为他不擅长处理邻里关系吗？

我国有一句谚语叫作“远亲不如近邻”，人们由于住得很近，可以在遇到难处时互相帮助，这也正是古人重视与邻居搞好关系，乃至主动选择邻居的原因。然而，老子却主张住处邻近的人们最好“老死不相往来”。

他认为，在这样的社会中，人们能过上吃饱穿暖的生活，由于生活上的需求很少，不需要使用各种工具，因而无须过多地思考，以至于产生互相算计、互相攻击的念头。

老子的主张是与当时的社会环境密切相关的。在老子生活的时代，诸侯国之间经常爆发战争，给人民带来无尽的苦难。因此，老子强调清静自然，希望以能满足个人基本需求的简单生活来削弱人们的欲望，通过减少人与人之间的来往，让社会回到自然

淳朴的状态，认为这样就可以改变社会上你争我夺、朝不保夕的现象。但必须说明的是，老子对于小国寡民的向往和追求虽然是出于他的良好用意，但却是不可能实现的。随着社会的发展，无论是人与人的关系，还是人与自然的关系，都必然会变得越来越复杂，这不是社会的倒退，而是社会的进步。

老子主张“上善若水”，是强调水资源的珍贵吗？

春秋时期，各国战乱不断，人民痛苦不已。面对这种社会现实，老子提出了“不争”的政治主张，他认为天下频繁发生战争，是人们的贪欲所导致的，只有人们不再相互争夺利益，才能避免战争。为了形象地表达自己的思想，老子用“水”这种最为常见的物质进行比喻，提出“上善若水，水善利万物而不争”。这句话的意思是，世界上最高境界的善行应该像水一样，恩泽万物却不和万物争夺利益。而且水处于所有人都厌恶的地方，却依然从容自若，这说明水的品格最接近自然的本原——“道”。

老子强调“上善若水”，还有另外一层意思：水具有坚毅、谦逊、纯洁的品格，老子希望人能够像水一样，谦逊有礼，不怕困难，勇往直前。

所以说，老子所说的“上善若水”并不能理解为强调水资源的珍贵，而是一种对人性的期待。

为什么“三纲五常”和“三从四德”被认为是封建社会的思想糟粕？

“三纲五常”“三从四德”是中国古代封建社会的道德规范。所谓“三纲五常”，是儒家学者认定的三种重要的人际关系，以及处理人际关系的基本法则。“三纲”是指“君为臣纲，父为子纲，夫为妻纲”，也就是要求臣子服从君主，儿子服从父亲，妻子服从丈夫。“五常”则是仁、义、礼、智、信，这是人与人相处的基本原则。“三纲”与

“五常”配合，大多数人在家庭社会中的角色和行事原则就被规定好了。

至于“三从四德”，则是对妇女的要求。古人认为，女子以顺从为美德，未出嫁之前要顺从父亲，出嫁以后要顺从丈夫，丈夫去世后要顺从儿子，这就叫“三从”。所谓的“四德”则指德、言、容、功。“德”就是品德，如顺从长辈和丈夫，不骄不妒等；“言”指的是说话合乎身份，不胡言乱语；“容”除了相貌之外，还包含了举止礼仪；“功”则涵盖了相夫教子、勤俭节约等生活方面的细节，以及必要的劳动技能等。如果一个女性完全符合这七条要求，在古人看来就是贤德的。

在一定时期，三纲五常、三从四德等观念确实起到过维护封建社会秩序、规范人际关系的作用，但是随着社会不断发展，这些条款束缚人的负面作用逐渐超过了正面作用。当封建社会已经腐朽时，被压迫的百姓受三纲五常限制，妇女更是被三从四德拘束，不能对不合理的压迫表示出不满与反抗，造成了很多悲剧。因此这些观念被认为是封建社会的思想糟粕，在现代社会中当然也早已过时。

儒家提倡“慎独”，是鼓励人们不要参加集体活动吗？

在儒家学说中，有一个概念叫作“慎独”。“慎”就是谨慎，“独”就是一个人。看起来这个词的意思似乎是“谨慎地一个人待着”。那么，儒家的先贤们是希望人们都尽量一个人待着，不要参加集体活动吗？

这种解释“慎”和“独”的解释都是对的，但是合起来就不对了。“慎独”是说当一个人在独处时、在别人看不见时也保持谨慎的态度，一丝不苟地处理每个问题。

当然，“慎独”不是说要人永远板着脸，不能放松，不表露自己的感情，而是说要表里如一，当着其他人时怎么做，自己一个人时也要怎么做。人身上有些毛病改起来很难，需要时时刻刻克制自己，就更需要“慎独”的功夫。假如领会不到“表里如一”的要求，“慎独”也只是空谈而已。

儒家所说的“大学之道”是上大学应该注意的行为规范吗?

“大学之道，在明明德，在亲民，在止于至善。”这是儒家经典《大学》中的第一句。“大学”这个词，现代人是很熟悉的，指的是比中学更高一级的教育机构，那么，“大学之道”是否就是上大学时应该注意的行为规范呢?

答案是否定的。“大学”这个词的古今含义并不相同，此“大学”不是彼“大学”。《周礼》中说，古人“八岁入小学，十五入大学”，这里的“小学”是指研究音韵、文字、训诂的学科，“大学”指的是太学。古人对学童的教育是先从音韵、文字这些基础开始的，到了15岁的时候，就会送他们到高一级的学校去上学。在太学里，学生们学习的是政治、伦理、哲学等教化之道，是为参与国家政治所准备的。因为这种教化之道是王公贵族治国所需要的，因此可以理解为“大人之学”。《大学》就是讲述“大人之学”的一部经典。

那么，“大学之道”讲些什么呢?《大学》中说，大学之道，就是要宣扬、阐明道德，让百姓仁爱向善，使人达到至善至美的境界，要求人正心诚意，以自己的学问、能力造福天下。这是儒家理想中的做人目标，也是儒家理想中使天下获得良好治理的方式。

“中庸”思想是主张大家做老好人吗?

我国古代有一部著名的儒家经典《中庸》，它的书名已经变成了我们常用的一个词。我们如果说一个人“为人中庸”，通常是在说这人是个老好人；“中庸之道”往往也用来指那种不过分激烈、不得罪人的处世之道。

然而，“中庸”这个词最早出现在儒家经典里时，可不是这个意思。在孔子眼中，“中庸”是一种至高无上的美德，指一种不偏激的为人处世的态度。孔子提出，做事应该去掉“两端”（两个极端），而取其“中”，以这种态度去待人接物。这种不偏不倚、调和折中的态度，就被称为“中庸之道”。

“中庸”还有另一层含义：“中不偏，庸不易。”“不偏”就是中正平和，“不易”则是指坚持自己的立场和目标。一个人能坚持原则，又能保持平和的心态，已经足以称为君子。这一层含义与孔子所说的“中庸”略有不同，但对儒家君子之道的解释则更为完善。

所以“中庸”不等于“老好人”，更不是没有原则。现在用“中庸”来形容那种不明确表达观点、不得罪人的做法，实际是曲解了这一儒家思想中的重要理念。

在强调君权的社会中，孟子却主张民贵君轻，他为什么如此叛逆？

春秋战国时期，周王室衰微，各国诸侯互相攻伐，中原大地一片狼藉，战争成为那个时代的代名词，天下人无不希望结束这个兵荒马乱的年代。于是，强调君权、实现统一成为诸子百家著书立说的基点，也成为历史发展的潮流。在这样的背景下，孟子却以超越时代的思维，创造性地提出“民贵君轻”的观点。

孟子说：“民为贵，社稷次之，君为轻。”意思就是说，一个国家中，人民应该排在第一位，政权次之，国君排在最后。孟子十分重视民众对国家的作用，强调人民的价值，这也体现了中国古代政治思想中的人文主义色彩。

在极力宣扬皇权至上的封建王朝里，孟子的学说很少受到统治者的真心推崇。明朝初年，朱元璋曾经因为“民贵君轻”的论断，差点将孟子从孔庙中除名。虽然孟子的“民贵君轻论”在王权社会里不被官方承认，但它对社会的影响却是显而易见的。历朝历代有所作为的贤能君主，都牢记“民为贵，社稷次之，君为轻”的至理名言，处处以民为本，以民为先，开创了一个又一个太平盛世。相反，那些不顾人民死活的暴虐君王，都付出了惨痛代价。

如果战国时期有诺贝尔和平奖，应该颁发给谁？

战国时期，群雄争霸，战乱频繁。在战争大行其道的时候，却也有为和平奔走呼号的智者，他就是战国时期伟大的思想家——墨子。

墨子从小在农民家庭长大，深知下层人民的苦痛，所以他创立的墨家学派关心平民百姓，具有强烈的社会服务精神。墨子大胆地批判社会，提出了很多社会改革方案。他倡导无等级差别的爱，形成了以“兼相爱”为核心的墨家思想理论体系。其中，至今仍为人称道的当属极力反对战争的“非攻”理论。

为了实现“非攻”的理论，营造一个和平安定的社会，墨子经常奔走于各国之间，劝说各国国君放弃战争。有一次，墨子听说公输班要制造云梯来帮助楚国攻打宋国，他立即前往楚国游说楚王，最终使楚王放弃了对宋国的攻打。墨子凭借自己的勇气和智慧，解救了一个国家。

“非攻”反映了当时下层人民反对战争的愿望，是对战争的强烈控诉。在列国争雄的年代里，这种思想是极为珍贵的。倘若颁发战国时期的诺贝尔和平奖，以墨子为代表的墨家学派是当之无愧的得主。

杜甫被称为“诗圣”，张仲景被称为“医圣”，那么“史圣”是谁？

古时候，在某一领域有着极高成就的人，常被称为“圣”。几千年来，这样的“圣人”基本上已经遍及各个领域。比如杜甫是“诗圣”，王羲之是“书圣”，吴道子是“画圣”，张仲景是“医圣”等。大家都知道，我们中华民族非常重视历史，历朝历代都很重视史书的修撰（zhuàn）。那么在编撰史书这一领域，谁是第一人呢？

鲁迅先生曾经这样评价我国历史上的一部史书：“史家之绝唱，无韵之《离骚》。”说这本书是史书中的“绝唱”，它的价值、地位和艺术性可以与屈原的《离骚》相媲美。这位圣人就是写作《史记》的司马迁。

《史记》是我国历史上第一部纪传体通史，它记载了从上古传说中的黄帝到汉武帝时期长达三千多年的历史。全书共130篇，包括12本纪、30世家、70列传、10表、8书，共525600余字。《史记》与司马光的《资治通鉴》并称为史学“双璧”，又被誉为“前四史”（《史记》《汉书》《后汉书》《三国志》）之首，对后世的史书编撰和文学创作都有着深远的影响。后人常称“史圣”司马迁为“史迁”，足见对其崇敬之情。

朱熹强调“存天理，灭人欲”，他主张消灭人的一切本性吗？

小时候，我们想吃得饱穿得暖；长大一些以后，我们想过上好的生活，追逐自己的梦想……欲望是一种根深蒂固的存在，也是个人自由发展的重要推动力。而我国南宋时期的思想家、哲学家、教育家朱熹却一再重申“存天理，灭人欲”，那么他是不是反对个人的自由发展呢？

“存天理，灭人欲”意为保存人心中的天理，消灭人的欲望。朱熹认为人常常被欲望蒙蔽，看不到真实的自己，因此无法体悟“天理”。“天理”是事物运行的基本规律，对自然与社会的各种现象起决定作用，万事万物都要遵循它，人也不例外。“人欲”则代表了人有私心的一面，会不断扩张，若放任人欲发展，最终不仅会促使罪恶的产生，而且会影响人体会天理，遮蔽人的本心。从这个角度来说，为了让本心明澈，使自己与天理产生共鸣，就必须“存天理，灭人欲”。

不过，朱熹并没有把一切欲望都归于人欲。人饿了要吃饭，困了要睡觉，得了病要治，看到美好的事物会喜欢，这是人的本性，不能违背，也无须违背。朱熹所要“灭”的，是过分的甚至会导致罪恶的那些欲望。认清什么是自己需要的，消灭过分的欲望，不仅不会影响个人的自由发展，反而会推动个人的进步。

不过，随着朱熹学说的盛行，很多后辈学者教条地理解了朱熹的这句话，把人正常的需求也当成了要压制的东西，这就束缚了人们的行为和思想。所以这种错误的理解，才是我们应该反对的。

佛寺的主持为什么称为“方丈”？“住持”又是什么身份的人？

对于“方丈”，大家一定不会陌生。古装影视剧中，常常会出现身披袈裟，项挂佛珠，慈眉善目的方丈大师。《水浒传》第三回，赵员外带着鲁提辖投奔五台山，智真长老前来迎接时说：“且请员外方丈吃茶。”这里的“方丈”明显不是指人，而是指地方。事实上，把佛寺的主持称为“方丈”，就源于这一处地方。

“方丈”又称为“方丈室”或者“丈室”等，指的是一丈四方的居室，它是禅寺中住持的居室或客殿。相传这“方丈”之名来源于维摩诘，他是早期佛教中著名的居士，传说当时他所居住的石室四面一丈宽，“方丈”的称谓就是从这里来的。

既然“方丈”是一个寺院的主持，那么我们平时在电视上看到的“住持”又是什么人呢？“住持”一词，从文字上来看，是“安住之、维持之”的意思。它原来是指代替佛来传法的人，后被用来指称寺院的主持。由于住持居住的地方就称为“方丈”，所以“方丈”也常被引申为住持。但住持与方丈是有区别的，区别在于住持是“专一”的，而方丈是“共享”的——每个寺庙都有住持，但几个有规模的寺庙群才能有一个方丈，方丈可以兼管多个寺庙，住持就不行。住持或方丈由僧众推选产生，掌管着全寺的教育、行政、法律、布道和财务等事务。就现在的宗教制度来说，住持或方丈要经过宗教管理部门和佛教协会的任命才能生效。

中国的宇宙飞船为什么被命名为“神舟X号”？这样的叫法有什么渊源？

北京时间2016年10月17日，在酒泉卫星发射中心，神舟十一号载人飞船发射升空，准确进入预定轨道，中华民族探索宇宙的飞天梦想再一次扬帆启航。

千年之前，我们的祖先也渴望着探索宇宙，而且传说他们也有实现梦想的“神舟”。西晋时张华的志怪小说集《博物志》记载着这样一个故事：传说中大海与天河相通，当时有一个人住在海中的小沙洲上，每年八月会有浮槎（chá，木筏）准时来去。

他非常好奇，终于有一次，他鼓足勇气登上了浮槎。浮槎载着他离了岸，十几天内，他穿过了日月星辰，来到仙境，遇到了牛郎织女。

古代的天河，就是我们今天所谓的银河；这浮槎，就是传说中的一种来往于海上和宇宙间的木筏。这条神奇的“八月槎”，就是古代的“神舟”了。

“神舟”之名，在意义上与古代乘槎拜访宇宙的故事相通，在发音上又与“神州”相同。2005年“神舟六号”成功发射后，有的媒体不小心把“神舟”错写成了“神州”，这却正好反映出当初给飞船命名时的又一重考虑。我国的载人航天工程开始于20世纪代初，当时飞船的取名有好几个方案。最后，除了考虑到船在汉语里又被称为“舟”，用“神舟”来称呼飞船再形象、贴切不过，又考虑到了“神舟”与“神州”音同——传说古代炎帝统辖的土地称为赤县，黄帝统辖的土地称为神州，后来炎帝与黄帝的部落联合起来，于是中国被统称为“赤县神州”。用“神舟”为飞船命名，也就有了一语双关的意义，预示着中国航天事业一飞冲天的美好前景。

“清谈误国，实干兴邦”，“清谈”就是聊天吗？

“清谈”一词，由于盛行于魏晋时期，因而往往被称为“魏晋清谈”。它是魏晋时期的知识分子和贵族，以探讨人生、社会、宇宙的哲理为主要内容，主要体现易学、老庄的思想，以讲究修辞技巧的谈说论辩为基本方式而进行的社会交际活动。

“清谈”有很深的历史渊源，它源于东汉末年的“清议”，最早是国家为了选拔人才，找一批有社会威望的人对某个人的个人能力和品行进行评议，后来发展为对国家大事的一些品评。

但是“清谈”的这种针砭时弊的风格没有持续下来。清议名士的一些激进言论往往会招致统治者的嫉恨，惹怒当权派，如名士孔融、祢衡等就相继被曹操陷害致死。晋代以后，司马家族更是不允许这些自命清高的名士们对朝政指手画脚。于是，那种谈论政治的风气逐渐演变为专谈玄理，玄理思想主要是老子和庄子的道家哲学思想。王羲之《兰亭序》叙述的实际上就是一场清谈盛会。当时非常有名的清谈名士还

有“竹林七贤”，他们为了躲避政治迫害，往往装疯卖傻，纵情酒色，清谈名士的行为在常人看来都非常怪诞，其实这是对黑暗现实的一种消极反抗。

“二十四史”就是二十四个朝代的历史吗?

“二十四史”是中国古代的二十四部史书，它们所记录的是中国的通史。

“二十四史”分为西汉司马迁的《史记》、东汉班固的《汉书》、南朝宋范晔的《后汉书》、西晋陈寿的《三国志》、唐代房玄龄等的《晋书》、南朝梁沈约的《宋书》、南朝梁萧子显的《南齐书》、唐代姚思廉的《梁书》和《陈书》、北齐魏收的《魏书》、唐代李百药的《北齐书》、唐代令狐德棻（fēn）等的《周书》、唐代魏徵等的《隋书》、唐代李延寿的《南史》和《北史》、后晋刘昫等的《旧唐书》、宋代欧阳修和宋祁的《新唐书》、宋代薛居正等的《旧五代史》、宋代欧阳修的《新五代史》、元代脱脱等的《宋史》《辽史》《金史》、明代宋濂等的《元史》、清代张廷玉等的《明史》。这二十四部书，记录了从传说中的黄帝时期到明崇祯十七年（1644）间的历史，历代政治、经济、文化、艺术和科学技术等各方面的事迹全部包含其中，共计3000多卷，大约4000万字。《史记》是我国第一部纪传体史书，后世的史学家多仿效它的体例，“二十四史”就全部采用纪传体，列有本纪、列传等。

“二十四史”又称“正史”，是被入为正统的史书，除了正史，还有与之相对的野史。正史主要由官方主持编撰，以帝王传记为纲领，由朝廷史官撰写；野史则指未经官方授权的私家编写的史书。不过我们今天所说的野史，一般指内容多为杜撰、偏离史实的史书。在古代，记载某一朝的正史往往不止一种，在人们有意挑拣、确立正统的同时，历史的优胜劣汰也在起着作用，“二十四史”就是这样形成的。

东汉的《东观汉记》曾与《史记》《汉书》合称“三史”，后来范晔以它为底本写成《后汉书》，并取代了它“三史”之一的地位；《三国志》与“三史”合称“前四史”。再后来，记载三国、晋、宋、齐、梁、陈、北魏、北齐、北周、隋朝历史的“十史”与“三史”并称“十三史”。宋代又增《南史》《北史》《新唐书》《新五代史》，合称“十七史”，明代又增《宋史》《辽史》《金史》《元史》，合称“二十一史”。清乾隆初年，增《明史》，合称“二十二史”，后又增《旧唐书》，合称“二十三史”，后来乾隆钦定《旧五代史》为正史，合称“钦定二十四史”。从此，“正史”一词也专指“二十四史”。

古代的大理寺是寺院吗?

如果在影视作品中看到说某人去了大理寺，可千万不要以为他是去什么佛寺出家了，其实人家是去国家司法机关上任了。

秦汉时期，负责刑狱、审核各地重案的国家机关被称为“廷尉”，汉景帝时曾改“廷尉”为“大理”，“理”在古代有“掌刑”的意思。北齐时期，国家的最高司法机关被定名为“大理寺”。隋朝及之后，“大理寺”之名得到了长时间的沿用，清代时则改称“大理院”。

把佛教出家人居住的地方称为“寺”，那是佛教传入中国后才有的说法，在此之前，以“寺”称官署却是常例。“寺”字在古代与“侍”“是”通用，原指皇帝以下最高一级的中央办事机构，寓意着宫廷的侍卫人员敬顺皇帝的旨意。以“寺”命名的官署，在秦朝时就有，汉代时建立“三公九卿”制，三公的官署称为“府”，九卿的官署就称为“寺”。

古代大理寺的地位，约等于今天的最高人民法院。设置大理寺的最初目的，在于约束地方的司法权力。古代地方官员的司法权力很大，可自行判处犯人死刑，这难免会酿成冤案。于是朝廷以大理寺为复审机关，力图“推情定法”“狱以无冤”。

不同历史时期，大理寺的具体职能和运作方法有所不同，大理寺的官员设置也不尽相同。大理寺是执掌生死大权的机构，因此选择正直、能干的官员入职大理寺，是一件非常重要的事情。妇孺皆知的“包青天”包拯就曾任大理寺丞一职，唐代的名臣狄仁杰也曾任大理寺丞。

古代有外国人在我国做官吗?

唐朝是当时世界上最强盛的王朝，发达的经济与文化，开放的社会风气，曾吸引了众多“老外”来唐王朝做官。据记载，当时有三千多外国人曾在唐朝做官。比如晁衡是日本的遣唐使，本名阿倍仲麻吕，19岁时“留学”中国，从国子监太学毕业后考上了进士，从此开始在唐朝做官。晁衡在中国54年，历经玄宗、肃宗、代宗三朝，高官厚禄，备受重用。

元朝时有一个名叫马可·波罗的意大利旅行家来到了中国，后来还写了著名的《马可·波罗游记》，他曾经在元朝做过官。聪明的马可·波罗学会了蒙古语和汉语，在中国的17年间，他曾奉命巡视各地，在扬州当过总管，还出使过南洋。

明朝时，有一个名叫约翰·亚当的传教士来到了中国，他把德文姓名“亚当”改为发音相似的“汤”，“约翰”改为“若望”，取名汤若望。他在中国生活了47年，直到去世。汤若望知识渊博，才能出众，数理、天文知识尤其出色，很快得到朝廷的赏识，成了明朝的“洋官”，负责天文历法方面的事务。后来明朝灭亡，清朝建立，汤若望受命继续修正历法。汤若望曾为崇祯皇帝造火炮，介绍伽利略望远镜，还创作或翻译了几十种有关西方天文地理、宗教、数理等学科的书籍，成为中西文化交流的一座桥梁。

清朝时，也有一位意大利人在中国生活过50年，曾是三品高官，这个人就是康熙、雍正和乾隆三朝的宫廷画师郎世宁，他还参加过圆明园西洋楼的设计。他向中国画师学习，吸收传统中国画的精华，又把欧洲的绘画技法教授给中国画家。朗世宁融汇中西技法，创造了新的画风，作画精细逼真，呈现出“中西合璧”的独特风格。来到中国之后，郎世宁再也没有离开，他死后就葬在北京，乾隆亲自为他撰写了墓志铭，可见对他的器重。

世界上最早的报纸出现在中国？古人怎样了解新闻?

今天，我们可以从广播、报纸、电视、网络等渠道获得和交换信息，那么在没有什么先进通信技术的古代，人们怎样及时了解京城发生的大事小情？这就要靠邸(dǐ)报。

有人认为我国古代的邸报是世界上最早的报纸，出现在公元前2世纪左右的西汉初年。西汉时实行郡县制，全国被分成若干个郡，郡下再分县。每个郡在京城都有“驻京办事处”，这个地方就叫作“邸”。“邸”里住着“驻京代表”，他们的任务就是充当皇帝与各郡长官之间的专门联络员，定期把京城中的重要信息通过信使传送给各郡长官。汉代的邸报，从名称到运作方式，成为后代沿袭、学习的对象。

此外，唐代的进奏院状是我国目前有确切证据可考的最早的传播媒介。进奏院是唐代时的一个机构，它所传发的文书就称为“进奏院状”。唐代时在边境地区设立藩镇，设置节度使；节度使在京城设立办事机构“上都知进奏院”，简称“进奏院”。进奏院不受中央政府管辖，只对地方节度使负责，它的职责就包括为地方采编、通报京城的各类政治信息等。

唐代的进奏院状属于一种由官文书向正式官报转化过程中的原始状态的报纸。宋代时，进奏院状仍是主要的官方媒介形式，但它的编辑由官方控制，进奏院必须定期将编好的文书送到枢密院核查，经过批准的样本被称为“定本”，可以印刷发行。北宋末年，还出现了一种民间小报，进奏院官员、朝廷官吏、书肆主人等都可以参与编写。从此，新闻的传播不再只有官方途径，新闻的类型也更加丰富、活泼，更加贴近民众生活。这种小报在南宋时十分盛行，当时就称为“新闻”。

古代也有“驻京办”吗？

我国地域广阔，很多省、直辖市、自治区、特区等都在北京设立了“驻北京办事处”。事实上，早在汉代就有这样的机构了。

汉代有级别不同的“驻京办”。级别最高的是国邸，专门接待前来朝见皇帝的诸侯王及其随从，此外又有郡县制背景下的“郡邸”。地方派出的“驻京代表”，负责定期把皇帝的圣旨、臣子的奏议以及宫廷大事等通过信使传送给各郡长官。

唐朝时的“驻京办”称为进奏院。唐朝在边境地区设立藩镇，设置节度使，节度使在京城设立的办事机构称为“上都知进奏院”，简称“进奏院”。进奏院只对地方节度

使负责，负责协调节度使与中央政府间的关系，办理藩镇和朝廷联系交涉的各项事宜，以及为地方采编、通报京城的各类政治信息等。在以“道”划分全国的背景下，唐时又有“诸道进奏院”，是“道”在京城的办事机构。宋代时，进奏院在性质和职能上发生了一些改变，它的官员改由中央委派，负责定期把朝廷政令送达地方，它还逐渐成为官员、名士们的社交场合。

元代时，进奏院被废止，但到了明清时，会馆应运而生。较之前代，会馆的出现带有民间自发性。一方面，明清时期工商业得到了较快的发展，一些商人为了维护利益、协调关系，建立了会馆。这种会馆因为受到行业的制约，所以又称“行馆”。另一方面，明清时科举兴盛，科考会试会吸引来自全国的成千上万名学子和随从。学子们在京城举目无亲，人生地不熟，又常囊中羞涩，而举子高中是一方的荣耀，出于地缘之情，同乡的官僚、商人们会筹措资金，购置房产，建立会馆。因为与科举考试息息相关，这类会馆也称“试馆”。除了为同乡举子、来京官员提供落脚地，为同乡聚会提供场所等，渐渐地，会馆也就成了沟通地方与京师的渠道，成为政治、社会、文化活动的重要场所。

古代人结婚前为什么要去看一下对方住宅的大门？

古人结婚讲究门当户对。“门当”和“户对”原是家门上或门前的建筑装饰品。门当又称门墩，形状有圆形与方形之分。如果一家门口摆放着圆形的门当，就说明这主人为武官，因为圆形门当象征着战鼓；如果一家门口摆放着方形的门当，就说明这家主人为文官，因为方形门当代表着砚台。除此之外，门当上雕刻的花纹也能体现出这家人从事的行当。官宦府第的门当有形状的不同，但是上面都没有花卉等图案，如果哪一家的门当上刻着花卉图案，就说明这家人是经商的世家。

“户对”广泛用于我国传统民居，尤其是四合院的大门顶部，是装饰门框的部件，通常成对出现，一般是六角形的方木或圆木。“户对”的数量是大有讲究的：门楣上如果有两个户对，那这家就是五至七品的官员；门楣上有四个户对的，是四品以上官员；

门楣上有十二个户对的，则是亲王以上的品级。

由此看来，“门当”和“户对”是一个家庭身份地位的象征。所以在婚嫁之前，古人都要考察一下对方家庭的大门，看看与自己家是不是在相同或者更高的社会地位上。于是，“门当”和“户对”就成了衡量男女婚姻对等与否的重要标准。

其实，除了“门当”和“户对”，古代每家每户门前的台阶也是不能随便修的。比如，七品和六品官员的门前，台阶不能高于二级；五品官门前台阶不能高于三级；除了皇上，其他官员府第的台阶都不能超过八级，因为超过八就是九了，除了皇帝，谁家的台阶都不能使用这个代表顶点的数目。

抱拳的时候是要左手抱右手呢，还是右手抱左手？

“抱拳礼”又称“作揖礼”“拱手礼”，起源于周代以前，至今已有三千多年的历史，是过去人们彼此见面打招呼时或表示感谢时常用的一种行礼方式。行礼时，人并步站立，左手四指并拢伸直成掌，拇指屈拢；右手成拳，左掌心掩贴右拳面，左指尖与下巴平齐；右拳眼斜对胸窝，置于胸前屈臂成圆，肘尖略下垂，拳掌与胸相距20至30厘米。左手与右拳呈抱握姿势以后，两臂屈肘抬至胸前，有节奏地晃动两三下，目视对方，面含微笑，并说出自己的问候语。

抱拳礼是男女有别、吉凶有别的：吉事为阳，凶事为阴；男子为阳，以左为尊；女子为阴，以右为尊。也就是男子用左手抱右手，右手握拳在内，左手在外，这称作“吉拜”，女子相反；如果是去吊丧，行抱拳礼时，男子右手在外，左手握拳在内，成为“凶拜”，女子相反。见面作揖抱拳可不要弄错了方向，否则是相当不礼貌的。

中国的抱拳礼和西方的握手礼、吻面礼所要传达的信息基本都是一致的。抱拳礼至今在武术界以及一些民族风格比较浓郁的场合，仍然还会使用，主要适用于一些非正式场合或气氛比较融洽的场合，如民间见面、朋友约会、双方告别、春节团拜、宴会、晚会等，行抱拳礼表示寒暄、打招呼、恭喜等。

很多人结婚或者开业都要选个好日子，什么是“好日子”？为什么好日子也称“黄道吉日”？

中国人特别看重“择日”，结婚、开业、上梁、搬家等，都要挑个“黄道吉日”才能安心、愉快地去办事。吉日就是吉祥的好日子，那“黄道”又是什么呢？

黄道实际上是一个天文学术语，它指的是地球绕太阳公转的轨道平面与天球相交的大圆。地球一年绕太阳公转一周，从地球上看是太阳在天空中移动365或366圈，太阳这样移动的路线，就叫黄道。

我们现在想要查找一个黄道吉日，往往需要翻阅老皇历。所谓的皇历，是一部将年、月、日按照一定的历法排列，包括天文气象、时令季节，并标明生活宜忌的书。之所以称为“皇历”，是因为在封建时代，它必须由官方审定，并且只能由官方印发。皇历记载了当年的历法，这一年过去后，需要更换新历法才能与时俱进，于是旧历法前会被加一“老”字，称为“老皇历”。在老皇历上，每天被人为地划分成了“黄道吉日”或“黑道凶日”。我国古代又常以星象来推算吉凶，于是又有“星煞”的概念。星煞有吉有凶，吉者曰星曰神，凶者曰杀曰煞。年、月、日、时都有神煞所主，吉日的选择主要是对日的选择，但也要综合考虑到年、月、时。

历法上的吉凶之说带有迷信色彩，有的根本就是无稽之谈。在今天，我们可以从古代历法中了解一些天文、地理、哲学等方面的常识。如果盲目地迷信附会，以至于束缚了手脚、影响了生活，那是不可取的。

狮子和老虎都号称百兽之王，为什么中国人通常在大门口放置石狮子，而不放石老虎？

放眼中国，从古代的衙门、宫殿、佛寺，到今天的银行、法院，门前经常会有一对石狮子，如此看来，我们中国人似乎对狮子比较偏爱。

事实上，中国本土产老虎，并不产狮子，西汉时，张骞出使西域，开辟了丝绸之路，狮子就是沿着这条东西交通要道进入中国的。东汉时期，今天伊朗地区的王国，曾派商队沿着丝绸之路把狮子作为礼物送给汉朝。这种体形矫健、颈有鬣（liè）毛、威风凛凛的珍奇异兽，迅速吸引了朝廷和百姓的目光。由于其新奇性和神秘性，狮子迅速赢得了中国人的喜爱，受到了热情的礼遇。

中国人对狮子的偏爱，还有很重要的宗教层面的因素。东汉时，经由丝绸之路传入中国的，还有佛教。在佛教文化中，狮子是一种神兽。传说，佛祖释迦牟尼降生之时，“一手指天，一手指地”，作狮子吼曰：“天上地下，唯我独尊。”又据说释迦牟尼宣扬佛法时声音洪亮，震慑四方，犹如狮子吼。因此，在佛教中狮子代表了法力。随着佛教在中国的传播，佛教信徒对能够辟邪护法的狮子当然是非常喜爱，推崇备至。渐渐地，狮子融入了中华民族的日常生活，即使是在与佛教无关的情况下，人们也对狮子青睐有加。

石狮子的使用，几乎与狮子的传入同步。汉唐时，一些帝王和贵族的陵墓前就出现了石狮子。大约在唐宋之后，一些有钱人家为了彰显家门，把石狮子雕刻在柱石上。这一风气流传开来，石狮子渐渐走入了民间，慢慢成为守卫大门的神兽，既起着艺术装饰的作用，又有着彰显权贵、避邪纳吉、预卜消灾的寓意。

人们爱用“半斤八两”表达“差不多”，可半斤是五两，怎么会和八两差不多？

大家在生活中一定都听说过“半斤八两”这个成语，一般用它比喻彼此不相上下，实力相当，一般用作贬义词，表示两个事物都算不上很好。有人可能觉得古代人不会算数：半斤是5两，和8两差别可不算小。那到底是什么原因使8两等于半斤呢？

判断一个东西的重量，需要有个标准，古代皇帝夺取天下之后，最重要的事情便是制定度量衡，长度、体积、重量都要执行统一的标准。有了统一的标准，才容易进行统治，所以秦始皇才会那么重视度量衡的统一。因为黍米颗粒的大小和质量非常均匀稳定，古人便规定100个黍米的重量作为一铢，24铢为一两，16两为一斤。

古代宫廷中有一种叫黄管乐器（一般也是礼器），重量是12铢，两个黄管的重量就被规定为“两”。而“斤”这个字的本义是斧头，所以作为重量单位的“斤”很可能就是用一个斧头的重量作为标准的。古代大多都采用16两一斤的换算关系，其原因，有人说是在秦始皇确定度量衡标准的时候，念念不忘要做到“天下公平”，而这4个字的笔画数正好是16笔。这应该只是个传说。

16两作为一斤的换算关系传承了几千年。直到1959年，在确定我国新的度量衡制度的时候，为了简便，也为了和国际上广泛采用的“公制”接轨，所以确定一市斤为10两，两市斤为一公斤。尽管如此，成语中还是顽强地保留了古代的说法，“半斤八两”还是差不多的意思。

农历的十二月为什么又称为腊月？

农历的十二月是一年之中的最后一个月份，俗称为岁尾，有腊冬、残冬、腊月、冰月、余月、冬素等30多种称呼，其中最为人们熟知的当属“腊月”。十二月为什么被称为“腊月”呢？

“腊”这个词有好几种含义。一种含义是“猎”，中国进入农业社会以后，人们平时主要忙于农事，春种、夏耘、秋收，到冬天了，粮食已经收藏好了，没什么农活，就开始组织狩猎活动。狩猎是为了获得野味，也是为了进行军事训练。

第二种含义是蜡祭。到了年头岁尾，人们便要组织祭祀，祭祀的对象有祖先，也有百神。周朝时“腊”专祭祖先，“蜡”专祭百神。秦汉时统称为“腊”。祭祀的时候最主要的祭品是猪牛羊等，这也和打猎有点关系。

第三种含义是腊肉。平时吃不完的肉食采用盐腌、烟熏等方法加工之后，就变成了腊肉，可以储存很久。冬天没有别的事情，正好可以做腊肉。

此外，佛教还认为十二月初八是释迦牟尼得道成佛的日子。佛教传入中国后，每逢这一天佛教信众都要举办各种各样的活动，最有名的就是施粥，将各种原料混合在一起熬制成一大锅粥送给人们喝，后来这种粥就被称为腊八粥。

古代的“茶博士”是关于茶叶的学位吗?

如今我们国家的学位分为三级，分别是学士、硕士和博士。博士是最高级的学位（所谓“博士后”是取得博士学位之后继续从事学术研究工作的一种经历，不是学位）。其实，“博士”本来是一种官名，战国时代就已经有了，主要负责与文献、学术有关的一些工作，这时候的博士主要是取其“博”，知识面宽。到了汉代，朝廷特别为某些重要的经典文献设置了博士官职，使某专门负责某一经典的整理、研究和教学工作，称为“五经（《易》《书》《诗》《礼》《春秋》）博士”，这时候的博士已经是某一方面的专才了。

唐代以后，博士作为官职，主要负责国立大学（国子监）的教学工作，其类别也不限于五经，还包括数学、医学、法律等。此外，从唐代开始，有一种不起眼的职业也被称为“博士”，这就是卖茶的人，特别是茶馆里负责倒水泡茶的人。据说，这和“茶圣”陆羽有很大的关系。陆羽对茶有着非常深入的研究，对茶的种类，泡茶、喝茶的方法等都了如指掌，甚至连皇帝见了都赞叹不已，直接称呼陆羽为“茶博士”。

从此以后，人们对于茶馆里跑堂的店小二就有了这样一个半是尊敬半是戏谑的雅号。不过，从前没有广播电视，也没有像样的报纸，茶馆是人们闲暇时最愿意去的地方，各种各样的消息在此汇聚、扩散，所以这些跑堂的大都见多识广，了解的信息倒也的确比一般人要多，而且有的跑堂的也练就了一身高超的煎茶（过去喝茶都是要煮的）、倒茶技术（这些现在被称为茶艺），龙飞凤舞一般就可以把客人的茶碗倒得恰到好处，称他们为“博士”倒也不完全是夸张。

为什么称他人的父亲、儿子是“令尊”“令郎”，称自己的父亲、儿子就是“家父”“犬子”？

汉语称谓系统里的称呼方式，表达了一种谦己敬人、注重礼仪的文化传统。比如《三国演义》里称曹操为“曹孟德”，称赵云为“赵子龙”或者文学史上称白居易为

“香山居士”，称曾国藩“曾文正公”，都是用“字”或“号”来称呼的，不能直呼其名。我们现在还保留着的“令尊”（尊称对方的父亲）、“令堂”（尊称对方的母亲）、“令郎”（尊称对方的儿子）、“令嫒”（尊称对方的女儿）、“尊夫人”（尊称对方的妻子）以及“贤弟”“贤妹”等称谓，便是在亲属称谓前面加了“令”“尊”“贤”这些美好的字眼，都是称呼对方亲属时很有恭敬之意的说法。

相应地，古人提到自己时用的谦称也有好多种，会因身份而有所不同。一般人称自己可以说“鄙人”“在下”“小可”“不才”，单个字可以说“仆”“愚”。古代女子谦称自己为“妾”“妾身”“贱妾”。学佛修道之人称自己“老僧”“贫尼”“贫道”……这些都是古人对自己的谦称。如果是称自己一方的亲属时，还常加上“家”“舍”等谦辞。“家”是对别人称比自己辈分高、年龄长的亲属时用的谦辞。如称自己的父亲为“家父”“家严”；称自己的母亲为“家母”“家慈”。“舍”用来谦称自己的年幼亲属，如“舍弟”“舍妹”。对于自己的妻子儿女则有“内人”“贱内”“犬子”“不肖子”“小女”等称谓，连自己的房子都是“寒舍”“舍下”。

几乎所有的谦称都是用表示身份低、能力差、品德不足的词。比如“愚”是愚蠢的意思；“仆”原意是“仆人”，连帝王称自己的“寡人”也是“寡德之人”的意思，“犬子”就更不用解释了。尊称和谦称正好相反，多用表示美好、高贵的字眼来显示敬意。

《百家姓》一共有一百种姓吗？中国的姓氏究竟有多少种呢？

《百家姓》是北宋时期杭州的一个书生将常见的姓氏用四字韵文汇编整理而成的，读来朗朗上口，便于记诵。那么《百家姓》只记录了100家的姓氏吗？中国历来是个人口大国，难道只有一百多个姓氏吗？

《百家姓》原书出来以后，不断有改编本，到底收录了多少姓氏，至今仍有不同的说法。一说认为最初收录了411个姓氏，后来的改编本增加到了504个，其中单姓占444个，复姓占60个。另一说认为收单姓408个，复姓30个。因其书成于北宋初年，故而把当时最显赫的“赵钱孙李”几大姓放在最开头，“赵”是当时宋王朝的国姓。可见

“百家姓”中的“百”是一个约数，意思是很多。

另外可以肯定的是，在当时姓氏肯定不止这四五百个。唐代初年编修的《大唐氏族志》收录293姓，唐代中叶林宝编撰《元和姓纂》，收入了姓氏1233个；宋朝人撰著《通志·氏族略》和《姓解》，收录的姓氏分别为2255和2568个。《百家姓》中的姓氏只是当时生活中比较常见的而已，由于该书具有童蒙识字教材的性质，很多难读、难认、难记或无法入韵的姓氏就会被排除出去。

《百家姓》的文句没有太多连贯的文义，选这样一部书作为启蒙读物主要是因为这些姓氏在日常生活中都比较容易接触到，对于小孩子来说，可以在较短的时间内将文字与现实生活联系起来，收到快速识记四五百汉字的功效。

“学富五车”“才高八斗”形容人知识渊博、才学高深，学问为什么用“五车”和“八斗”来衡量？

在生活中，我们经常遇到一些知识渊博、才学高深的人，人们常常用“学富五车”“才高八斗”来称赞他们。这里的“五车”“八斗”并非泛泛之谈，都有具体含义，分别出自两个历史典故。

战国时有个思想家叫惠施，学识渊博，我们熟知的庄子也是他很要好的朋友，他俩经常在一起就某个哲学问题展开辩论。有一次庄子和别人谈起惠施说：“惠施多方，其书五车，其道舛驳，其言也不中。”这段话的意思是：惠施的学术广博多面，他所写的书可装五车之多，但其理论驳杂，言辞不当。庄子说的“其书”，一说指惠施的藏书，一说指他的著作，“五车”形容数量之多。所以“学富五车”指的便是那些学识渊博的人。

魏晋南北朝时有个非常有才华的诗人叫谢灵运，他的诗篇一传出来，人们就竞相抄录，致使诗歌流传很广。皇帝很赏识他的文学才能，自命不凡的谢灵运受礼遇，更加洋洋得意。有一次，他一边喝酒一边自夸道：“全天下的文学之才共有一石（容量单位，一石等于十斗），其中曹植独占八斗，我得一斗，自古及今其他人共分一斗。”从这

个典故可以看出谢灵运自命清高、恃才放旷的个性。这样，后人便以“才高八斗”比喻那些文才高超的人。

借某种名义做某件事情，为什么叫“打幌子”？

“幌子”在古时候又叫“招幌”“望子”，是店铺或作坊的行业标识，向消费者宣传自己生产或经营的商品品种、特点等商业内容，实质相当于今日的店铺“招牌”。一般是用绸、缎、布类做成的各色旗帜，款式有竖、横、方、三角等形状。

悬帜广告、招幌广告在中国有着非常悠久的历史，早在两千五百多年前的战国时代就已经出现了。隋唐时期，我国的集市与商业相当繁荣，当时街市上出现了大量肆、店、铺、行，各种买卖活动都非常兴旺，商家为了让自己在激烈竞争中占有优势，纷纷设置幌子来吸引顾客。在唐诗中也可以看到很多这样的描写，如刘禹锡的诗中便有“城外春风吹酒旗”的句子，杜牧则写得更美了：“千里莺啼绿映红，水村山郭酒旗风。”北宋著名的《清明上河图》中，仅仅汴州城东门外附近的十字街口，就有各种商铺悬置的招幌、宣传牌匾三十多件。

后来，“幌子”被比喻为进行某种活动时所假借的名义。因此拉牌子、打旗号是“打幌子”，借着、冒充什么的名义、口号是“借幌子”，“王婆卖瓜——自卖自夸”式的虚夸是“装幌子”。

但自20世纪初，现代化工业的高速发展冲击了传统的作坊式经营，加之西方的经营方式、店铺装饰方式传入中国，霓虹灯、广告箱等被中国店铺所采用，招牌的广泛使用令“幌子”这一传统宣传工具逐渐退出了历史舞台。

成语“更胜一筹”中的“筹”是什么东西？

“更胜一筹”这个成语的意思是技艺或技能超过别人。筹，本义是古代投壶用的签子，形状如箭。投壶胜负须计数，因而“筹”逐渐引申为计数的筹码。《礼记·少仪》有一段有关投壶游戏的文字，唐代孔颖达专门解释说：投壶时竖立的筹是竹或木做的马……每胜一次就立起一匹马，立到三匹马就为全胜。这便是“筹码”一词的由来。

筹又是古代用以计算的工具，是一种小竹片，通常和“策”连在一起说。如《老子》：“善数不用筹策。”意思是说善于计算的人不需要“筹策”的帮助。筹策由此又引申为“算计”“计谋”；由“计算”“计谋”又引申为“筹划决策”。汉高祖刘邦当皇帝后，在洛阳南宫大设酒宴，招待文武百官。他问百官自己为什么战胜了项羽取得了天下，百官纷纷夸赞他大仁大义。刘邦则分析说，“运筹帷幄之中，决胜于千里之外”，自己不如张良；镇守国家，安抚百姓，供给粮饷，不断绝粮道，自己不如萧何；统率百万大军作战取胜，自己不如韩信。这三个人都是人中的俊杰，而刘邦能够任用他们，这就是他取得天下的原因所在。“筹”由动词“筹划决策”又引申为名词“计策”“办法”。成语“一筹莫展”“一筹不画”“半筹不纳”中的“筹”都是这种用法。“筹”的意义演变，生动地表现了汉语词义演变的过程。

“一日不见，如隔三秋”形容思念的心情非常迫切，为什么是“三秋”而不是“三春”？

男女情人之间的相思、良师益友之间的思念，我们常用“一日不见，如隔三秋”来形容，表示“一天不见，就好像过了多年”的意思。以“三秋”来表示时间之长源于中国最早的一部诗歌总集《诗经》中的一篇《采葛》：

彼采葛兮，一日不见，如三月兮！
彼采萧兮，一日不见，如三秋兮！
彼采艾兮，一日不见，如三岁兮！

诗里“三秋”为“三季”之义；“葛”“萧”“艾”都是不同的植物。这首诗表现了一个男子想象爱人采摘着芳草，抒发思念情人的迫切心情，短短几句，反复吟咏，“三月”“三秋”“三岁”层层推进，情感累加积淀，情意浓郁，可谓情诗佳作。此诗的情感

魅力经年不衰，几千年来感动着一代一代相思中的情人，“一日不见，如隔三秋”也就成为大家常用的成语。

大汉、汉子、好汉、男子汉，都和汉代有关吗？

汉代在中华民族的历史长河中占有非常重要的地位，当时国家统一，文化昌明，武功强盛，国威远播。汉代创造的辉煌已成为中华民族的骄傲，我们的民族、语言、文字分别称为汉族、汉语、汉字，它们的得名都与汉代有密切关系。

“大汉、汉子、好汉、男子汉”这些称呼最早源自北方民族对汉族士兵的称呼。汉王朝在经历初期的休养生息后，国力迅速恢复，汉武帝展开了对匈奴的大规模作战。与汉朝人作战的匈奴人，对汉朝士兵的骁勇善战、威武雄壮深感佩服，于是就将汉朝的士兵称为“大汉、汉子、好汉、男子汉”，这些称呼最早在北方的少数民族中流行，后来传入中原地区并迅速流传开来，但是最初它们指称的都是汉朝士兵而非普通的老百姓。

“汉子”从指称士兵扩大为普通男子是后来的事。“大汉”侧重指身材高大威武的男子，“好汉”则强调指男人中的英雄豪杰。到了宋代，“好汉”一词的所指扩大到绿林好汉，泛指那些聚集山林、反抗官府或抢劫财物的人们，《水浒传》中水泊梁山108个好汉即是明证。可见，“好汉”的词义发展经历了从褒义到中性的变化。

“规”和“矩”最初是两种工具，为什么后来用来比喻标准或法度？

规与矩是绘制或者校正圆形、方形的两种工具，多用来比喻标准、法度。《墨子》中有这样一句话：“百工为方以矩，为圆以规。”说得非常明白，“矩”是画方的工具，大概相当于现代木匠用的拐尺；“规”是画圆的工具，大概相当于今日学生画圆用的圆规。

古书中常把“规矩”比作礼法、法度：“礼之于正国也，犹衡之于轻重也，绳墨之于曲直也，规矩之于方圆也。”（《礼记》）意思是说：礼仪对治理国家来说就像衡器对于轻重事物的衡量，就像绳墨对于弯曲或笔直的规范，规矩对于方圆事物的把握一样重要。可见，古人常把“规矩”看得和治国大纲一样重要。

古人还把遵守规矩当作最高境界。孔子说自己“七十而从心所欲，不逾矩”。随心所欲却不违背规矩，是要一生追求才能达到的境界。

以上种种原因，使规和矩这普通的劳动工具有了很高的地位和浓厚的文化味道。

沈阳、洛阳、淮阴、江阴……我国地名中为什么有这么多“阴”和“阳”？

我国地名多用“阴”“阳”二字，分析起来，大致有如下两个方面的原因。

首先，我国传统文化中“阴”“阳”二字与山水有着密切关系。古人把山的南面、水的北面叫作阳。相对的，阴就是指水的南面和山的北面。人类居住讲究依山傍水，而以“阴”“阳”命名的城市也大都依山傍水。比如衡阳在湖南衡山之南，洛阳在河南洛河之北，其他一切以“阴”“阳”命名的城市，也一定或在山北水南，或在山南水北。

据考察，我国以“阴”“阳”命名的城市中又以“阳”居多，而这些以“阳”字命名的城市又常常位于江河北面。古人讲究“逐水而居”，位于江河北面就常常会背靠大山，面对长河，这自然是最理想的依山傍水的城市选址。

其次，中国古代哲学以阴、阳为纲领，认为阴和阳是宇宙中通贯所有物质的两大对立范畴。《周易》说：“一阴一阳谓之道。”就是“一阴一阳就是自然规律”的意思。天地之间一切变化，都是阴阳变化的结果。由于“阴”“阳”二字统帅、贯穿了万事万物，所以人们喜欢用“阴”“阳”来代称山水之南北。

做事情有条理、有层次常被夸为“有板有眼”，这和板子、眼睛有什么关系吗？

做事情有条理、有层次被形容为“有板有眼”，其实与“板子”和“眼睛”没有任何关系。

“有板有眼”这个成语源自戏曲表演中的一句行话，戏曲唱词的句子有长有短，字数有多有少，曲调有快有慢，一律用“板”和“眼”来控制，这板眼就是通常说的节拍。乐曲每小节中最强的拍子叫板，其余的拍子叫眼。如一板三眼（四拍子），一板一眼（二拍子）。如果演唱者节奏感差，强弱不分明，就叫“走板”。“走板”由此就有了一个比喻义——说话离开了主题或不恰当。“有板有眼”原指唱腔合乎板眼节拍，也就是合乎规矩。做事合乎规矩，自然就有条理、有节奏、像模像样了。这就是把一件事做得稳妥精彩，会被夸为“有板有眼”的原因。

戏剧行话跨行引申大致可归功于票友。票友，用今天的话说就是戏曲艺术的“粉丝”，他们是连接戏剧界与市井间的纽带，常常将戏台上的行话演绎到民间。“有板有眼”的引申，大概就是经由这一渠道而来的。

古代用“布衣”代指平民，那么“白衣”和“乌衣”又分别代指谁？

在封建社会，人们的穿衣打扮是不能像现在这般随意的，服饰除了有御寒的实用功能和装饰功能外，更是一种社会符号，它代表了一个人的政治地位和社会地位，是社会礼仪的一部分，被打上了阶级烙印。

中华民族是一个非常擅长使用修辞的民族，借用事物的突出特征代指事物整体就是借代的修辞手法，表示服饰的“布衣”“乌衣”和“白衣”在历史上也曾被借用来代指某一社会阶层的人。

“布衣”本是用葛织品、麻织品或是棉织品做成的粗布衣服，因这类材料相对丝

帛更容易获得，价格低廉，穿着者一般为平民百姓。因此便借用布衣来指称平民百姓，后来也泛指没有做官的读书人。

“白衣”本指白色之衣，因无官无位的在野平民常着白衣，故用白衣指代。隋文帝在位时下令改变服色，规定庶民不能穿黄色，只有皇帝和百官才能穿黄色。而平民除了下层人物仍然穿褐色衣服以外，一般都穿白色。刘禹锡的《陋室铭》说：“谈笑有鸿儒，往来无白丁。”“白丁”也就是“白衣人”，后来也泛称没有做官的读书人。

乌衣本指黑色的衣服，最早穿乌衣的都是士兵，因而“乌衣”最早是指代士兵。说到“乌衣”会让人立刻联想到“乌衣巷”，其得名也和士兵有关。三国时，东吴禁军驻扎在今南京夫子庙文德桥附近，官兵都穿黑衣，因此军队被称为乌衣营，驻地也被称为乌衣巷。

《水浒传》中有“第一把交椅”的说法，交椅是一种什么样的椅子？“第一把交椅”为什么成了首领的代称？

宋元时代，“第一把交椅”的说法非常流行。《水浒传》中这一称谓就比比皆是。

交椅也叫胡床，原为古代马上民族的用具，其结构是前后两腿交叉，交结点做轴，上横梁穿绳，可以折合，上面安一椅圈。因其两腿交叉的特点，遂称交椅。明清两代通常把带靠背椅圈的坐具称交椅，不带椅圈的称“交杌（wù）”，也称“马扎”。交椅可以折叠，携带和存放十分方便。古代皇室贵族或者官绅大户出外打猎、巡游经常携带交椅，以便主人随时随地坐下来休息，交椅逐渐成为身份的象征，就如同“黄袍”象征帝王身份一般。慢慢地，“第一把交椅”就成为了首领、地位最高的人的代称。

圈椅是由交椅发展而来的。椅圈使就坐者的肘部、臂膀一并得到支撑，很舒适，因此很受人们喜爱。后来逐渐发展为专门在室内使用，腿不再交叉，而是四足直立，坐面也以木板代替了穿绳，这样的椅子又有了更雅致的名字——太师椅。而“交椅”这似乎带一点野气的名称便流行于绿林之中。

《水浒传》里的各位好汉一定要排出座次的行为，也是绿林结义群体中的一种文化现象。历朝历代的农民聚义山林，都要经过造反、起义、失败、成功、转战、流亡，甚至内讧、互斗，才能逐渐形成领导集体和领袖人物。于是，这第一把交椅在官本位思想浓重的古代中国社会里，就成了流传甚广的官场文化现象。至今还流行的“一把手”“二把手”的说法依然有着“第一把交椅”“第二把交椅”的影子。

我们把一方向另一方示威称为“给个下马威”，“下马威”指“下马抖威风”吗？

“下马威”最早见于东汉班固撰写的《汉书》，其中记载说，西汉晚期，定襄这个地方一直动荡不安，难以治理，班伯主动请缨到混乱的定襄去做太守。定襄以前作奸犯科的人都担心班伯到任就会“下车作威”，大抖威风。于是当地的豪绅大姓把以前犯事的人全都藏匿起来，让班伯找不到线索，难以办案。班伯却很注意采取策略，到任后并不着急搜集豪门大姓的罪证，而是宴请他们，与他们交朋友，让他们放松警惕，慢慢从他们口中了解犯罪者的藏身之处，热后立即下令逮捕。班伯将这些罪魁祸首处理以后，定襄很快就安定下来。

“下车作威”中的“下车”是用从车上下来这样一个动作代指官员到任。又因“下车”“下马”意义相近，而且“下马威”读来更加顺口，意思也非常简明，便用“下马威”替代“下车作威”，大家约定俗成，从而广泛流传。后来“下马威”的词义发生了变化，也用来表达一开始便给对方颜色看，借以压倒对方的气势。

现在在各种体育竞赛中，我们还经常可以听到“下马威”这个说法，意思是指双方在技艺较量过程中，一方刚上来就让对方遭遇很大的挫折或失败，使对方的自信心备受打击。

九州、十八般武艺、三十六罗汉、七十二变化、八十一难、一百零八将……其中的数字为什么都是“九”的倍数？

在中国古代文化中，“九”是一个神圣、吉祥的数字，有着丰富深厚的文化内涵。

“九”在甲骨文中是象形字，形似“虬龙”，表示一种“龙属”动物，这是“九”这个字记录的最早的意义。后来人们新造表示比八大、比十小的数字时没有专门的字形，便请“九”字来帮忙记录。可见“九”天生就与“龙”有着不解的渊源，这也是后人崇龙便尚九的由来。

正因“九”具有“龙”的神圣，所以古人常用“九”来象征帝王和皇权。《周礼》中开始规定王城建筑和规划多以九为单位，一直到明清时期均是如此。

另外，古人认为奇数属阳，偶数属阴，九是十以内的最大的阳数。比如古人把天分为九层，九天之上就是天的最高处了，其他如“九霄云外”“九天揽月”“九天九地”等都来源于“九”为阳数之最的内涵。

由“九”为大数的概念，自然引申出“多”的含义，如“九死一生”等。在古汉语中，凡是“三”的倍数和“九”的倍数都有虚指的意思，意思是很多。如“九死一生”中的“九”并不是死九次，而是历经多种磨难；“九曲黄河”并不是说黄河有九道弯，而是有很多弯；“九牛一毛”中的“九”也不是说有九头牛，而是表示数量多……

以此类推，“九”的倍数也常表示多，例如“十八般武艺”“女大十八变”“七十二行”“七十二变”“九九八十一难”“三百六十行”“九千岁（一人之下、万人之上的权臣）”“一个跟头十万八千里”中的数词也都表示“多”。

除上述文化意蕴外，“九”还是一个吉祥词。因“九”与“久”谐音，所以人们以“九”表示“长久”“圆满”“长寿”“健康”等含义。如“天长地久”“九九重阳”等。这种祈福的诉求表现在与“九”有关的许多日常生活中，与上述含义一道，构成了中华文化中独特的“九”文化。

为什么西方古代建筑多为石质，而中国古代的建筑却多为木质？

传统的中国建筑一直是以木头为构架的，而传统的西方建筑长期以石材为主体，导致这种差异的内在原因又是什么呢？

首先，最直观的原因就是选材的难易。古代中原林木很多，便于就地取材，而中原地区适合建筑需要的石材较为难觅，且搬运不便。受文化观念的影响，除陵墓建筑外，中国古人并不刻意追求建筑的永恒。而西方，尤其是古希腊、古罗马的自然环境，多裸露的山石，缺少树木，因此西方传统建筑体现出以石为本的风格，追求一种高大、强大、神秘、威严、震慑的效果，体现弃绝尘世的宗教精神。

其次，从建筑的功用来看，西方古代和中世纪的主流建筑都是为神灵建造的，力求永恒、宏伟壮观，具有震慑人的力量，往往会花上百年甚至更长的时间去修建。而中国古代的主流建筑都是为现世的人修建的，民间房屋的使用寿命常常不超过主人的寿命，哪怕是给佛教、道教、宗庙祭祀建造房舍，也都是出于实用目的，不求传之久远。而且木料便于加工雕刻，能在较快的时间内完成，这就造成了以木为主的特点。

另外，从深层的文化取向来看，西方人对石头有种内在的情缘，古希腊神话中遭遇洪水的人类是通过石头再造出来的，用“石头”这种具有神圣意味的材料修造最重要的建筑也就合情合理。而中国历来强调“天人合一”，五行中的五种元素，只有土木是最适合建造人居住的房屋的。

中国人自古就喜欢佩戴玉制饰品，是因为玉很值钱吗？

中国人喜欢玉不仅因为它价值不菲，更因为以玉为载体的玉文化深深地影响了古代中国人的思想观念，成为中华文化不可缺少的一部分。

你一定听说过“宁为玉碎，不为瓦全”，这便是爱国的民族气节；你也一定知道

"化干戈为玉帛"，这便是团结和谐的意蕴；你还一定会说"玉不琢，不成器"吧，这便是教育陶冶的正确内涵。这些象征意义都是中华美德在玉文化中的沉淀。

《礼记》记载了这样一个故事：孔子告诉他的学生子贡，说从前君子把德性和玉相配比，玉的温润而有光泽，就是"仁"；玉的致密而坚实，就是"智"；玉的棱角方正而不伤人，就是"义"；玉沉重欲坠，就是"礼"；玉被敲击时，声音清越悠长，终了戛然而止，就是"乐"；玉瑕不掩瑜，瑜不掩瑕，就是"忠"；玉色彩四溢，就是"信"；玉的气质如白虹，就是"天"；玉的精神体现在山川，就是"地"；玉制的圭璋用于礼仪，就是"德"；天下没有谁不看重玉的，就是"道"。

在佩玉逐渐成为时尚的过程中，我们的祖先以民间谚语、吉祥话语及神话故事为题材，通过借喻、比拟、双关、象征及谐音等表现手法，通过玉表达对美好生活的追求和向往，也丰富了玉文化的内涵。

古代男子二十岁行成人礼后要取"字"，为什么有了"名"还要有"字"？

姓、名、字、号是汉民族文化中完整的姓名结构。古代男子到二十岁时需要行加冠礼，以示成人，并由主宾取字，主宾往往由家族、社会中德高望重的人担当。取"字"是为了鞭策与鼓励后生，体现长辈对他的期待。有"字"以后，除了加冠者本人或长辈、国君可以直呼其名外，周围的人都要叫他的表字以示尊重。

古人常说"名以正体，字以表德"。"字"主要是用来表明志向德操，或说明长幼序列。"名"与"字"之间一般都存在意义上的关系，二者的意思或相同，或相近，或相反，互相能够起到解释或补充的作用。因此古人取字有一条基本的原则——"义相比附"，主要是从名与字的文义相互联系着眼，选取相应的字。

有的名与字的意义相同、相近，这也是最为常见的取字手法。如三国时的诸葛亮字孔明，"明"与"亮"同义。三国东吴大都督周瑜字公瑾，长史诸葛瑾字子瑜，"瑜"和"瑾"都是美玉的意思。还有的名与字的意义相对或相反，如唐代文学家韩愈字

退之，北宋词人晏殊字叔同等。

还有一类字是表明兄弟排行、长幼次序的，主要是以“伯（孟）、仲、叔、季”分别表示老大、老二、老三、老幺。如汉代史学家班固字孟坚，明代政治家刘基字伯温，明代文学家和画家唐寅字伯虎，他们在家中都是排行老大。还有一些用比较美好的褒义字眼取字的，如表男子美称的“子”或“公、元、文、德、礼、义、彦、长、远”等。

我们常说“男左女右”，为什么男在左、女在右？

男左女右的规则约定俗成，渗透到了我们社会生活的各个方面，这一沿袭至今的习俗，其实早在两千多年前的战国时期就已经有了。

这种习俗是怎么产生的呢？传说，开天劈地的始祖盘古氏化仙之后，他的身体器官化为日月星辰、四极五岳、江河湖泊和万物生灵。日神是盘古氏的左眼所化，月神是盘古氏的右眼所化，日神就是伏羲，月神即是女娲。伏羲、女娲都是我国古代传说中的天神和人类的祖先，据说伏羲教导人们从事农、牧、渔业生产，女娲教导人们婚姻嫁娶的人伦礼法。民间流传的“男左女右”习俗，恐怕由此而始。

另外，“男左女右”的习俗还和古人的哲学观有一定联系。我国古代哲学家认为，宇宙中通贯自然和人事的两个对立面就是阴阳。世界上的各种事物中大、长、上、左为阳，小、短、下、右为阴。阳者刚强，阴者柔弱。男子属于阳，居左；女子属于阴，居右。左象征尊严和力量，右象征温柔和体贴。故民众佩戴戒指有“男左女右”之分。

为什么古代的男子留长发？清代的男子还要编辫子？

在中国古代，无论男女都留长发，而且是越长越好，他们几乎不剪头发，最多是略加修理。这一习俗，源于古人对头发的认识。《孝经》说，身体发肤，都是父母遗留下来的，既然受之于父母，就应当体念父母爱儿女的心，保全自己的身体，不敢稍有毁伤，这就是孝道的开始。所以，古时候按照礼教规矩，不论男女都要蓄留长发。另外，古人把头发看作通过气血跟身体联系起来的不可分割的一部分。

古人的头发，从小到大称呼是不同的。三四岁至八九岁的儿童是“垂髫（tiáo）”，“髫”是指头上下垂的短发。八九岁至十三四岁的少年是“总角”，将头发分作左右两半，在头顶各扎成一个结，形如两个羊角。男子15岁是“束发”，要把原先的总角解散，扎成一束。女子一般到15岁以后就把头发盘起来，并用簪子绾住，称为“及笄（jī）”，表示已经成年。古人男子20岁束发而冠，就是把头发盘成发髻，谓之“结发”，然后再戴上帽子。

头发对于古人来说如此重要，以至于古时的一种刑罚叫“髡（kūn）刑”，也就是剃发，这是一种极大的污辱。

清代男子编辫子始于清军入关后的“剃发令”。作为金代女真人的后裔，满族的男子直接因袭了女真人编发为辫的独特习俗，剃去周围头发，只留颅后发，编成一条大辫子，垂于脑后，以彩色丝线系结，再饰以金银珠玉等。剃发留辫是为了方便骑马行猎，这种发式最初可能还有部族的差异，努尔哈赤所在部族的发型和其他部族略有不同，清朝入关后，这样的发型经统一后成为“标准发型”。

值得一提的是，清朝统治者颁布“剃发令”所要求的剃发标准，并非现在人们常常看到的剃半个头，而是将头颅四周的头发都剃掉，只留一顶，如铜钱大，结辫下垂。

为什么有的皇帝称太宗，有的皇帝称太祖？

在我国封建社会，集天下所有权力于一身的皇帝不仅享受着任何人都无法匹敌的待遇和福利，还享有仅属于皇帝的一个专利，那就是拥有徽号（尊号）、年号。徽号主要是用来为皇帝歌功颂德的，“徽”是表示尊贵美好的意思。徽号起于唐代，往往在皇帝或皇后生前就有。年号主要是纪年用的，古代新皇帝登基，一般从即位第二年算起都要重新建元（也有当年即改元的）。明代以后，一个皇帝往往只有一个年号，

故而可以用年号代称皇帝，如洪武皇帝、万历皇帝、道光皇帝、咸丰皇帝等。

除此之外，皇帝还有庙号，庙号是帝王死后在宗庙里被供奉时所称的名号，如高祖、太宗、世宗、玄宗、高宗等。由于朝代众多，为了准确指称，人们会在某一皇帝的庙号之前加上朝代名，如唐太宗李世民、宋太祖赵匡胤、明太祖朱元璋等。但是为什么有的皇帝的庙号叫“祖”，有的皇帝的庙号叫“宗”呢？

庙号制度起源于商代，西汉时形成严格的制度。最初并非每个皇帝都有庙号，一般由继位者按照“祖有功而宗有德”的标准议立，开国君主一般称祖，继任嗣君治国有方的才能称为宗。

一般来讲，按开国者功大的原则，开国之君一般都称太祖、高祖、世祖，历代之初有一祖、二祖、三祖，无一定之规，如明代有明太祖朱元璋和明成祖朱棣“二祖”，清代就有以努尔哈赤为太祖、顺治为世祖、康熙为圣祖的“三祖”。“太祖”也称始祖，指氏族最早一代祖先，一般历代都是以开国君主为太祖，“祖”以后的才称为“宗”。

“牺牲”为什么从猪牛羊变成了指为了光荣的事业献出生命？

牺牲，今日特指为正义事业舍弃生命，是动词，这是现代汉语中通常的用法。然而在古代，“牺牲”的本义是指祭祀用的牲畜如猪、羊、牛等。牺特指祭祀用的纯色的牲畜，牲指祭祀、宴享用的牛、羊、猪。古人解释说“牺牲”用的猪、牛、羊中以牛为最大，又认为用牛这种大的牺牲来祭祀更显吉祥，所以“牺牲”两个字都用“牛”字旁。由于成为牺牲品与生命有关，因此“牺牲”就是一种巨大的奉献了。

那么，作为祭品的猪、牛、羊，又怎样变成“为正义事业舍弃生命”了呢？

原来，古人把祭祀看作神圣的事，而那些猪、牛、羊又是为了这些神圣的大事而献身的，因此牺牲又引申出“为了正义的目的舍弃自己生命”的含义。正因如此，“牲畜”二字在古时也是有区别的，《周礼·庖人》的注释说，动物在开始饲养时叫作“畜”，将要用以祭祀时叫作“牲”。就是说不是所有的猪、牛、羊都叫“牲”，只有祭天、祭祖时用的牲畜才叫“牲”。而今天，我们已察觉不到“牲”与“畜”的区别了。

古代大臣上朝时，手里拿的一块狭长的板子是做什么用的？

我们常常在古装电视剧里看到大臣在朝堂上拿着一块狭长的板子，如作揖一般高呼一声："启奏陛下，臣有本奏。"那么这块狭长的板子是什么，它和"启奏陛下"又有什么关系呢？

这块板子叫作"笏（hù）"，是用于记事的。那些大臣要启奏的事的提要，往往就写在这块板子上。

在上古时期，笏用什么材质制作，是有等级标准的。《礼记·玉藻》上说：天子用玉做的笏，诸侯用象牙做的笏，大夫以下用竹子做的笏。那么为什么叫作"笏"呢？是因为把有关的事记在上面，防止忽略遗忘，因此叫作"笏"。

笏可以表明身份。《红楼梦》里甄士隐解注《好了歌》的第一句话"当年笏满床"就是说这家里当年拿笏板的很多，都是达官贵人。

泰山上有"万笏朝天"的碑刻，记录了皇帝封禅的盛大场面：在封禅泰山的隆重仪式上，在鼓乐齐鸣中，众多的官员虔诚地手执笏板，跟随皇帝，浩浩荡荡，一步一步地向泰山顶上攀登，去封禅泰山，朝见泰山神，希望求得国泰民安，天下太平。后来也把众多山峰耸立叫"万笏朝天"，取其吉祥之意。

到了后世，笏不再仅仅是天子、诸侯、大夫所用的物件了，平民百姓也可以用。旧时的戏班子供人点戏用的手板也叫笏。《红楼梦》第九十三回："只见一个掌班的拿着一本戏单，一个牙笏。"讲的就是这种情形。说得通俗些，笏相当于现在的"记事本"。

你分得清寺、庙、祠、观、庵等建筑吗？它们有什么区别？

在全国各地风景区，我们经常会看到各式各样的建筑：寺、庙、祠、观、庵，这些建筑到底有什么区别呢？

寺最早其实是政府办公的衙署或机构，如古代朝廷的机构设置中有大理寺，是

主管案件审理的机构；太常寺，是主管宗庙礼仪等事务的机构；鸿胪寺，是掌管朝会、筵席、祭祀、礼仪的机构。寺之所以会和佛教发生关系，是因为东汉时天竺僧人用白马驮着佛经来到中原，最初住在洛阳的鸿胪寺，后来鸿胪寺改建，取名叫“白马寺”，寺慢慢就变成了僧人聚居的住所。隋唐以后官署用“寺”命名的越来越少，“寺”逐渐变成了佛教建筑的专用名称。

庙原本是供奉祖先灵位的地方，是祭奠神灵的场所。“太庙”是帝王供奉先王牌位的地方，其他有官爵的可以依照国家制度建立相应的“家庙”。庙中供奉的神灵也往往有真实姓名可循。后来为了祭奠某些对国家有重大贡献或影响深远的人物，或民间祈求平安幸福，往往也会建庙，如文庙是祭祀孔子的，武庙是祭祀关羽的。可见庙与和尚本是没有关联的。

祠与庙有几分相似，祠是为了纪念伟人名士而修建的供舍，相当于纪念堂，如为纪念抗战烈士修建的忠烈祠。正因祠与庙相似，都是祭祀神灵用的，人们便把同族子孙祭祀祖先的地方也叫祠堂。在以宗法制著称的古代中国，几乎每个村落都有一个祠堂。

观最早本是天文学家为了观察星象修建的天文观察台。由于汉武帝迷信炼丹术，请了许多方士在观台中为他冶炼长生不老的丹药。道教产生后，道教徒为了感念皇恩，就把道教的建筑都称为“观”。

庵在古时候指一种小草屋，即所谓的“结草为庵”。古代文人的书斋往往也称为“庵”。汉代以后修建了一些专门供女佛教徒居住的庵堂，于是“庵”慢慢就被用来指称女佛教徒出家后所居住的建筑。

山东又称齐鲁大地，可山东省的简称为什么是“鲁”而不是“齐”？

春秋时期，齐国、鲁国同在如今的山东境内，因此山东又称齐鲁大地。奇怪的是，在当时齐国大，鲁国小，齐国强，鲁国弱，然而如今山东省的简称是“鲁”而不是

“齐”，这是为什么呢？

这大概与两个人有关。一是周公旦，他是鲁国的始祖。鲁国是周礼的实施者，是唯一一个可以和周王朝使用同等规格礼仪的诸侯国，时人称“周礼尽在鲁”。鲁国国君世世代代以天子的礼仪供奉周公，周公的业绩照耀了鲁国的文化，也提高了鲁国的地位。

二是孔子。孔子是鲁国人，并长期在鲁国境内宣扬儒家思想，这就大大推动了鲁国文化的发展。孔子曾经说过“齐一变，至于鲁；鲁一变，至于道”（《论语·雍也》）。意思是：“齐国一改变，可以达到鲁国这个样子；鲁国一改变，就可以达到先王之道了。”正是因为孔子对鲁文化极力推崇，以及植根于鲁国土地的儒家文化对中国产生的深远影响，“鲁”便当之无愧地成了山东省的简称。

现在的很多书没有插图，怎么也叫“图书”？

生活中，人们常把“书”说成是“图书”，把藏书的地方叫“图书馆”。那么“图书”是有插图的书吗？

“图书”一词由来已久，古汉语中多用单音节词，“图书”包括“图”与“书”两个音节，也就是两个词，“图”原本指地图，“书”指法令、户籍等文书。这个用法最早出现在《史记·萧相国世家》中：沛公刘邦攻进秦朝都城咸阳，诸位将领都疯狂地闯进秦朝府库分争抢财物，萧何却独自一人“收秦丞相御史律令图书藏之”，刘邦因此掌握了天下形势、户口的情况，这都是由于萧何“得秦图书”。这里出现的“图书”都是“地图”与“法令、户籍等文书”的意思。“图”与“书”是各自独立又相互并列的两个词。

有插图的书，在古代也早就出现了，记录隋朝历史的《隋书》中已有记载。到了宋代，印刷术盛行后，有插图的书更多了，在甘肃敦煌千佛洞发现的《金刚经》是唐代咸通九年（868）印刷的，书的开头就有一幅十分精美的佛陀说法图。

到了现代汉语中，“图书”的含义继续演变，“图”与“书”已经合二为一，成了一

个双音节词，是书籍、画册等出版物的总 称。因此，现在很多没有插图的书也叫“图书”了，“图书馆”里的书就不一定都有插图。

从古代包括“图”与“书”两个含义的“图书”到现代出版物的总称“图书”，是古汉语单音节词向现代汉语双音节词演进的结果。也就是说，古汉语中的“图书”，要将“图”“书”分开理解，现代汉语中的“图书”要将“图”“书”二字合在一起理解。

今天图书馆里的图书一般是用26个英文字母来编号分类，那么中国古代是怎么给图书分类的呢？

中国古代给图书分类的方法主要是“经、史、子、集”分类法，这四类基本上囊括了中国古代所有图书。将古代图书分为“经史子集”四部，以及四部的名称和顺序是在唐朝编写的《隋书·经籍志》中确定下来的。清代乾隆皇帝下令编纂的《四库全书》，是我国古代最大的一部官修书，也是规模最大的一部丛书，它就是按照经史子集的分类标准编修的。之所以叫“四库”，是因为隋唐以后皇家图书馆及秘书省、翰林院等重要的图书典藏之所的藏书分为经、史、子、集四个书库，因其几乎网罗古今所有图书，故称“全书”。

四库中，“经”主要是儒家典籍，围绕这些经典形成的学问，称之为“经学”，古代研究音韵、文字、训诂的学问都是经学的附庸。

“史”是各种体裁的历史著作，司马迁的《史纪》为中国第一部正史，以后历朝历代共有“二十四史”（加《清史稿》计二十五史），此外还有各种官方编写的史书。

“子”指记录诸子百家及其学说的书籍。春秋战国之际，学者辈出，百家争鸣，哲学、法学、医学、算学、兵学、天文学、农学都十分发达。每家著书一种，成一家之言，如《孟子》《庄子》《韩非子》等，所以称为子书。道教、宋明理学、清朝的考据学也都归入子部。

“集”指历代作家的作品集和文学评论、戏曲等著作。收集一人所有作品的称为别集，汇选若干人作品的称为总集。

科学技术

这个厉害的小发明让马跑得更快、出力更大！它是什么？

马力得到充分的利用，这主要得益于科学、巧妙的胸带挽具的发明。早在春秋时期，人们已经使用了可靠的马挽具。这时候的马挽具是脖子上方的一个硬轭（è），硬轭上穿有与车辕相连接的绳子，人们又增加了一根套在胸部的皮带，使马的负重由胸骨和锁骨来承担，马怎样出力都不会影响到马力的发挥。这样的挽具显然比项前肚带挽具先进多了。后来，人们去掉了硬轭，完全以马胸前的皮带为牵引，这种挽具更符合马的生理特点，使马行的走、用力更加方便了。

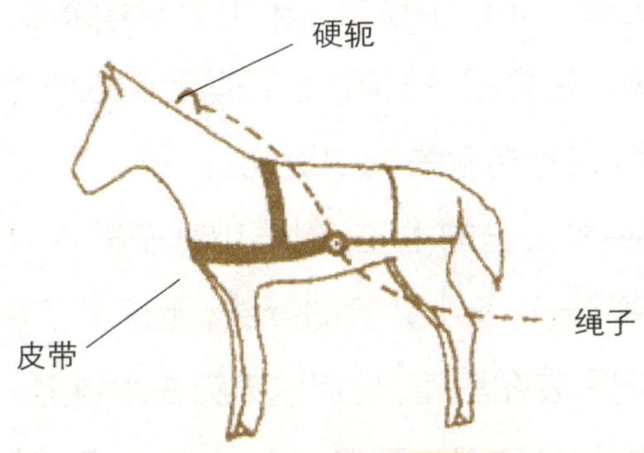

胸带挽具

肩套挽具也叫颈圈挽具，这是我国古代利用马匹的最优良的发明。通常认为，颈圈挽具出现在我国西汉时期，就是把一只颈圈套在马颈下部，完全解放了马的呼吸通道，使马的牵引力可以得到有效发挥。为了配合颈圈挽具的使用，我国古人还发明了车前横木，使颈圈挽具上的挽绳可以直接套在车前横木上，马颈受力更加均匀。这样一来，马力就得到了充分发挥，马作为生产力，大大促进了人们生产效率的提高。

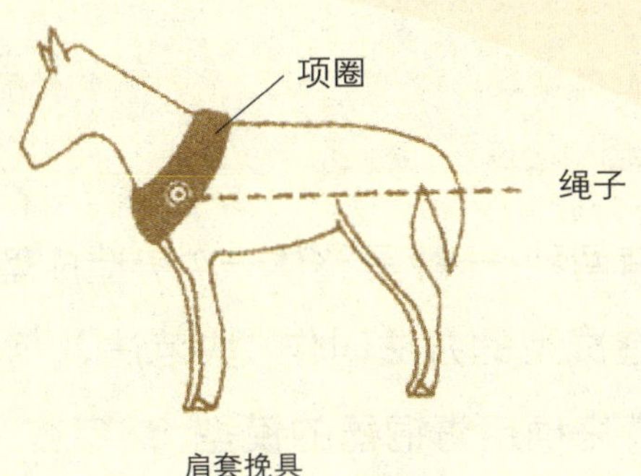

肩套挽具

锯和刨据说诞生于一场“意外”，究竟是怎么回事？

春秋末期到战国初期的工匠鲁班，出身于世代工匠的家庭。他从小就跟随家人参加过许多土木建筑的劳动，逐渐掌握了生产劳动的技能，积累了丰富的经验。

据说有一次，鲁班到山里伐木，走着走着，忽然觉得手被什么东西划了一下，一看，手被划出一道血口子。鲁班仔细地在周围观察，发现是丝茅草划的，这种草的边缘长着许多细齿，所以非常锋利。

鲁班灵机一动，用毛竹做了一条竹片，上面刻了很多像丝茅草叶那样的锯齿。用它去锯树，只几下树皮就破了，再一用力，树干出了一道深沟。鲁班灵机一动：如果把铁条做成锯齿状，那锯树不是会很轻松吗？鲁班马上请铁匠做了许多带锯齿的铁条，用它去伐树。果真快极了！这铁条就是锯的祖先。

鲁班是个整天和木头打交道的木匠，但要用斧子把木料砍得光滑却很麻烦。为了解决这个问题，鲁班磨了一把又小又薄的斧头，上面盖了块铁片，只让斧头露出一条窄刃，又做了个木座，把它装在里面。他用这窄刃在木料上一推，只见木料推下来薄薄一层木片，不一会儿，木料的表面平整又光滑，比过去用斧子砍可强多了。刨子就这样诞生了。

由于鲁班对木工工具的改进做出了这么大的贡献，所以，木匠们都尊称他是祖师。两千四百多年来，人们为了表达对鲁班的热爱和敬仰，把古代劳动人民的集体创造和发明也都集中到他的身上。鲁班实际上已经成为古代劳动人民智慧的象征。

有些青铜器的体积如此巨大，古人是如何把它铸造出来的？

青铜器的铸造方法有两种，一种是整体一次铸造成型，一种是分体多次铸造、铸接成型。整体一次铸造成型的方法叫作“块范法”。所谓“块范法”，就是先通过铸造“外范”和“内范”来确定青铜器的模型，然后在“范”中添加青铜溶液，一次铸造成型的铸造方法。它一般用来制作体型巨大、结构简单的青铜器件。“外

范”一般选用陶或木、竹、骨、石等各种质料作为底坯。底坯表面的形状、花纹和即将铸造出来的青铜器物完全一致。底坯做好后，外层用特制的泥土敷上，等到半干，再用刀划成若干块范，然后揭下来一一做好标记。内范的制作方法和外范基本一致，它塑造的是器物的内部，内范外壁要和器物内部的大小、尺寸完全吻合。块范做好后，工匠们根据铸造要求，对它们仔细打磨、加工。随后，工匠把内、外两个范合在一起，再把熔化的青铜液倒入范中。等到溶液冷却，除去内范和外范，青铜器就铸成了。

如果青铜器结构复杂、造型奇特怎么办呢？工匠们会把它分成各个部分，分体多次铸接成型，这就是分铸法。比如殷墟妇好墓出土的卣（yǒu）（古代一种盛酒的器具，口小腹大，有盖和提梁），样式非常奢华，它就采用了分铸法，分两次从五个部位铸接，才把七个部件和卣体联成一体。

古人也能3D演示天体运行情况？他们用了什么样的神器？

早在宋代，人们就用仪器来模拟天象了。这种仪器叫作水运仪象台，能形象、立体地演示天象的变化，类似现在的3D展示。水运仪象台的设计者叫苏颂，他被称为“宰相科学家”，苏颂精通天文和医学，同时还是一位发明家。1088年，苏颂在京城汴梁制成了水运仪象台，在当时引起了轰动。

这台仪器广泛吸收了在此之前各种天文仪器的精华，并灵活运用了民间机械设备——水车、桔槔（jiégāo，俗称“吊杆”，是一种原始的井上汲水工具）、凸轮和天平等，融浑仪、浑象和报时为一体，简直就是一个自动化的天文台。

从外观上看，水运仪象台是底座为正方形，下部宽、上部略窄的木质建筑。它高约12米，底宽约7米，共分为3大层。上层是一个露天的平台，放着观测日月星辰位置的浑仪。浑仪上面覆盖着9块木板屋顶，可随意开闭，能多角度、多方位地观察运行中的恒星。中层放置浑象，浑象由东向西转动，一昼夜转动一圈，表现星辰起落的变化。下层包括报时装置和仪器的动力装置。报时装置为5层可自动开关的木阁，木阁中各有1个木人，到了报点时刻，门内的木人就会准时出来报时。不用担心这个自动装置的动力，它的发明者匠心独运，在木阁后面放置着高精度的漏壶、漏刻与机械传动装置，漏壶中的水冲动机轮，驱动传动装置，循环往复。只要有水，整个仪器就能持续有效地运行。

苏颂依据这套仪器实测、绘制了两套星图，绘星1460颗，达到了当时世界上的最高水准。遗憾的是，1127年北宋灭亡，水运仪象台被金兵毁坏。苏颂为水运仪象台所作的设计说明书《新仪象法要》却流传了下来。

古人竟然能将潮汐运动计算得接近现代潮汐学研究成果！他们是如何做到的？

潮汐是沿海地区的一种自然现象。在太阳和月亮的引力作用下，海洋的水面会出现周期性的涨落，白天称为潮，夜间称为汐，总称潮汐。早在三国时代，我国就出现了论述潮汐的作品。吴国大臣严畯写了一篇《潮水论》，可惜文章早已失传。到了唐代，窦叔蒙的《海涛志》问世，这是世界上现存最早的潮汐学专著。

《海涛志》共分为总论、论涛数、论涛时、论涛期、论朔望体象、论春秋仲涛解六大部分，分析了潮汐生成、运动以及周期变化。总论当中，窦叔蒙论述了潮汐形成的原因，他认为潮汐现象和月亮之间存在着某种必然联系，而且还有一定的规律。论涛数当中，窦叔蒙进一步说明，海水每天有两次潮汐涨落。每月的朔日与望日（农历的初一和十五）分别有一次大潮，上弦和下弦（每个月农历十五之前的月亮为上弦月，月牙朝上；下半月为下弦月，月牙朝下）各有一次小潮。朔日和望日后的第三天开始，潮汐逐渐递减，然后再渐渐增长，到了朔望时期达到最大。潮汐就是这样

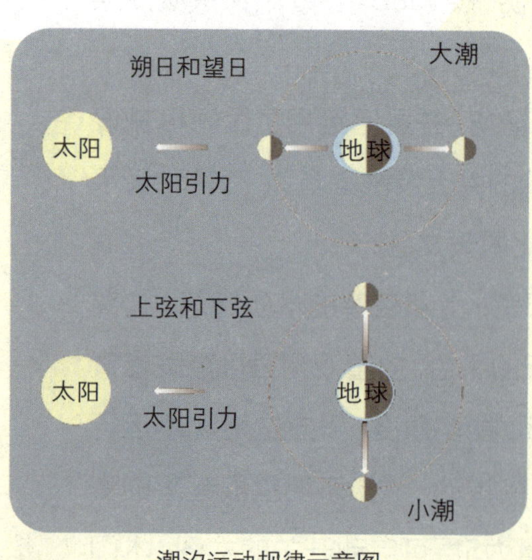

潮汐运动规律示意图

循环往复，无始无终。在长期观察的基础上，经过计算，他得出两次潮汐循环推迟的时间为50分钟28.04秒，这和现代潮汐学的研究结果相差并不大。为了进一步说明潮汐的运动规律，在论涛时这一节中，窦叔蒙运用数轴，创制了图表来表示潮汐涨落和月亮圆缺变化的对应情况，这是我国最早的高低潮时预报方法。

没有现代化的仪器，古代天文学家是如何观察日月星辰的?

古代的天文学家观察日月星辰，除了依靠肉眼，也有一种专门的仪器——浑仪。

浑仪得名于古人的一种宇宙观——浑天说。浑天说认为，天包裹在地的周围，日月星辰围绕着大地，像车轮一样旋转运行。根据这种理论，要确定日月星辰的坐标，就要以人站立的大地为中心。所以浑仪从外形上看是一个由许多同心圆环组成的球形，一个同心圆环对应一种天体的运行轨道。用于支撑这些同心圆环的叫作极轴。早期的浑仪比较简单，只有两个同心圆和一根金属轴。一个同心圆垂直于地面，叫作赤经环；一个同心圆平行于地面，叫作赤道环。圆环上面都标有刻度。金属轴与赤经环相交于两点，形成北天极与南天极。金属轴是一根可以绕着中心旋转的窥管。当古人要确定这两个圆环上任意一星星的位置时，只要用窥管对准这颗星星，根据赤道环和赤经环上的刻度，就可以确定这颗星星在天空中的坐标位置了。

随着古人对天体认识的逐渐深入，浑仪的环数也在不断增加。唐代李淳风发明的浑天黄道仪，在原来赤经环、赤道环的基础上增加了黄道环，整个仪器也由原来的两层变为三层。此外，唐代天文学家一行发明的黄道游仪也比较有代表性。它们的工作原理与最原始的浑仪大致相同，但因为增加了“环”，也就增加了另外的参照坐标，可以更为精确地测量天体位置。

史书上记载的神秘“客星”来自何方？它真的是不祥的征兆吗？

古代史书中对客星的记录非常多，人们认为它是吉祥或不祥的征兆，预示着战争或灾荒。客星到底是什么星呢？古人的记录准确吗？

古代的客星，在现代天文学上被称为新星和超新星。亮度一下子增加几千甚至上百万倍，随后慢慢变暗的这类恒星叫新星。亮度增强几千万倍甚至几亿倍的恒星就是超新星，超新星的爆发意味着一颗大恒星的“暴死”，是大多数恒星最后的生命归宿。新星和超新星都是爆发型变星。所谓变星，就是亮度不断变化的恒星。变星在天空中忽然变得非常明亮，然后又逐渐变暗，甚至消失，好像在天空中做客一般，因此古人把它们叫作“客星”。此外，由于彗星在天空中突然出现，更像是神秘的“天外来客”，因此也被古人看作“客星”。至于客星出现预示不祥，则是迷信的说法，并没有科学依据。

从商代到清代，史书中有记载的新星和超新星约有90颗。1054年，人们在金牛座附近发现了一颗特别明亮的客星。它突然出现，历时两年才慢慢黯淡下去。这一发现被记录在宋代的史书上。一千年后，这一记录得到了现代科学界的回应，天文学家先是借助望远镜在这颗星的位置上发现了蟹状星云，这个蟹状星云正是那颗超新星的遗迹，与史书记载完全吻合。我国古代对彗星的记录达500次以上，今天，天文学界经常会参照我国古代的彗星记录来研究彗星的周期和回归等问题。

望远镜发明之前两千多年，中国人是如何观察到木星卫星的？

天文学是我国古代最为发达的自然学科之一，它最初是数术的一种，主要用来推测吉凶。古人把日月星辰奉为神明，占星家通过天象的变化来占卜人间的吉凶祸福。

石申夫是战国时魏国的星象家，他每天要通过观测星象的变化预测天意，当时

没有精密的观测仪器，石申夫只能靠肉眼对天空中的恒星进行长期细致的观测。一天晚上，石申夫正盯着璀璨神秘的夜空，忽然意识到行星的运动是有一定规律的，比如木星运动有快有慢，经常偏离黄道向南北移动，火星甚至还会逆行！

惊喜的石申夫继续观察下去，推算出木星的回合周期为400天整，只比现在准确数值398.88天差1.12天；还推算出水星的回合周期是136日，比实际数值115日误差了21日。他对木星的观测尤为精细，观测到了木卫二。17世纪初，望远镜发明之后，意大利大科学家伽利略于1610年用望远镜观测木星时才发现了木卫一和木卫二，比石申夫晚了近两千年。

为什么古人用预测日月食来检验历法是否准确？背后有什么玄机？

历法是人们为了生产实践的需要而创立的纪时系统。阴阳合历是我国古历的特色，它既包含了太阳运动与气候变化之间的内在联系，又包含了月亮的运动、月相变化和人们的生产活动的关系。人们还创立了大小月和闰月，把太阳与月亮的运动周期和运动规律巧妙地结合在了一起。正因为这个原因，推算日月食成了历法计算中要求最严格的一项，一部历法是否严密，通常都用预测日食与月食发生时间是否准确来检验。

因为对日月食发生时间近乎痴狂的关注，古人很早就在历法中给出了计算和预测日月食的具体方法。西汉时期，天文学家落下闳（hóng）根据历代积累的观测数据，在《太初历》中测算出了135个月的日食周期。魏晋时期，天文学家杨伟在《景初历》中提出了日食初亏方位角和偏食程度的计算方法。唐朝天文学家一行研究了43次日食和99次月食之后，在他编写的《大衍历》中给出了一套计算因为观测位置不同而产生视差的经验公式。清朝学者王锡阐所著的《晓庵新法》一书，提出了日月食初亏和复圆方位角计算的新方法，并计算出了1681年9月12日发生的日食。古人预报日食和月食虽不及现代人精密，但准确度也是很高的。

中国人每年都要过的春节是谁定下来的?

春节是中华民族的传统节日，它的日期是谁定下来的呢?那就是西汉时的天文学家落下闳。

从小生活在乡间的落下闳一直醉心于天象观察，读书识字后，他偶尔看到了一部天文方面的书，爱不释手，这本书解答了他的好多疑问，给他开了另外一个世界的大门。

落下闳从此认真钻研起天文学来，经过一段时间，积累的知识越来越多，他用天文学知识也帮助了不少人。

西汉建立初始，仍沿用秦代历法，即颛顼(zhuānxū)历。到了汉武帝元封年间已经有一百多年了，误差积累已很明显，所以汉武帝决定改历法，于是从全国各地找来了有才能的民间天文学家，和官方的天文学家一起合作。

落下闳的名气在家乡慢慢传开了，后来经司马迁推荐，被汉武帝征召入京，与当时的官方天文学家唐都、邓平一起修改历法。

在改历过程中，曾发生激烈的争论，大家各有方案，相持不下，最后形成了十八家不同的历法。经过仔细比较，汉武帝认为落下闳与邓平的历法优于其他十七家，遂予采用，于元封七年颁行，并改元封七年为太初元年，因而新历又称为“太初历”。

太初历是我国历史上第一部有完整文字记载的历法，落下闳将孟春正月改为岁首，即太初历里一年的开始，依照春、夏、秋、冬顺序，至冬季阴历十二月底为岁终，使农事与四季的顺序相吻合，有利于农业生产发展。

落下闳确立正月为岁首后，人们将正月初一称为“元旦”“新年”，民间习称“过年”，民间也就有了“春节”的说法，一直沿用至今。

古人用什么来划分广袤天空？这个创造在天文学中影响深远！

早在先秦时期，我国就开始对天空区域进行划分了，只不过那时候还比较原始，由于人们对恒星认识不足，并没有以它作为参照物来划分天空，而是按照“四象”等方位来划分。这“四象”就是四个方向，即东方青龙、北方玄武、西方白虎、南方朱雀。因为“四象”过于宽泛，这种做法还不能称为真正意义上的星座说，也不利于古人对星象的观察与记录。

最迟在战国时期，我国古代先民创造出了有中国特色的星区划分体系，那时古人发现的恒星已经有几百颗了，为了更好地认识它们和观测天象，人们开始对天上的恒星进行分组，一共分有二十八个组，被称为二十八星宿。二十八星宿的提出是中国古代天文学的重大创造，它不仅以恒星作为参照来为天空划分区域，而且还为这些区域确定了具体的名字，方便观察恒星与天象。我国古人常常以二十八星宿的出没情况和位于头顶时的时刻来判断季节、修订历法，还通过它们来观察日、月、五星运行。

古人又认为朝廷官员都是天上的星星下凡，所以他们开始习惯用皇权统治机构来命名这些恒星或者恒星群。《史记·天官书》中录有91个星官。到三国时，吴国的太史令陈卓以恒星为参照，定了283个星官。隋唐时期，出现了一部总结性的星象著作《步天歌》，它记录有283星官，1645颗恒星，还附有星图与文字相对照。世界上现存最古老的石刻天文图出现在宋代，它所标识的恒星位置已经相当准确了。

原来司马迁不光会写历史，还是位天文学“大伽”，他有哪些天文学成就？

说到司马迁，我们第一反应就是他编撰了《史记》，很少有人知道他还是一位当之无愧的天文学家，他写了《历书》和《天官书》，开创了中国史书系统记述天文学资

料的优良传统。

自古以来，人们认为日食和月食是不可预测的天变现象。在惊惧之下，人们认为这是上天的示警，但是司马迁分析了历代的月食记录，他打破月食不可预测的成见，总结出月食现象的发生存在一种周期性的规律。

在司马迁之前，人们虽然早已观测到五大行星有逆行，但认为除了火星和金星的逆行之外，其他都是一种反常的变异；司马迁分析了汉兴百余年来的史官行星观测记录，并结合他自己的观测验证，他发现，在五个行星的运动中都有规律地出现逆行现象，并指出，行星在逆行时比顺行时可能更加明亮。

坎儿井有防御功能吗？为什么被称为“地下长城”？

坎儿井是我国西北干旱地区的一种古老的灌溉系统，被称为地下的“万里长城”，但它并不是用作军事防御的。在干旱荒漠地区，人们巧妙地通过地下渠道，把地下水引导至地面，用来灌溉田园、供应生活，这种地下渠道就是坎儿井。

从整体构造来看，坎儿井主要由竖井、暗渠、地面渠道和涝坝（即蓄水池）四部分组成。竖井不仅是通向地面的通道，同时也是井内的送气通风口。一条坎儿井有十多个到上百个竖井，竖井与竖井之间的距离一般为20至70米，井深因地势和地下水位高低而有深有浅，最深可达90米，井口则有圆有方。暗渠是坎儿井的主体，一般高2米，宽1米，最长可达25公里。挖掘暗渠是一项艰苦繁重的工程，地下作业面狭小，地下水寒冷刺骨，人们往往跪在冰水中劳动。在整个坎儿井工程体系中，暗渠具有非常重要的作用，它不但能导出水流，还能减少水的蒸发，同时还保证了水质的纯净。人们根据需要，选择合适的地点修建了涝坝，方便蓄水。有了坎儿井的帮助，干旱的戈壁变成了葱翠的绿洲。

坎儿井结构图

在新疆吐鲁番一带，坎儿井的总数达1100多条，全长约5000公里，因此它们被称为保障人们生产和生活的“地下长城”。

龙骨水车是用龙骨做成的吗？看完大跌眼镜！

龙骨水车又叫翻车。它的发明者是东汉末年的宫廷发明家毕岚。三国时期，发明家马钧改良了龙骨水车，使它变成了灌溉设备，广泛地运用到了农业生产当中。

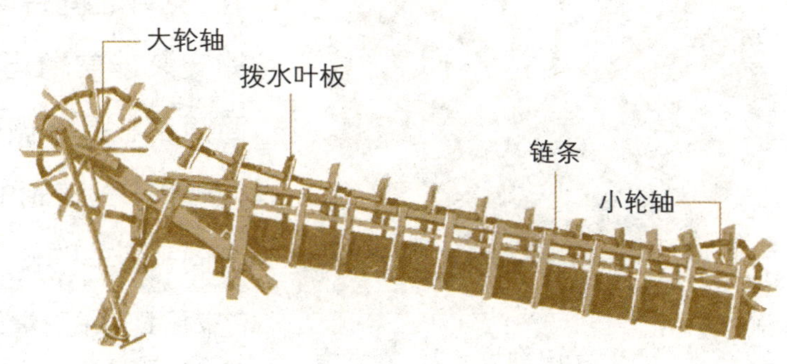

龙骨水车构造图

龙骨水车主要由水槽、叶板链条、叶板、轮轴等部件组成。装好叶板的链条安置在矩形的水槽当中，水槽的上下两端各装有一只轮轴，上端是一只大轮轴，下端则是一只小轮轴。使用水车时，把水槽的一部分和小轮轴没入水中。转动大轮轴时，叶板链条带动底部的小轮轴也开始旋转，同时叶板不停地把水刮上来，从水槽的上端将水送出。这种装置构造简单，运转稳定，可以有效地把河流、湖泊中的水汲入农田。龙骨水车是纯粹的木质结构，因为叶板链条看上去就像一条粗壮的脊骨，由此得到了“龙骨水车”这个名称。

最初的龙骨水车是用人力转动的，人们踩动大轮轴上的拐木，就能使一架龙骨水车运转起来。后来，出现了由多个龙骨水车联合的水车；南宋初年，出现了以畜力作为动力的龙骨水车，在当时得到了广泛运用，由风力、水力转动的龙骨水车也随即出现，对我国古代的农业生产起了不可估量的作用。今天，在南方的一些农村，我们还能看到它的身影。

既不用人力，更没有电力，筒车怎样把水抽上来呢？

古人用自动筒车浇灌菜园，省时省力，既不用人力，更没有电力，筒车就能不停地旋转，水就会不停地被提上来倒进菜地。这是怎么回事呢？

筒车模型

筒车的主体是一个竖立的大转轮，可以非常灵活地转动。转轮的边缘有许多片竹制或木制的轮叶，轮叶之间装着许多只竹制或木制的小筒。小筒的安装非常精巧，随着转轮的旋转，上升方向的小筒筒口总是略微朝上，下降方向的小筒筒口总是略微朝下，在转轮的底部和顶部，小筒则保持着水平方向。筒车的侧旁，安装着一只倾斜的水槽，小筒的筒口正好对着水槽中间，小筒中的水正好经由水槽流入庄稼当中。筒车只能在水流较急的河流边上安装使用，要保证大转轮的底部能没入流水当中。工作时，没入水中的小筒里盛满了水，水流冲击大转轮，使转轮转动，转轮上的小筒也随着转动，把筒里的水倾泻到一只木槽中，使流水自动灌入高处的田地。也就是说，筒车是因地制宜地运用了水流的力量来抽水的，可以说非常巧妙。

筒车的历史可以追溯到唐朝，南宋时期，将领郭浩在四川安康开垦田地，准备军粮，曾经大规模地使用筒车，当地至今保留着“筒车河”“筒车垭”“筒车沟”“筒车湾”等地名。宋代之后，筒车继续广泛地应用在人们的生产生活当中。

古人有了这种“高科技”工具就可以“日种一顷”，这个发明背后有什么秘密？

西汉的时候，出现了可以规模化播种的农具——耧（lóu）车。

耧车又称耧犁，根据造型分为两脚耧犁和三角耧犁。它的发明者叫赵过，是西汉

著名的农业专家。耧车由耧架、耧斗和耧铲组成。几根木条搭成一个斜面和一个平面，就是耧架。耧架上放着耧斗，耧斗里放着种子，耧斗下方有很小的开口，正对着开口的位置装着耧铲。播种时，牛或马在前面牵引着耧车，耧铲刨开前面的土地，人在后面控制着方向，边走边轻轻摇动耧车，种子就从耧斗的开口滑下，掉进耧铲挖开的土沟中，撒种完毕，再覆上土。有耧车的帮助，一个人“日种一顷”并不是什么难事。后来，耧车又得到了改进，人们使用耧车能一次性完成开沟、下种、覆土等作业。到了元代，人们还创造出了一种下粪耧车，使耧车同时还具有了施肥的功能。耧车不仅大大地提高了播种的效率，而且还能保证种子行距、深度与疏密的一致，方便将来的田间管理与收割。

耧车模型

古代人是怎样“科学种田”的？来看看这位农学家的巧思妙想！

现在我们去乡下，偶尔还会见到农民种田时会在种子上粘上一层粪壳作为种肥，这种方法是西汉末年一位叫氾（fán）胜之的农业学家发明的，叫作溲（sōu）种法。

氾胜之出生在一个农民家庭，自幼对农作物的生长和栽培很感兴趣，喜欢研究农业技术，注意搜集、总结家乡农民的生产经验，积累了丰富的农业知识。后来，他做了朝廷命官，也时时想着农业丰收，惦记着百姓的温饱。

瓠（hù）子是当时西安地区的一种重要的经济作物，但它既不耐旱又不耐涝，产量一直较低而且不稳定。氾胜之听说有一位农民是种瓠子的行家里手，就亲自登门拜访。

氾胜之脱下官服，换上粗布衣和草鞋，住在老农家里，每天和他一起日出而作，日落而息。老农最初以为这个朝廷官员是心血来潮，后来越看越不像，就忍不住问：“大人，您真的是向我学种瓠子的？”

“那还有假？方圆百里就您的瓠子种得最好，我特地来向您学习，希望把您的经验推广给其他人呢。”氾胜之答道。

老农这才相信，于是带着氾胜之种田时，将自己的经验倾囊相授：告诉他种田不能误农时，耕作时要选雨天而不是旱天，立春前，可以拿一根长木棍埋在土里，立春后拔出，就能将地里的树根、草根拔掉……

氾胜之非常虚心地听着，也不时和老农讨论自己的看法，他提出了溲种法，建议用追肥促进作物生长，还亲手反复做种植试验。他终于总结出了一套高产种植技术，即种瓠法。用这个新技术栽种的瓠子，个儿长得特别大，一个可抵过去的十个。

氾胜之总结自己指导农业的经验，整理成书，后通称《氾胜之书》，在书中他对西汉黄河流域的农业生产经验和操作技术做了的总结，主要内容包括耕作的基本原则，播种日期的选择，种子处理，个别作物的栽培、收获、留种和贮藏技术，区种法等。它是我国第一部较为完整的农业科学专著，在当时享有很高的声誉，对后世也产生了极其深远的影响。

古人用的这款自动化“收割”神器，堪比现代的手推收割机？

元代王祯《农书·农器图谱》中绘制的推镰

从西汉到近代，镰刀一直是农人手中最重要的农具之一，但镰刀工作面小，收割速度慢。于是，人们开始尝试发明一种收割范围大、效率高的镰刀，宋元时期，出现了自动化的推镰。

推镰为木头所制，柄大约七尺长，方便手握，接触地面的一端分为两个叉，叉中嵌着镰刀，两叉中间用横木贯通，横木两端各有一只小轮。使用时，农人手握木柄，推着推镰，推动庄稼地里的稻、麦。随着木轮的滚动，麦秆和稻秆纷纷被切断，省时又省力。推镰的工作方法，类似于现代的手推割麦机。《农书》中强调说，推镰“推拥捷胜轮走坡”，也就是说，这种工具在不平坦的田地上也可以轻松运转，很好操作。推镰可以说是我国古代的收割机。

遗憾的是，这种收割工具后来却失传了。《农书》出现之后，有人按照书中的介绍仿制出了推镰，却不是很成功，无法重现传说中的高效率。无论如何，推镰是古代人民在收割工具上的大胆革新，这是毫无疑问的。

怎样挑选一匹好马？中国古代相马术有什么秘决？

《齐民要术》里，贾思勰总结了前代以来的相马经验，在马的外形鉴定上，提出了一套较为科学的方法，极大地发展了中国古代的相马术。

首先是外形鉴定法。《齐民要术》记载着先要淘汰劣马，而劣马的特征是“三羸（léi）”“五驽（nú）”，就是各种羸弱无力、身体瘦弱的马和迟钝少力、走不快的马。

除去劣马后，然后再去考察其他方面。鉴定一匹马，首先要观察头、目、脊、腹、四肢等部位。《齐民要术》指出：“马：头为王，欲得方；目为丞相，欲得光；脊为将军，欲得强；腹胁为城郭，欲得张；四下为令，欲得长。”意思是马头的重要性好比国王，要长得昂扬有威势；马眼要如丞相，要目光明亮、清澈；背脊是将军，要坚强能负重；胸腹如城墙，胸要开张，腹要充实，四肢如地方官，要长而有力。另外，还要看马的耳、鼻、唇、嘴、齿、颈、尾骨、膝盖骨和四蹄等不同部位。

贾思勰认为，马外表的好坏和内脏器官有一定关系，而内脏器官的状况又能从马的外形中得到反映，他提出了一个由表及里的“相马五藏法”，认为马肝要生得小，耳朵小的肝就小，肝小的马就能通人性。肺要生得大，鼻子大的肺就大，肺大的马善于奔跑。心要生得大，眼睛大的心就大，心大的马奔跑迅猛且不易受惊吓，眼睛饱满的马一天到晚都强健有力。肾要生得小，肠要生得又粗又长，肠粗的马腹部宽阔平坦。脾要生得小，肷（qiǎn）窝（在肋骨与胯骨之间）小的脾就小，脾小的马容易驯养。

现代科学已经证明，马的外部形态与内部结构的确有一定的关联性。“相马五藏法”是一种通过观察归纳总结出的科学的相马术。

竹蜻蜓被称为“中国螺旋”，它和直升机上的螺旋桨有什么关系？

竹蜻蜓是一种古老的玩具，早在西晋时期，道教学者葛洪在《抱朴子》中就有对它的描述。

竹蜻蜓为什么能升上空中呢？这是因为竹蜻蜓旋转时，旋转的叶片形成向下的强风，空气则给竹蜻蜓一个向上的反作用力，当反作用力大于竹蜻蜓的重量时，竹蜻蜓便飞了起来。

人们很早就注意到了竹蜻蜓的奥妙。明朝末年，苏州有一个巧匠叫徐正明，经过10多年的钻研，他终于造出了一架会飞的机器。这种机器有一个竹蜻蜓一样的螺旋桨，有一把用来坐人的圈椅，机器中有齿牙交错的机关。踏动踏板，螺旋桨开始转动，机器就飞离地面。这架机器能飞起一尺多高、几十米远，能飞越一条河流。可以说，这就是直升飞机最古老的形态。

明清时期，竹蜻蜓传到法国。在西方，被誉为“航空之父”的英国人乔治·凯利从小对竹蜻蜓感到好奇，1796年，他在深入研究了竹蜻蜓之后，仿制和改造了竹蜻蜓，并由此琢磨、设计出了螺旋桨。20世纪30年代，德国人根据“中国螺旋”的形状和原理，发明了直升机的螺旋桨，使直升机飞上了蓝天。

指南针为什么不叫“指北针”？

指南针在指示南方的同时也指示着北方，可它为什么不叫“指北针”呢？

古代人们在劳动、生活当中接触到了磁铁矿，发现了磁石的指向性。后来，人们发明了具有指南功能的司南。司南由一把勺子和一个地盘组成。勺子是由一整块磁石制成的，磁南极那一端被磨成勺子的长柄。地盘是一个铜质的方盘，中央有光滑的圆槽，四周刻着表示24个方位的格线和文字。勺放入圆槽可以灵活地转动，当它静止下来的时候，长柄总是指向南方。司南以“南”来命名，正是由于它的长柄指向南方这一特征。

不以“北”命名还和人们的传统习惯有关。在古代，人们习惯依靠星辰来辨别方向。由于我国位于北半球，观察位于北部天空的北斗七星非常方便，因此北斗七星一直是人们判断方向的依据。同时，人们很容易根据北斗七星的位置找到明亮的北极星，因此也常常依靠北极星来确定北方。用北斗星和北极星指示北方，在我国有着几千年的历史，成为一种传统与习惯。因为这种根深蒂固的文化心理，其他指示方向的工具就都不以“北”来命名了。

指南针出现以后，最初叫作“罗盘针”。宋代科学家沈括在《梦溪笔谈》中，对指南针指南的情形做了生动的描绘，他还制造出了旱针和水针等指南针。虽然指南针的指针一端指南，一端指北，但人们习惯了“指南”的叫法，习惯成自然，就不会叫它“指北针”了。

如何使一条普通的“钢片鱼”变成带磁性的“指南鱼”？古人是这样做的。

古人很早就发现了天然磁石具有指示南北的特性，最早的指示南北的工具司南正是用天然磁石制成的。但是天然磁石非常脆弱，在琢制过程中容易损坏，受打击或受热之后，磁性会变弱甚至丧失。于是，经过反复试验，人们发明了各种人造磁铁。

据北宋曾公亮《武经总要》记载：因为天气原因无法辨明方向时，可以用指南鱼辨别方向。指南鱼的外形是一条鱼，用薄钢片做成，钢片长为两寸，宽为五分。当需要指向时，只需要将它放入一碗水中，漂浮的小鱼的头部会始终指向南方。钢片本身是没有磁性的，必须磁化，使它变成磁铁。《武经总要》给出了磁化的方法：将铁片剪成鱼的形状后，放在炭火中烧红取出，用钳子夹着放入水中冷却。冷却时，鱼要沿着子午线的方向放置，并且与水平面成一定的角度。这样就制成了可以指示方向的指南鱼。这种磁化方法叫地磁法，是利用地球本身的磁场来进行磁化的。高温加热时，铁片中的分子运动加速，受到地球磁场的影响，铁片中的磁畴按照磁场的方向排列得整整齐齐。此时铁片一旦被投入冷水中，突然冷却，磁畴固定下来，就成了永久磁铁。

北宋科学家沈括在《梦溪笔谈》中提到另一种人工磁化的方法：拿磁石来打磨针尖，就能让针尖带上磁性从而指南。这是利用天然磁石的磁场作用使钢针内部磁畴的排列趋于同一方向，钢针因此获得了磁性。

三国时代的科学家复原了一种失传已久的指南工具，他是怎样做到的？

指南车是一种辨别方向的工具。史书记载，距今四千多年前，黄帝和蚩尤（chīyóu）作战，蚩尤为使自己的军队不被打败，便作雾气使黄帝的军队迷失了方向。黄帝制造指南车辨别方向，终于打败了蚩尤。后来，东汉的伟大科学家张衡就曾利用纯机械的结构，创造了指南车，可惜方法失传了。因此，当时很多人都认为指南车只是一种传说中的东西。

指南车复原模型

三国时的机械大师马钧对传说中的指南车极有兴趣，决心要把它重造出来。然而，一些思想保守的人都持怀疑态度。有一天，在魏明帝曹睿面前，一些官员就指南车和马钧展开了激烈的争论。

有人嘲讽马钧说："那我们打个赌吧，看看你能不能做出来。"于是魏明帝曹睿做了证人，由他亲自下令让马钧制作指南车，如果马钧完不成，就要受到一定的处罚。

在没有任何可参考的资料和模型的情况下，马钧利用他的机械知识，用差动齿轮的构造原理，很快便制作出了指南车。当马钧制作的指南车出现在众人面前的时候，那些曾经不相信指南车存在过的人哑口无言。马钧胜利地结束了这一场争论。

马钧制成的指南车，在战火纷飞、硝烟弥漫的战场上，不管战车如何地转动，车上木人的手指始终指南，赢得了满朝大臣的敬佩。马钧的不少发明创造对当时生产力的发展也起了相当大的作用，因为他在传动机械方面很有造诣，所以当时人们对他的评价很高，称他为"天下之名巧"。

我国古代也有立体地图？糯米、面糊居然都可做材料！

立体地图是以三维立体形式来表示各种地理现象的地图，也称3D地图，我国古代也有立体地图吗？

答案是肯定的。司马迁在《史记》中记载，秦始皇陵中以水银为江河和大海，模拟了真实的地面世界，这也可以说是一种立体地图。秦汉时期，军事将领们已经能在准确描绘地形特征的沙盘上拟定计划、制订战略。东汉时，将军马援便做了一幅立体地图，他以糯米为材料，准确形象地制作出了山谷、河流，把敌我双方的形势描绘得清清楚楚。马援的作品已经是比较成熟的立体军事地图了。

真正意义上的立体地图出现在北宋。1069年，科学家沈括出使辽国，当时北宋和辽国处于敌对状态，为了解对方的地理形势，沈括一路上仔细勘察，根据自己所见绘制了一幅非常详细的《使契丹图钞》。这幅地图用面糊和木屑做材料，在木板上制成了各种立体模型，山岭、河流、道路、城镇一目了然。南宋罗大经《鹤林玉露》中描述，大学者朱熹酷爱山水，为准确寻觅路径，记录地理情况，他用胶泥和木材作材料，制作了一幅能反映山川形势、风景名胜的《华夷图》。《华夷图》雕刻在八片木板上，可以折叠，出门时由一位仆从背在背上。可惜，朱熹的制图工作最终没有完成。

这幅地图采用了什么先进的绘制方法，而被英国学者李约瑟称赞为“当时世界上最杰出的地图”？

用比例尺绘制地图的方法在东汉时期就出现了，被称为“定量制图法”，它是我国东汉时期的科学家张衡发明的。张衡最先把矩形网格坐标应用于地图，通过计算网格中横轴和竖轴的坐标来确定地面上的具体位置。采用这个办法，可以免除图形本身（比如大山或河流）对图上距离的干扰，而且方位和距离的计算更加精确。张衡发明的矩形网格坐标有点像今天的照相微缩技术，成功地缩小了实际距离在地图中的尺寸，为比例尺的运用奠定了基础。

后来，西晋科学家裴秀对张衡的定量制图法进行了改进，提出了绘制地图的基本原则——“制图六体”，即“分率”“准望”“道里”“高下”“方邪”和“迂直”。这六个方面是相互联系、相互制约的，其中排在第一位的“分率”就是比例尺，用来标明地域的长度、宽度以及面积的大小。“制图六体”理论却得到了后世的广泛认可。

宋代的《禹迹图》是地图史上的又一巨制。此图刻在一块石碑上，长宽仅1米多，它描绘的是传说中夏朝大禹时期贡物运输的情况，图上有横格70个、竖格73个，共计5110个方格，比例尺约为1∶5000000。因为采用了科学的绘图法，著名汉学家、英国学者李约瑟称赞此图是“当时世界上最杰出的地图，是宋代制图学家的一项最大成就”。

唐朝科学家用了什么先进的方法来绘制世界地图？

贾耽是唐朝时期的地理学家，从小就喜欢读地理书籍，后来，他参加科举考试，当了朝廷官员，又被提升为鸿胪（lú）卿兼左右威远营使，这是一个 负责接待外国使节的工作，能和很多外国人打交道。工作之余，贾耽也不断进行地理研究。

带着对未知世界的好奇，贾耽有空就去问那些外国使节：“你们的国家是什么样子？靠海还是临山？平原多还是丘陵多？你最远去过什么地方，那里又是什么样子？”外国使节就告诉他自己国家的地形地势。贾耽听在耳里，记在心上，又找来国人画的一些外国地图，请外国使节看有没有错误。

就这样，他的地理知识越来越丰富。这时候，因为唐朝走向衰败，很多地方陷入军阀混战，贾耽对此深为焦虑，决心绘一幅描绘唐朝统一强大的地图，以备政治军事所需。

为了绘制此图，他花了三十多年时间阅读文献，调查采访，认真选取资料，画了一幅长三丈、宽三丈三尺的巨大地图，这就是名闻遐迩的《海内华夷图》。这幅地图不光篇幅大，信息丰富可信，而且对国外许多国家和地区的名称、方位、山川等内容，也有适量的记载，可以说是小范围的亚洲形势图。

绘制地图时，贾耽遇到了一个问题，就是有的地名经过历史沿袭，已经不叫过去的名字了，如果只写现在的名字怕不够详细，要是将两种名字都写上又怕人糊涂。因此贾耽在绘制地图时，古代地名用黑色标注，现代地名用红色标注，开我国以两种颜色标注地名的先河。此法一直为后世的历史沿革地图所沿用。

地理学名著《水经注》是如何写成的？背后有你不知道的故事。

郦道元是北魏的地理学家，年纪轻轻就已游遍了北方的山山水水。游历使他大开眼界，也对各地的水文地理、风土人情、历史文化都有了真切的了解。郦道元还酷爱读书，他读书范围很广，除了正统的经史子集外，其他方术、医卜、地理、天文类都无不喜读。

《水经》据说是汉代桑钦所作，是我国古代第一部系统记述全国河流状况的书，文字简略，郦道元决心用当时的地理知识为《水经》作详细注解。

为了给《水经》作注，他有目的地对一些山水进行了实地勘察。他经常沿着一条河流，从上游一直走到尽头，足迹遍及今天的内蒙古、河北、河南、山东、山西、安徽、江苏等广大地区。每到一个地方，郦道元都要游览当地的名胜古迹、山川河流，仔细考察地形地貌、水流分布；他还向当地的老人询问或者查考史书，了解古今水道的变迁情况和河流的源头所在、水文特点等。对那些不能实地勘察的地方，他也总是尽可能地搜罗材料。

他善于思考，《水经注》里对各种不同湖泊性质、功能的表述就是他思考的结果。他还发现了水流在各种地形形成过程中的重要作用。他把自己的勘察和思考所得一点点地记录下来，再按照一定的体例，以《水经》为蓝本，附入各条河流的条目中。经过几十年坚持不懈的努力，终于写成了流传至今的地理学名著《水经注》。

现在的汽车可以自动计算里程，古代也有可以计算里程的马车吗？

汉画像石中的《鼓车图》。图中官员乘坐的车辆即为记里鼓车。

我国古代有一种会自动计算道路里程的车辆，这就是记里鼓车，又叫“记里车”“司里车”“大章车”，它有每行一里路就击一下鼓、每十里就敲一下钟的功能，因此得名。西晋的《古今注》里有关于记里鼓车的最早的描绘，它分上下两层，上层有一座钟，下层置一面鼓，每一层有一个头戴高冠、身穿锦袍的木头机械人。车每走一里，下层的木头人就击鼓一次，鼓被击十次后，上层的木头人就敲一下钟。根据击鼓和敲钟的情况，人们就能知道走了多少里程。

记里鼓车并不在人们日常生活当中使用，它是皇帝出行时的仪仗车。皇帝出巡时，在漫长而华丽的仪仗队伍里，由四匹马牵引的记里鼓车排列在车队的第二位。它装饰华美，色彩绚烂，为缓慢行进的队伍记录着路程。

那么，记里鼓车为什么能准确地报告行驶里程呢？原来，车的内部装有一套齿轮系统，马匹拉记里鼓车向前行走，带动齿轮组转动。车行一里时，其中一只齿轮牵动击鼓的木头人，木头人便扬起手臂击一下鼓；车行十里时，齿轮组的其中一只齿轮牵动敲钟的木头人，木头人便敲一次钟。

橹板是船舶的一种推进工具，它为什么叫这个名字？难道和鲁班有什么渊源？

橹板也叫橹，是我国古代的一种划船工具，历史非常古老，其发明可以追溯到遥远的秦汉时期。

橹的工作位置

橹是在桨的基础上发展演变而来的，但是工作效率却远远高于桨。橹的形状和桨相似，但是长度大大加长，靠在船尾。操船时，置于船尾的橹摇动起来，好像是鱼的尾巴，更和仿生学相吻合。橹在入水的一端有一个弧形的剖面，划动时形成推力，推动船只前进。在摇橹的过程中，橹可以改变角度，控制船的方向，起到船舵的作用。同时，橹在工作中始终不露出水面，能够不间断地摇动，使船拥有持续的动力。此外，橹用起来还非常省力，它利用了杠杆原理，支点设置在橹的中央位置，只要稍稍加力，橹就能大幅度摆动，产生很大的推动力。

有这样一个民间传说，春秋时期的发明家鲁班看到鸭子游水，很受启发，发明了橹。为了纪念鲁班，人们就把这种摇船的工具叫作“橹板”。其实，橹板这个名字和古代的造字法有关系。橹字由“木”和“鲁”组成，“鲁”本来的意思是鱼儿摇动尾巴，加上“木”字旁表示木制的会摇动的鱼尾，贴切地描绘出了这种摇船工具的鲜明特征；因为橹呈一片木板的形状，所以又叫“橹板”——这才是“橹板”这个名字的真正来历。

即使船身破了洞，船也不容易沉没，古代的这种船为什么不怕进水？

在大江大海上航行的船只，如果船身上有了破洞，就有可能进水沉没。为减少这种风险，古人对船舱做了一些改造，即使船身上出现几个大洞，船也不容易沉没。这种船舱就是水密舱。

水密舱的发明灵感可能来源于竹子，竹子里面中空，关节与关节之间有各自独立的空间，这就是“节状空腔结构”。人们根据这种结构，把船舱分割成为各个密闭的独立空间，这就成了水密舱。水密舱的舱壁使用的是坚固的立式隔板，人们在隔板上刷上遇风很快硬化的桐油，再用麻丝、石灰把隔板之间的缝隙紧紧密封起来，即使隔板对面盛满了水，隔板也不容易破损和渗水。厚实的隔板还起到了支撑船体的作用，能帮助船体抵抗海水的横向压力，使船更加坚固和稳定。除了提供安全保障之外，水密舱还是极好的分类储藏室，不同的船舱放置不同的货品，还可以作为临时的养鱼池子，渔民们可以把捕获的鱼暂时养在船舱里。

唐代时，我国出现了完善的水密舱结构的船。到了宋代，海上贸易非常发达，水密舱的运用也更为广泛。1974年，福建泉州湾出土了一艘宋代远洋货船，尽管只残留了船舱的底部，但13个水密舱结构保存完好。这条船还有一个细节，和现代轮船的设计非常相似：在船舱里，有两条紧贴着水密隔板的，叫作“肋骨”的特殊横木，它们有效地抵御了海水对船身的压力。这个细节表明宋代船只的水密舱技术已经非常成熟了。

体型庞大的船不容易操纵，古人是怎样让它运行自如的呢？

如何控制大船的方向呢？大约在商代，古人找到了办法，他们在船尾中部增加一条桨，成为尾桨，通过不离开水面的左右摆动来控制船的方向。这种尾桨，人们取了个名字叫“舵桨”。这种舵桨就是后世的导向装置——舵的始祖。从此，船就没有离开过舵。1974年，在湖北西汉墓中出土的木船模型上有五把长桨，其中四把在船的两侧；另一把靠在尾部的舷边，这就是舵桨。柁还能帮助船只不偏离航向，使它顺利地抵达目的地。由此可见，舵在汉代已经有了广泛的使用，船已经完全离不开舵了。

人们进一步改变舵桨的形状，将之由长形变圆形，同时也改为垂直安装。这种舵被称为垂直舵，它已经完全从“桨”的形状蜕变出来了，成为现代意义上真正的舵。有学者认为，垂直舵大约出现在魏晋时期。

到了唐宋时期，船尾舵日臻完善和成熟。在垂直舵的基础上，人们又开发出开孔舵和平衡舵。南宋海船上还出现了可随水深浅而升降的升降舵，古人可以依据航行的需要选择不同的舵。

郑和下西洋最远到达非洲的肯尼亚，他是靠什么来导航的？

明代郑和下西洋，航船从江苏刘家港出发，最远到达非洲的肯尼亚，他是靠什么来导航的呢？这就要提到我国的四大发明之一——指南针。

世界上最早利用指南针进行海上导航的是11至12世纪北宋时期的海船，北宋之前，海上航行的人们只能靠日月星辰来确定方位，一旦遇到阴雨天气，就一筹莫展。航海技术引入了指南针之后，人们就能够克服天气的不利影响，使航行更加安全便利。指南针经过不断改进，发展成为精密的罗盘，在郑和下西洋时充当了可靠的导航工具。

据说郑和下西洋时，船队带着48只罗盘，但这些罗盘的指针所指的并不是地球的正南正北方向，必须通过专业人员精确的计算予以校正，才能找出正确的航向。这得益于北宋科学家沈括发现的磁偏角现象。沈括在做实验时，发现指南针所指的方向并不是正南方，而是经常微微偏向东方。这个无意间的发现，可以说是自指南针发明以来人们在地理知识上的重大进步。有关磁偏角的知识后来被广泛应用于航海事业，对保障航行安全起到了不可估量的作用。

罗盘针路是古代航海家的另一个重要贡献。船行到一个地方，就记下罗盘针上的相应针位，把一路上的针位连起来，整个航行的方向和路线就清清楚楚地标示出来了。郑和的巨舰从江苏刘家港出发，直到苏门答腊北端，沿途航线就都标有罗盘针路。有罗盘的引导，郑和才得以完成了七下西洋的壮举。

古代的桨轮船能日行百里，它为什么能跑得这样快？

公元417年，东晋大将刘裕率部北伐，在长安城附近的渭水边上与后秦军队展开激战。刘裕手下的将领王镇恶指挥一队水军溯流而上，他们所乘的小船用布蒙起来，从外面既看不到人也看不到船桨，却依然划得飞快。

原来，这种船叫桨轮船，船的侧面或尾部装有带桨叶的轮子，就像车轮一样，因

清代《古今图书集成》中绘制的车船图

此也叫车船。人们踩动桨轮轴，轮轴上的桨叶不断向后拨水，推动船向前驶去。因为桨轮的一小部分浸入水中，大半部分露出水面，所以人们又称它为“明轮”。桨轮船把船桨改换为桨轮，动力方式由船桨的间歇推进改为车轮运转的连续推进，大大提高了船的行进速度，这在船舶技术上是一项重大进步。实际上，它就是轮船的最初形态。

据史料记载，桨轮船一直被运用于军事领域，且在南宋时期得到了大规模的发展，中型的桨轮船可以载200到300人，大型的船长20至30丈，可以装下1000多人。当时掌握舟船及水运事务的都水监高宣是一位车船专家，他设计制造出了各种大大小小的桨轮船，有4车、6车、8车、20车、24车、32车等各种形制，一车即为一个轮子。可见当时桨轮船制造的发达。

唐太宗说“以铜为镜，可以正衣冠”，如何让一面铜镜变得光亮，可照见人影呢？

铜镜在商、周时期就出现了，其实它的制作材料并不是纯铜，而是铜和锡的合金，也就是青铜。战国时期记述手工业工艺规范的文献《周礼·考工记》记载了铜镜制作的合金比例：铜锡各一半。后来，人们在合金中加入了铅，铅在凝冷时不会收缩，铸出的镜子正面更平整，背面花纹更清晰，大大提高了铜镜的质量。

那么，如何让一面铜镜变得清晰光亮、可以照见人影呢？首先要把镜面打磨平整，先用泥土制成一个叫作“定盘”的平面状器物，然后把镜面贴在“定盘”上轻轻旋转，经过这种打磨之后，镜面就变得平整而光滑。然后再用细土和炭来仔细研磨镜面，使镜面变得更加细腻。研磨是制作铜镜最费时、费工的一环，对工匠的技术要求

很高。研磨之后，铜锡合金的镜面呈现银白色，有较高的反光率，铜镜就可以使用了。为进一步增加铜镜的清晰度，人们还用锡、水银、明矾等混合而成的粉末来研磨铜镜，研磨出来的镜子几乎可以媲美现代的玻璃镜。铜镜容易生锈，在日常使用中需要经常维护。在古代，打磨铜镜是一种专门的职业，打磨铜镜的匠人随身携带着磨镜铁和磨镜砖，可以使生锈的铜镜重新光亮如新。

《诗经》中就有使用“救生圈”的记载？古人的救生圈是用什么材料做的？

《诗经》中有这样的句子：“匏有苦叶，济有深涉。”意思是说，葫芦干了，可以摘下来挖空挂在腰上，这样就能使身体漂浮在水面上，轻松地渡过河流。庄子在《逍遥游》中也介绍了葫芦的这种用途，他颇为浪漫地描述，把一只巨大的葫芦剖开，就可以乘坐着它漂浮在大江大湖之上。古代最原始的救生圈正是这些大葫芦。宋朝之前，在河里、海上谋生的人们大都在船上准备着若干只葫芦，以备不时之需。人们还把几个葫芦绑在一起，以增加浮力，进一步保障安全。古人给它取了个名字，叫作“腰舟”。

到了宋代，救生圈有了跨越式的进步。这时候的救生圈和今天的救生圈一样，已经是整齐的圆环的形状。当时的人们已经认识到，材料相同的情况下圆的面积最大，圆形的救生圈可以带来最大的浮力。人们用芦苇、羽毛和软质木料编织成一个圆环，人钻进环状物的中央，就可以轻松地浮在水面上。这种救生圈被称为“浮环”。

这时候的救生圈还广泛地运用在军事上。史书记载，宋代抗金名将韩世忠和金兵隔着长江对峙，派遣部将王权去长江对岸刺探敌情。为了不打草惊蛇，王权向韩世忠要求配备两只浮环，他和一名士兵套着浮环悄悄下水，安全游过了对岸。凭借王权带回来的情报，韩世忠大败金兵。

靠测量日影长度计时的圭表算是表吗？

准确地说，圭（guī）表并不是记录时间的工具，而是一种把握和总结时间规律的仪器。使用圭表时，人们把圭平置于表的北面。太阳照射着表的时候，圭的上面就会出现表的影子。人们根据影子的方向、长度来测量和比较日影在每日、每月、每年的变化。经过长期观测，古人发现一天之中表的影子在正午最短，早上和傍晚影子则较长，又发现一年之内夏至日正午时表的影子最短，冬至日正午时表的影子最长。人们连续两次测得表的影子的最长值，算出这两次最长值之间相隔的天数，就确定了一年的时间长度是365天多一点。同时，人们根据连续观测到表的影子的长度，划分出四个季节，制定了严密的历法。

我国现存最早的圭表，是1965年在江苏仪征东汉墓出土的汉代圭表。这个圭表用铜制成，表和圭的边缘上刻有尺寸；圭与表之间用枢轴连成一个整体，使用时就把表与圭垂直，不用时表可以折叠，放进圭体留出的空档内。精巧的形态和设计，说明汉代在圭表的使用上已经到了非常成熟的阶段。到了元代，天文学家郭守敬在河南登封建造了一座测景台，它由一座40尺高的高台和向北平铺的被称为“量天尺”的大路组成。高台是一座巨大的表，平铺在台北面的大路就是圭。郭守敬于1280年完成了著名的历法《授时历》，这个巨大的圭表无疑对历法的制订起了重要作用。

俗话说“风箱里的老鼠——两头受气”，为什么在风箱里会两头受气？

生产、生活当中，人们往往需要风力的帮助，这就催生了风箱。风箱的前身叫橐（tuó），也称橐龠（yuè），是用牛皮制造的风袋。橐龠出现在春秋战国时期，到了汉代被广泛运用于冶炼行业，后来，人们不断改进鼓风设备，直到出现了风箱。在敦煌榆林窟西夏壁画中，我们能看到古代最早的双木扇风箱。它依靠箱体上木板一开一合的运动来产生气流，木板的开合需要借助人力或畜力，把它安装在靠水力驱动的机械

上之后，效率才可以得到改善。

唐宋时期，出现了拉杆活塞式风箱，木扇风箱就慢慢被取代了。活塞式风箱的主体是一个类似汽缸的长方形箱子。拉杆活塞下方与对面的箱壁上各有一个进风口。在箱体的侧面有一个风嘴，连接着风箱内部和灶底风道。拉风箱时，拉杆对面的进风口进风；推风箱时，拉杆这一面的进风口进风。老鼠此时进入风箱，自然会“两头受气”了。拉杆活塞在被人们推进或拉出的时候，一端排气鼓风的同时，另一端会吸取等量的空气，提供了连续的风流，极大地提高了鼓风效率，风源源不断地进入灶底风道，使炉火更加旺盛。

两千多年前的鼓风机是如何运作的？看完不禁想为古人的智慧点赞！

汉光武帝时，杜诗任南阳郡太守。在任期间，他除了在政治上颇有建树外，还做了两件在科学技术史上有意义的事：一是兴修水利，一是制作水排。

什么是水排呢，就是水力鼓风机，用于冶金。要获得液态生铁，需要非常高的炉温，有风才能提高炉温，所以鼓风技术对于生铁冶铸的发展有着极重要的意义。从商周以来，人们先是靠人力鼓风，后来发展到用畜力，比如用马作为动力来鼓风的马排。

《农书》中的卧轮式水排图

据说一个烈日炎炎的夏天，杜诗在南阳郡视察，路过一个铁匠铺子，里面热浪逼人，操作鼓风机的铁匠更是满身大汗，就像从水里捞出来的一样。

杜诗是个爱民如子的好官，他看了十分心痛，就走过去关切地问道：“这么热的天，怎么不歇歇再干？”铁匠顾不得擦掉满头汗水，叹气道：“歇不得啊，我们打铁就要靠鼓风机，要是我停下来了，冶炼的火炉就不旺了。”

杜诗又问："不是有马排吗？"铁匠苦笑道："马排是比人排有效，但成本高啊，买一匹马也要不少钱，就是租的话也划不来。"

几天后，他回家时看见家门口有些污垢，正要叫仆人挑水来冲洗，他的夫人却摇摇头，指了指渐变的天色，说："你看，天空黑沉沉的，等一会儿就要下雨了。雨水能把地面冲得干干净净，又能节约井水和人力，何乐而不为呢？"

杜诗一想，对啊，雨水冲洗地面既不花钱也不花力，那能不能借助水的力量鼓风冶铁呢？

他经过反复思索和设计，创造了一种水排，水排的功效不仅比人排高，就是比马排也要高得多。水排以水力传动机械，使皮制的鼓风囊连续开合，将空气送入冶铁炉，铸造农具，用力少而见效多，可以说是划时代的发明。

"科学达人"墨子破解了什么先进武器，从而挽救了一个国家？

战国思想家墨子和他的墨家学派是一个"科学家集团"，他们在数学、物理学、医学、逻辑学等方面都有杰出的贡献。墨子还精通手工技艺，可与当时的巧匠公输般（一说即鲁班）相媲美。墨子很擅长防守城池，据说他制作守城器械的本领比公输般还要高明。

《武经总要》中的云梯图

墨子非常反对为了争城夺地而使百姓遭受灾难的混战。一次他听到楚国要利用公输般发明的云梯去侵略宋国。云梯是什么样子呢？它有点像现在消防车的梯子，在古代属于战争器械，用于攀越城墙。古代的云梯，有的下面带有轮子，可以推动行驶，因此也被称为云梯车，配备有防盾、绞车、抓钩等器具，有的还带有滑轮等升降设备。

墨子急急忙忙地亲自跑到楚国的都城郢都，劝公输般不要帮助楚惠王攻打墨子宋国。二人来到楚惠王面前争论起来。墨子并不畏惧，对公输般说：“云梯再先进，你能攻，我也能守。”说完，他解下了身上系着的皮带，在地下围着当作城墙，再拿几块小木板当作攻城的工具，叫公输般来演习一下，比一比本领。

公输般采用一种方法攻城，墨子就用一种方法守城。一个用云梯攻城，一个就用火箭烧云梯；一个用撞车撞城门，一个就用滚木擂石砸撞车；一个 挖地道，一个用烟熏。最后，公输般用了九套攻法，把攻城的方法都使完了，可是墨子还有许多守城的高招没有使出来。

楚惠王亲自看到墨子守城的本领，知道要打胜宋国没有希望，只好说：“先生说得对，我决定不进攻宋国了。”一场战争就这样被墨子阻止了。

古代海战中也有威力巨大、杀伤力强的武器吗？我国古代的水雷是什么样子的？

火药发明之后，出现了很多爆炸性火器，水雷就是其中一种。南宋时期，钟相、杨幺的起义军在洞庭湖和官兵作战，发明了一种叫“木老鸦”的水下武器。士兵潜入水中，将不怕浸水的火药包挂在敌人的船底，然后将其点燃，引发爆炸。人们还发明了一种漂雷，又叫“混江龙”，它能顺着水流漂到敌船附近爆炸，猝不及防地杀伤敌人。这两种雷可以说是水雷的雏形。

明代时，出现了一种叫“水底龙王炮”的漂雷，其内部填充了大量黑火药，外壳是牛膀胱，引信是香，用防水的雁翅管和羊肠给香火通气。牛膀胱坠在水面上的一块木板下面，下面吊坠上石块，即使风高浪急，也能保持重心平稳地漂向敌军。为了保证龙王炮的效果，人们还根据敌军的距离和水流的速度确定香的长短，预定爆炸的时间。这可以说是一种相当完善的水雷了。

明朝人又在海底龙王炮的基础上做了改进，将它的击发装置固定在一条或者几条绳索上，这些绳索随意地漂浮在水面，敌船行进时，只要不小心碰上这些绳索，就

会触动击发引信，引起爆炸。人们把这种水雷称为“海底鸣雷”，其触发原理已经和现代水雷极为相似了。

有句话说“千锤百炼始成钢”，生铁是如何“百炼”成钢的？

我国是世界上最早掌握冶铁技术的国家，早在春秋时代，就出现了用生铁做成的器具。生铁含碳量高，质地脆，容易断裂。在长期的冶炼实践中，人们发现，由生铁可以冶炼出质地坚硬的钢，于是出现了各种用生铁炼钢的方法，也就是减少生铁中的碳元素含量的冶炼方法。

生铁脱碳法产生于战国时代。铁制品在加工过程中，要先加热、锻打，冷却后再进行加热和锤炼。这样反复加工多次，每一次都会使铁制品中碳的含量减少一点，铁制品也逐渐变得更加坚硬、纯粹，最后百炼成钢，因此生铁脱碳法也叫“百炼法”，后世便有了“千锤百炼始成钢”之说。

除此之外，中国古代还有其他的炼钢法。炒钢法也是一种脱碳方法，在冶炼时，工人不停地搅拌原料，就像厨师炒菜一样，所以称为“炒钢”。灌钢也是古代的主要钢铁品种之一，它含碳量较高，主要用来制作刀、剑、镰等兵器或生产工具的锋刃部。这里的“灌”是灌炼的意思，也就是以生铁和熟铁为原料，把它们加热到生铁的熔点以上，熔合炼出钢。我国古代关于灌钢的最早记载是在东汉晚期。南北朝时，灌钢技术在全国各地得到了推广。

《三国演义》中关羽“刮骨去毒”其实是为解“生化武器”的毒？古代有哪些生化武器呢？

化学武器在我国有着悠久的历史。春秋时候，人们制造出一种原始的毒气弹，专门用来驱赶地道中的敌军：在炉子里燃烧芥末，同时用风箱扇风，把芥末吹入地道。刺鼻的味道使敌军涕泪横流，只能退出地道。这可以说是最原始的化学武器攻击。

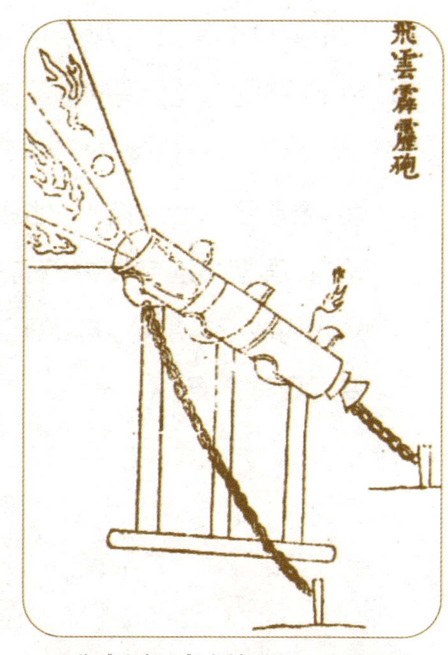

明代《武备志》中绘制的飞云霹雳炮

火药产生之后，出现了威力大、战斗力强的生化武器。宋代有一种梨花枪，它把普通的长枪和火器结合在一起，在长枪的头部系一只竹筒，竹筒中填充火药和迷药的混合物，用泥封住竹筒，外面伸出引线。作战时，距离敌人四五丈远点燃引信，火药像万朵梨花喷射而出，百步之间硝烟弥漫，敌人被烟熏火呛，无法睁眼，趁这个时机挥枪厮杀，往往能取胜。

南宋时，出现了一种远程化学武器——霹雳炮。这种炮弹看上去就像一只包裹严实的大纸包，包里却大有乾坤，装着石灰和硫黄等材料。使用的时候用投石机投射到数里开外，在敌军头顶发生惊雷一样的爆炸，同时纸包破裂，石灰散为烟雾，对敌方人和马的眼睛造成重大伤害。这种武器差不多可以看作是现代化学炸弹的雏形。南宋军队和金兵作战时，就曾利用这种霹雳炮大获全胜。

活字印刷术究竟"活"在哪里?

活字印刷术出现之前，印刷书籍用的是雕版印刷，即在一个固定的木版上雕刻文字，然后一版一版印刷。雕刻一套书版耗时很长，工作量大，有错误也不便修改，很不方便。活字印刷就灵活多了，它把模板中的单字解放出来，成为使用灵活的字模，根据书稿，把字模挑选出来排列在字盘内，然后涂墨、印刷。印完后，再将字模拆出，下次排印时再次使用。

活字印刷术的发明者是北宋发明家毕昇。最初，毕昇先用木头做字模，木材遇油墨会膨胀，字迹模糊不清。毕昇又改用胶泥做字模，印出来的字迹非常清晰，于是，胶泥活字开始进入到印刷业当中。印刷当中，工人们通常准备两块铁板，一块板用来印刷，另一块板用来排字。第一块板印完，第二块板已经准备好了，两块铁板交替使用，印刷速度非常快。根据用字的情况，一些常用的单字往往会刻好几个，比如出现频率很高的“之”“也”等；如果碰到冷僻生字，就随刻随用，灵活方便。

后来，人们不断对活字印刷术加以改进。元代的王祯一反毕昇不用木质字模的习惯，发明了木活字技术，他还发明了转轮排字的方法。他制成了两幅直径约七尺的大轮盘，再把木活字按古代韵书的分类法放入转盘内的格子里，一只盘内放常用字，一只盘内放不常用字。排字工人坐在两幅轮盘之间，转动轮盘即可找字，使选字、排字变得异常方便。

活字印刷术出现后，雕版印刷术还存在了几百年，它为什么没有被淘汰？

活字印刷术发明后，雕版印刷术却没有被淘汰，反而继续存在了几百年，这是为什么呢？事实上，雕版印刷术有活字印刷术不可替代的优势。活字印刷术印刷文字是很方便的，可是要印刷复杂字符、图画和图表时，它就不如雕版印刷术了。目前发现的世界上最早的雕版印刷品《金刚经》就是图文并茂的书籍，它的卷首画着释迦牟尼向弟子说法的图画，线条流畅，人物生动，非常华美，达到了极佳的艺术效果。这样的作品依靠活字印刷技术显然无法完成。

雕版印刷术的另一个优势是可以彩色套印。雕版印刷品开始只有单色，五代时，人们在图画的轮廓线内添上了不同的颜色，印出来的图案就成彩色的了。这就是单版复色印刷的方法，这种印刷法的缺点是色料容易混杂，色块界限缺少过渡，印出来的画面有些呆板。后来，人们在实践中又采用了分版着色、多次印刷的方法，也就是在大小相同的几块版上分别涂上不同的颜料，分多次印在一张纸上，这样雕印出来的作品色彩自然，画面清晰，印刷质量很高。这种方法被称为彩色套版印刷。此外，雕版印刷的书籍，上面的字都是先请书法好的人写上去，再由匠师一笔一画雕刻出来的，讲究刀工字体，颇具艺术美感；活字印刷因为是从字模中取字，字体都充满“印刷体”气味，还常常大小不一，上下不齐，缺乏灵气，艺术价值远不如前者。

陶和瓷是一种东西吗？它们有什么区别呢？

陶器在我国已有一万多年的历史，早在旧石器时期就已经出现了。人们在用火时，发现黏土被烧后变得非常坚硬，于是就用黏土做成器物，搁在火里用高温烧制，这样烧制出来的器物就是陶器。后来，陶器烧制越来越讲究，就地取材变成了选材，就地烧制变成了进窑集中烧制。这时候的陶器不再龟裂和变形，有了相当的硬度，还降低了吸水性。随着制陶工艺逐渐成熟，不断取得技术突破，出现了使用各种不同工艺制造出的异彩纷呈的作品。商代白陶、西周硬陶、汉代釉陶、唐朝的唐三彩、宋辽时期的三彩器，以及明清紫砂壶等，都是陶器的杰出代表。

由于烧制材料的限制，陶器有三个缺点，一是易吸水，二是表面光滑性差，三是若烧制温度过高就容易被烧化。要解决这三个问题，就必须在材料上进行改良。于是，瓷器就“粉墨登场”了。早在商代，人们就发现有一种高岭土可以经受高温烧制，烧制出来的器物吸水性弱，表面还有一层细腻的石灰釉。这种器物就是原始的瓷器。除材料不同外，烧制陶器的温度在1100℃左右，烧制瓷器却必须有1200℃至1300℃的高温。因为烧制材料、方法特殊，瓷器在色泽、色彩、密度等方面都要好于陶器。原始瓷器经过1000多年的漫长发展，到了东汉时人们终于烧制出了完善的瓷器，它们胎质坚硬，不吸水，表面有一层青色的玻璃釉，既有艺术美感又有实用价值。唐代彩绘瓷、元代青花、明代斗彩等，都是瓷器的典型代表。

泉水熬干后就得到了黄灿灿的铜？这是什么“神水”？

我国古代有一种炼铜方法是用水炼铜，“水”是指胆矾水，是一种天然的硫酸铜，含有大量的铜离子。水法炼铜，就是把铁浸泡在胆矾水中，胆矾水与铁发生化学反应，水中的铜离子被铁置换，成为单质铜的一种产铜方法。

北宋时期，有一个叫张潜的科学家写成了《浸铜要略》一书，详细介绍了水法炼铜的方法和技巧，张潜因此被称为水法炼铜的鼻祖。这个时期，水法炼铜成为产铜的重

要方法。水法炼铜有三种形式，一种是在富含胆矾水的地方挖掘沟槽，沟槽的底部铺上茅席，把碎铁丢入槽中，引入胆矾水，胆矾水和铁发生化学反应，茅席上就出现了一层铜。第二种形式是把生铁锻造成薄而宽的铁片，丢入胆矾水沟槽中，经过化学反应之后，铁片上出现一层赤红色的“赤煤”，把赤煤刮下来，搜集到冶炉中提炼，就可以得到纯净的铜。第三种形式是用大铁锅直接煎熬胆矾水，足够高的温度加速胆矾水和铁锅中铁离子的化学反应，也可以提炼出铜。江西铅（yán）山县地下有丰富的铜矿，矿石中含有大量的硫，经过氧化、风化、雨水浸泡等物理、化学作用，形成了硫酸铜，随着雨水渗入泉中。农民将泉水放在锅中煎熬，泉水熬干后就得到了黄灿灿的铜。

2000多年前就用上了天然气？古人是如何发现和利用这一优质能源的？

在四川成都扬子山汉墓中，出土了一块汉代画像砖，上面有一幅“井火煮盐图”，描绘了人们从一口井中取火，用竹筒把火引入盐井煮盐的场景。这幅图画是我国古代人民利用天然气的最早记录。

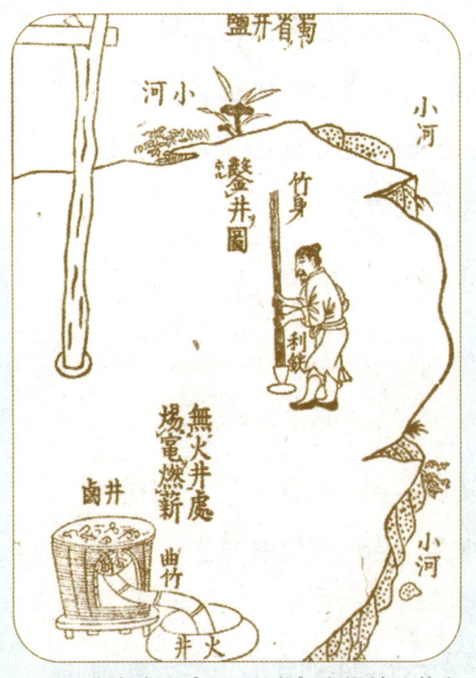

明代宋应星《天工开物》中描绘的井火煮盐原理图

天然气的主要化学成分是甲烷，也有少量的烷烃和烯烃，极易燃烧。四川一些地区的地表下面盛产天然气，当地人民早在2000多年前开凿盐井时就发现，这种产生于盐井中的气体能够点着，是很好的燃烧材料。于是，人们用竹筒把这种气体收集起来点燃，走夜路时用作照明的火把。当时，用大铁锅等容器煮盐井里的卤水，是获得盐的重要方法。人们发现用盐井里的气体作燃料煮盐，火力比普通的柴草旺盛，出盐也要多得多，用井中的气体点火煮盐的方法便流传开来。人们把这种产生天然气的井叫作“火井”，这就产

生了“井火煮盐”的方法。

《天工开物》中生动地描绘了临邛（qióng）地区火井煮盐的情景：井水是冰凉的，没有一点热气，把粗大的长毛竹去除竹节，用漆布把竹筒上的缝包好，一端插入井底，另一端对着煮盐的大锅，毛竹等于是气罐和输气管道。只见火光熊熊，水很快就烧开了。再看那根毛竹，竟然半点也没有烧焦。

世界上第一口人工钻凿的超千米深井出现在中国？中国古代的钻井技术有多厉害？

我国的钻井技术已经有几千年的历史了，除了获取水源以外，古人还发现可以通过钻井获得地下蕴藏的盐和天然气。清代，四川自贡出现了许多深达500多米的天然气井，其中燊（shēn）海井是世界上第一口由人工钻凿的超千米深井，它开钻于道光十五年（1835），井深1001.42米，在钻井技术史上堪称世界之最。

四川自贡《清代井盐图说》石刻中描绘的燊海井

钻井首先离不开钻头。随着冶炼技术的成熟，结实耐用的钻头不断被生产出来。古代的钻头有两种，大钻头长达3米，重达140公斤，主要用来钻开地表层的岩石；小钻头长不到1米，重量在几十公斤，主要用于拓宽大钻头所钻的孔。缆绳方面，古人在钻井时特别使用了竹缆。竹缆就是用竹篾绞成的粗索，结实程度远超麻绳，甚至可以和钢索媲美。遇水打湿后，竹缆会更加坚韧结实，十分耐用。竹缆还有很强的柔韧性，可以十分方便地绕在提升轮上，用来提升钻头。钻井还需要动力支持，钻井越深，所需的动力就越大。古代人民很早就掌握了杠杆原理，利用杠杆，人们就可以在地面省力地进行作业。在钻井过程中，还存在一个问题，就是如何把几十米深的碎石和泥浆提上来。人们利用双动式活塞风箱作泵，通过中空的竹竿抽出碎石和泥浆，非常巧妙地解决了这一难题。

预言成真！这种我国最早发现和使用的物质，为什么被沈括断定日后会“大行于世”？

我国是最早发现和使用石油的国家，秦汉时期，人们便掌握了凿井取天然气煮盐的技术。后来，人们在天然气的下方发现了石油并进行开采。由于这种富含天然气的井被称为“火井”，从它里面发现的石油就被当时的人们称为“火井油”。石油也叫“火油”“猛火油”，是因为它具有可以燃烧、遇水不灭的性质，这种性质被广泛用于军事方面。北宋时武器专家曾公亮的《武经总要》详细记载了如何以石油为原料制造出颇具威力的进攻武器——猛火油柜。明代又有了盛油引火车——一种用石油来纵火的攻城武器。此外，在火药配方中，古人还使用了从石油中提炼出来的产品——沥青，来控制火药的燃烧速度。

在长期的实践中，我国劳动人民还发现了石油在其他方面的重要价值，比如用作润滑剂、照明物，以及用来制墨、制药等，人们还用石油来涂抹牛皮，一来可以润泽皮革，二来可以达到防水的目的。

人们很早就认识到了石油燃烧时会发出很大的光亮。宋代人把石油加工成固态制成品——石烛，石烛的燃烧时间很长，一支石烛的照明时间相当于三支蜡烛，而且亮度比蜡烛要强。古代人还用燃烧石油得到的烟灰来制墨，用这样的墨来写字，颜色润泽，墨迹牢固。

“石油”一词是北宋科学家沈括最早命名的，在《梦溪笔谈》中，沈括对它做了详尽的描述，他还断定这种物质日后会“大行于世”。

采煤技术世界领先？古人如何采到深埋在地下的煤？

我国古代人民早在三千年前就发现了煤，那个时候的煤，仅仅被用作石雕材料。到了西汉时期，人们发现这种黑色石头可以燃烧，而且火力旺盛，燃烧时间持久，比干草、木材好用得多，于是开始大规模地开采来做燃料。河南巩义铁生沟西汉冶铁遗

址是迄今发现的最早的用煤遗址，这里出土了大量的煤块和煤饼，煤显然已经成为冶炼行业中的主要燃料。西汉时期的采煤工艺比较简单，基本是露天开采，挖采出来的煤质量不是很高。

明代宋应星《天工开物》中描绘的采煤时用竹筒排出瓦斯的场面

魏晋时期，地下采煤工艺开始出现。三国时期，魏国武安城的煤井深八丈，这在当时已经相当深了。一些地方志记录了当时采煤的艰辛：工人挖好井穴，举着火把裸身而入，井穴幽深而狭窄，人只能像蛇一样在里面爬行，采到煤后，再像老鼠一样背煤出来。这种采煤方式很不安全，工人的生命安全得不到保障。

宋元时期，人们改进了采煤方式，出现了很多先进的开采技术。首先采用了井巷分层采煤法，工人们在矿井中布设井巷，将煤炭运输、煤炭开采、人员进入分成不同区域，使复杂的开采工作有条不紊。人们又在巷道内架设梯形支架，使崎岖不平的地底成为较平缓的工作面，这一方法大大提高了采煤效率，也为采煤工提供了安全保障。明代时，人们在地下矿井引入了通风系统。宋应星的《天工开物》中有这样一幅图画：人们在下井采矿之前，先把一根中空的粗竹竿削尖，插入井下的煤层，将有毒的瓦斯引出井外。到了清代，采煤的流程更加科学合理，井巷、通风、排水系统的布设都有了成熟的方法。虽然这时候仍旧是手工作业，但在当时，我国的煤矿开采技术仍能称得上是世界上较为先进的采煤工艺。

“鲤鱼”为什么成了水文记录员？

白鹤梁位于重庆涪（fú）陵城北长江上游水道中，本来是长江中的一座小岛，与长江水流平行，常年隐没在江水之中，只有在江水枯落到一定程度、冬天快要结束的时候才会露出水面。古人有“江水退，石鱼见，即年丰稔”的说法。与长江水流平行、时而沉没时而露出的这两个地理特征，使白鹤梁具有了观察和记录水文的天然地理优势。

最迟在唐代，古人开始用凿刻文字、鲤鱼的方式记录当地水情变化，巧合的是，人们在这里刻的第一条石鲤鱼的位置恰好与长江中上游的零点水位非常接近，这使白鹤梁上的石鲤鱼成了当地水位观测的参照物。根据白鹤梁石鲤鱼的情况，长江中上游的水位情况也可以参照当地海拔情况得出结论。

此后，白鹤梁上不断增加新的鲤鱼，康熙年间就曾加刻三条，今天的白鹤梁上一共有18条鲤鱼，一条鲤鱼对应几十年甚至几百年的文字石刻。这些石刻内容丰富，与水文相关的一共有108段，保留了72个长江水极枯年份的记载，更有“水至此鱼下五尺”等水位记录。古人依据这些材料，推算出了长江干流最枯水位出现周期约为10年，这些记录也为今天研究长江中上游的枯水规律、水电、航运等提供借鉴，三峡水利工程的兴建，就曾参考了白鹤梁题刻中的水文记录。

高颜值的漆器防腐、耐酸、耐碱、耐潮、耐高温，古人使用了什么样的高超技艺？

和各种艺术品。漆有生漆和熟漆之分。生漆是直接从漆树上割取的天然汁液，这种黏稠状汁液呈乳白色，又称天然漆，俗称大漆。天然生漆经过脱水以后，就会变成黏稠的深色液体，也就是熟漆。用漆做涂料，涂在器物的表面上，能起到防腐、耐酸、耐碱、耐潮和耐高温等独特的作用，而且可以使器物表面高雅华丽，光彩照人。制作漆器时，要用木、竹蔑、麻布等材料作为胎骨，上涂一层细灰，再把漆涂在灰土层的外面。在漆中加入各色颜料，制成彩漆，可以使作品大为增色。为了使器物看起来更加美观，人们还会在漆器的表面雕刻各种花纹，或镶嵌贝壳、金箔等作为装饰，这样制作出的漆器更是精美绝伦的艺术品。

春秋战国时期，漆器的彩绘已有红、黄、蓝、白、黑5种颜色，有时同一物件上还出现多种复色。秦汉时期漆器制造业发展迅速，出现了专门制造漆器的特殊房

屋，称为“荫室”。当时的髹（xiū，涂漆）漆工艺主要有描彩、镶嵌、针刻等。在后来的漆器发展过程中，同样著名的还有唐代的金银平脱工艺与宋代的雕漆工艺。到了元明清时期，漆器制造业再次繁荣，明代出现了我国古代唯一一部漆器工艺著作——黄大成的《髹饰录》，清代的脱胎漆器更是堪称一绝。

孔明灯和诸葛孔明有关系吗？

孔明灯又叫天灯，通常呈球形或者长方形，它用轻薄的竹片编制，外糊薄白纸成为灯罩，开口朝下，底部的支架上放着沾有油的麻布等可燃物。人们将燃料点燃，给灯内的空气加热，部分空气受热膨胀被挤出孔明灯。当灯内的空气比外部的空气轻时，孔明灯就飞起来了。

孔明灯最早出现在什么时候已经无法考证，它为什么叫作“孔明灯”呢？一种说法是，因为灯的外形和画像中诸葛亮的帽子非常像，诸葛亮字孔明，灯因此得名。另一种说法是，孔明灯就是诸葛亮发明的。事实上，孔明灯是劳动人民在日常生活中的创造和发明。在民间，诸葛亮是智慧的化身，人们用他的名字给孔明灯命名，表达出劳动人民对他的喜爱和尊敬。

孔明灯发明之后，在很长一段时间内是被当作军事信号灯使用，就好像现在的信号弹。根据升起在空中的孔明灯的数量、色彩，军队就可以制订自己夜间的行动方案。后来，孔明灯被人们用来许愿和祈福，每逢节日，尤其是中秋、元宵等特殊日子，人们都在孔明灯的灯罩上写下各种祝愿的话语，亲手放飞孔明灯。因此人们又称孔明灯为“祈福灯”或“平安灯”。

走马灯是怎样让马走起来的呢？

走马灯是我国传统灯笼的一种，点亮时，一个个骑马的人物就在灯笼里团团转动，好像在互相追逐，非常赏心悦目。走马灯是怎样让马走起来的呢？这就要从走马灯的构造说起。

走马灯内部结构图

走马灯通常呈圆柱形或方柱形，内部由灯座、灯轴、叶轮组成。灯座中间有一根可以旋转的灯轴，灯轴上用轻薄的材料扎好了骑马的人物，灯轴上方水平安装一片轻巧的叶轮。点燃放在底座上的蜡烛时，一部分热空气上升，外面的冷空气进入，冷热空气产生对流，带动了叶轮旋转，灯轴上的人物也随之转动起来。于是，就看到了马团团旋转的情景。蜡烛燃尽时，灯笼就会慢慢停止转动。走马灯能够自动旋转，是因为古人巧妙地利用了空气驱动原理。

其实，利用空气驱动原理制作的物件在我国很早就出现了。西汉时期，著名工匠丁缓制作了一个香炉——九层博山炉。香炉点燃之后，人们看到许多珍禽异兽的画面伴着灯火、绕着香炉慢慢转动。这种利用空气驱动原理制作的物件，都可以说是走马灯的前身。到了五代时期，走马灯的结构、形状与今天的走马灯已经基本一致了。

七巧板的前身是排座游戏？它是如何演变的？

最早的七巧板起源于宋代的室内游戏，它那时候不叫七巧板，而叫燕几图。燕几是古人休息、端坐时倚凭用的一种小几。北宋有一位叫黄伯思的学者，他博学多思，对数学、几何图形很有研究，同时还热情好客。为了宴请宾客，他设计了一种用6张长方形小桌子组成的“燕几”。这种燕几包括长宽比例为4比1的长桌一张，长宽比例为3比1的长桌两张，长宽比例为2比1的桌子三张。黄伯思依据客人的多少、位置的朝向来组合这六张桌子，能满足不同人数、不同风格的宴会的要求。由于这种室内几案的布

置方式颇具趣味性，后来逐渐成为文人宴会时的一个游戏内容。

后来，有人在燕几图基础上又增加了一张小几，它的长宽比例为1比1。变6张桌子为7张桌子，这样的燕几图又被称为七星图。7只几案可以视宾客多寡，任意拼排成不同形状，一共可以衍变出68种形状。到了明代，书画家、发明家戈汕依照燕几图的原理，又设计了“蝶翅几”，由十三件不同的三角形和梯形几案组成，可拼出一百多种图形。再后来，有人把宴几缩小，变桌子为七块五种样式的板，用它来拼图。古人实用又好玩的排座游戏就演变成一种玩具，这种七巧板与我们常见的七巧板已经基本一致。

鱼洗就是小型的“音乐喷泉”？它为什么会喷水？

洗，在古代指的是一种用来盛水的盆形器皿，外形与现代的洗脸盆相似。会喷水的鱼洗诞生于唐宋时期。这是一种特制的铜盆，盆沿上竖着两只对称的“耳朵”，洗的底部雕刻着鱼形花纹，象征着富裕和吉祥。往洗里注水时，鱼仿佛在水中跳跃游动，就像活鱼一样。更奇妙的是，加入半盆水后，用手轻轻搓动鱼洗的双耳，洗中的水就会波浪翻滚，就好像是盆底的鱼儿搅起了浪花。不停地摩擦双耳，盆中还会涌出水柱，同时，鱼洗还会发出“嗡嗡”的声响，简直是一个小型的“音乐喷泉”。

鱼洗为什么会喷水呢？原来，古人运用了物体振动的奥妙。人们用手有节奏地摩擦双耳时，鱼洗中就产生了两个振源，形成的两道振波在水中传播、激荡，互相干涉，产生了重叠的能量。在能量较大的区域，水就会跳出水面，形成喷泉一样的壮观景象。古人还找到了鱼洗振动时波节与波腹的位置。当振动发生在波腹处，水面便可以产生喷泉；当振动发生在波节处，水就没有反应。因此，人们在铸造鱼洗时，把鱼嘴边的“胡须”对准波腹线的位置，这样，鱼洗在喷水时，就会产生鱼儿“开口”喷水的效果了。

古人把香炉放到被子里取暖，无论怎么滚动，香都不会洒出来，这是为什么？

西汉司马相如写过一篇《美人赋》，里面记载了一种香炉，从外观上看是一个闭合的镂空金属球，金属球的里面有香在燃烧，人们把它放在被子里取暖，任它随意滚动，里面的香都不会洒出来。这是因为香炉中的香在一个半球形容器中燃烧。容器和圆形外壳之间有两个同心圆环，叫内环和外环，可以自由转动。燃香容器支撑在内环上，内环支承在外环上，外环又支承在外壳内壁上，三者之间的支承轴线互相垂直。所以由于重力作用，无论球壳如何滚转，燃香容器却可以保持不动，炉口总是水平的状态，不会把点燃的香灰洒在被褥上。

这种创造相对水平静止环境的方法叫作平衡环原理，这个原理最早是由意大利数学家卡丹在1550年提出的。利用这种平衡环原理制造出来的物件，在我国古代还有很多。南宋时曾流行一种"滚灯"，它是用竹片扎成球体，球体内置灯笼，灯笼内点有火烛，它们的连接原理与被中香炉是一致的，只不过金属球换成了灯笼与竹球。

两千多年前古人就摸索出了照相机的光学原理，世界上第一次小孔成倒像实验是谁做的？

现在，几乎家家户户都有照相机，它的光学原理小孔成像已经被大家熟悉。是谁第一个发现了它呢？他就是我国战国时代的伟大学者——墨子。

大约两千四五百年以前，墨子和他的学生做了世界上第一个小孔成倒像的实验。《墨经》中有这样精彩的记录："景到，在午有端与景长，说在端。"这句话的意思是，物体的投影之所以会出现倒像，是因为光线为直线传播，在针孔的地方，不同方向射来的光束互相交叉而形成倒影。它的注释里还提到，照射在人上部的光线，则成像于下部；而照射在人下部的光线，则成像于上部。于是，直立的人通过针孔成像，投影便成为倒立的。物距越远，像越小；物距越近，像越大。

这个实验科学地解释了小孔成倒像的原因，指出了光的直线传播的性质。这是对光直线传播的第一次科学解释。

清代出现了世界上最早的自行车，它的哪一处构造和现在的自行车不一样？

清代时，我国出现了世界上最早的自行车，它的发明者叫黄履庄。黄履庄出生于康熙年间，是江苏扬州人，从小就对各种结构精巧、功能复杂的器具颇感兴趣，经常制作一些让人惊讶的小发明。通过偶然的机会，他阅读了一些欧洲传教士写的科技著作，积累了几何、代数、物理、机械等方面的知识，终于成为当时著名的发明家。

黄履庄一生刻苦钻研，创造发明很多，自行车正是他的重要发明之一。清代张潮的《虞初新志》详细记载了这种小车的尺寸、大小和行驶情况。小车车身长三尺多，它的前后各有一个轮子。车上可以坐一人驾驶。这种车不需要推拉，可以自动行进。车停下来时，拉动车轴旁边的一个曲拐，小车就能继续前进。边走边拉，边拉边走，这种小车一天能走八十里。在交通不发达的古代，八十里算是不短的路程，小车拥有这种速度已经非常难得。今天我们已经无法了解小车的具体构造。但可以肯定的是，这辆小车和今天的自行车在原理上是有相通之处的，只不过车的前进驱动力不靠脚蹬而靠手摇。

树皮、破布都可以用来造纸？蔡伦造纸的奥秘就在这里！

很久以前，我们的祖先把字写在竹片上，叫作竹简，再用皮带子或绳子把一片片竹简编串起来，就成了册。竹简的缺点很多，不仅太重、太占地方，而且字容易被抹掉，竹片容易生虫。

东汉时，人们已经学会了养蚕取丝：把煮好的蚕茧用棍子敲烂，铺在席子上，就成了丝绵；把丝绵取下后，将留在席子上的一层薄薄的纤维晒干，就成了纸。有人发现丝纸可以书写文字，用起来比竹简方便多了。但这种丝纸产量少，价格昂贵，一般人使用不起。

那时，龙亭侯蔡伦常到乡间作坊察看。他看见蚕妇缫丝漂絮后，竹簟（diàn）上尚留下一层短毛丝絮。他将这层剩下的丝絮揭下来，发现它薄薄的，又很难扯断，而且可以用来书写。"如果我们用其他有纤维的东西来代替丝，是不是也可以做出纸呢？"蔡伦琢磨起来，他开始了试验。

蔡伦找来树皮、麻叶，放在大锅中，加上水煮，还抱来了破布、破渔网放入锅中，等到锅中的水沸腾，再把乱七八糟的东西倒入大石臼，用木棒"笃笃"地捣了起来。等石臼中的所有东西都被捣烂混合成浆状，便用漂白剂漂白，然后把这层糊糊铺平在席子上，铺得又薄又平又均匀，最后在火上烘干，席子上的浆干了后成为一层薄薄的纸。

试验成功后，他将造纸过程和方法写成奏章，连同造出来的植物纤维纸一同呈报汉和帝。汉和帝大加赞赏，蔡伦造纸术很快传开。人们把这种纸称为"蔡侯纸"，全国都传用开来。直到现在，我们使用的宣纸、绵纸还沿用着当初蔡伦造纸的方法，只是现在用的材料已经变成了竹子、木材等。

毛笔不是蒙恬发明的？那他为何被称为"笔祖"？

毛笔是"文房四宝"之一，是古人离不开的书写工具。相传，秦始皇的大将蒙恬驻军边疆，经常要向皇帝奏报军情。由于边情瞬息万变，文书往来频繁，用刀刻字速度太慢，于是蒙恬随手从士兵手中的武器上扯下一撮红缨绑在竹竿上，蘸着颜色用来写字。人们认为蒙恬使用的就是毛笔的雏形，因此，蒙恬被后人尊为"笔祖"。

其实，早在蒙恬生活的时代之前，就已经出现毛笔了。考古发现最早的毛笔制作于战国时期。1954年，在湖南长沙出土的一座战国楚墓中，发现了一支毛笔，长约21厘米，直径0.4厘米，笔头用优质的兔毛制成，与现在使用的毛笔非常相似。这支"楚

笔”就是目前为止世界上最古老的毛笔。

在秦统一六国以前，毛笔在楚国叫作“聿”，在吴国叫作“不聿”，在燕国叫作“弗”，只有秦国才把毛笔叫作“笔”。蒙恬虽然不是毛笔的发明者，但他对毛笔的制法进行了改进。据记载，蒙恬把鹿毛用在笔头的中间，把羊毛围在外层，这样制作出的笔头刚柔相济，方便书写。

纸币防伪是历代造币业的重要技术，古人有哪些高招？

伴随着雕版印刷术的产生，唐代出现了世界上最早的纸币，被称为飞钱，到了宋代前期称为交子。不过最初的这种纸币并不参与市场流通，它相当于现在的存折，或者说是商业信用凭证，上面记载着提钱的地方和钱币的数额。这时的纸币防伪措施比较简单，仅仅是在纸币上刻简易图案、画押、盖图章等。到了北宋前期，出现了真正意义上的纸币，交子由商业信用凭证变成了官方法定货币。为了防止不法分子制造伪钞，各个朝代均采取了一些防伪措施。

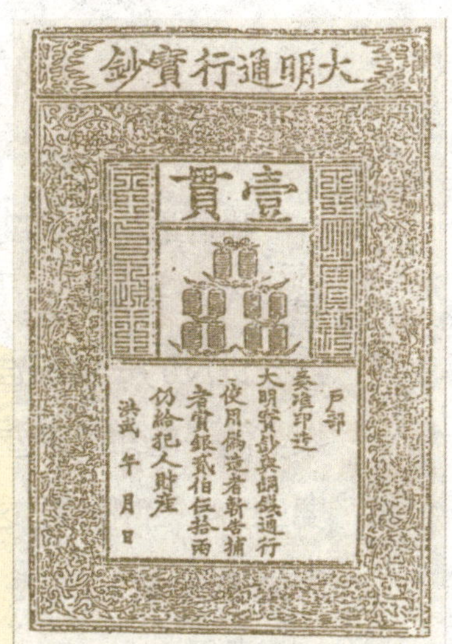

明代纸币“大明通行宝钞”

首先是选用优质纸制钞，并管制制钞材料。官方选用当时制作工艺非常先进的川纸作为纸钞材料。川纸是四川成都特制的楮纸，这种纸全部用楮树皮制作，在用来做纸币材料时，还必须进行专门的砑花处理，使防伪图案成为暗纹，这种暗纹只有在光照射下才能显现，类似于现代纸钞的水印。为了杜绝私人伪造，官方还对这种纸钞材料进行管制，禁止其在市场流通。

随着印刷术的提高，防伪技术中融入了大量的先进印刷技艺。宋代的交子采用了多色套印技术进行防伪，用红、蓝、黑三色套印花纹图案，使作伪者不易临摹仿制。到了元代，利用铜版印刷技术印刷纸币，其印刷质量要优于之前的木版印刷，且铜版印刷费用高，纸币更不易作伪。明朝采用彩色套印技术和金属活字技术印刷，技艺更加先进，增加了仿制的难度。与印刷术提高相对应，纸币中的防伪图案、图章也越来越复杂，增加了制作伪钞的难度。各朝的纸币银票（民间金融机构发行的私钞）加盖有官方印章，如北宋纸币上都印有三种不同颜色的印章，共六颗，元钞共盖有五枚印章，有一段时期，甚至加盖皇帝的印玺。

古时的纸币，还采用了密押防假技术。所谓密押，就是按照一定加密方法生成的一段没有规律的数据。北宋初期，交子的使用就有“铺户押字，各自隐密题号，朱墨间错”的规矩，“隐密题号”就是一种原始的密押防假技术。清代的晋商将这种防伪技术运用到了极致，如日升昌号就在九十五年间使用了三百套密押，这种防伪技术的运用，保证了银票的可靠和安全。

汉代就有铜制“游标卡尺”？它到底有多精确？

我国最早的长度标尺是一把殷墟出土的商尺，用兽骨制成，长17厘米，上面雕刻有10个等长的单位。随着朝代的更替，“尺”的长度和形制都经历了多次变化。人们在改进尺的长度标准的同时，也改进了尺的结构。1992年，在江苏省扬州市邗江县甘泉乡的一座东汉墓室中出土了一件铜卡尺。考古发现的汉代铜卡尺，已经具有了最重要的“游”的特点。这件游标卡尺由固定尺和可以自由滑动的活动尺组成，通过滑动上面的活动尺，就能方便地量出物体的长、宽、厚以及直径、深度等，满足人们的不同测量需要。

汉代的铜卡尺制作工艺十分精致，不过它们的精度还不能和现代的游标卡尺媲美，除了可以“游动”以外，其他地方与一般的刻线直尺类似，只能测量到刻线所代表的精度。不过，即便如此，以当时的条件来看，这件游标卡尺已经能灵活自如地测量相当短小的距离，在当时世界上可以说是独一无二的。

这个不起眼的工具被发明出来后，古人才省时省力地得到了精细的米面，它是什么？

古代人们要吃米粉、麦粉或者豆粉，都是把米、麦、豆放在石臼里，用石棍来捣。这种方法费时费力，发明了石磨之后，粮食加工才方便起来。

石磨，最初的名字叫硙（wèi）。两块有一定厚度的扁圆柱形的石头垒在一起，就成为磨盘。上面的叫上扇，其上有眼，称为“磨眼”，下面的叫下扇，固定在木架子上，中间装有立轴，上扇正好套在立轴上。绕轴转动上扇，石磨就开始工作。上扇和下扇之间的空隙叫磨膛，磨膛的外周是一起一伏的磨齿。谷物通过磨眼流入磨膛，均匀地分布在上扇和下扇之间，随着上扇的转动，就被磨成细细的粉末，从四周夹缝中流到磨盘上。人们用竹筛筛去杂质，就得到比较精细的米面了。

石磨最初靠人力或畜力来推动。到了晋代，用水力作为动力的磨出现了。水磨的使用大大提高了生产力，可以大量制作出精细的米面。发展到后来，一个水轮能带动几个磨转动，这与水力发电是同一动力原理，这种水磨叫作水转连机磨。

古人如何去除粮食中的杂质？靠风力还是靠扇子？

在没有现代化机器的古代，人们收割下来粮食以后，要想去掉其中混杂的树叶、秸秆、秕谷等杂质，应该怎么办呢？

最原始的办法是借助自然风来清理粮食。人们用铲子或簸箕等工具，把混有杂物的粮食抛向空中，风力便把较轻的杂物吹走，较重的粮食颗粒则落在地上，于是就得到了干净的谷粒或麦粒。

扬谷扇车的发明使这个工作变得简单起来。有一种轮扇，即把扇叶装在轮轴上，摇动轮轴，转动的扇叶就可以产生强大的风力。人们把这种轮扇装在一只木箱里，再安装上盛放谷物的器具，就制成了旋转式扬谷扇车，专门用来吹净粮食。河南济源的西汉古墓中就出土过陶制的扬谷扇车模型，可见扬谷扇车至少已有2000年的历史了。

使用扬谷扇车时，人们一边往加料斗中倒入谷子，一边不停地摇动轮扇的曲柄，轮扇产生的风把秕谷从扇车的尾部吹出，饱满的粮食颗粒则从扇车的底部中间位置掉落下来。随着经验的增加，人们还对扬谷扇车进行了改进，将手摇曲柄改换成与曲柄相连的踏板，用脚踏代替手摇为扇车提供动力，工作效率得到了提高。

古人是如何将杂乱无序的毛、棉、麻、丝等纤维纺成线的?

最早的纺线工具是纺专，在我国新石器时代的许多遗址中都有发现。纺专由专盘和专杆组成。专盘是陶质或石质的圆块，专杆是插在专盘中间的一根直杆。工作时，麻和其他纤维的一端缠在专杆上，另一端垂下。人一手提杆，向左或向右旋转专盘，不断添加纤维，就可以纺出线来。这种纺织方法非常笨拙，出来的线也很粗糙。

明代宋应星《天工开物》中的纺织图

后来，人们发明了手摇单锭纺车，纺车的木架和手柄为新增的设备，绳轮相当于专盘，锭子相当于专杆，等于把纺专机械化了。后来，在手摇纺车的基础上，人们又发明了脚踏纺车，与手摇纺车的工作原理一样，只不过它用脚踏取代手摇，将人的双手都解放出来，一个人也就可以同时操作多个锭子。

元代时，人们革新了纺车的驱动方式，用水能取代人力，这种纺车被称为“水转大纺车”。《农书》对水转大纺车有详细的记载：发动机是水轮，传动机构由传动锭子和传动纱框组成，分别用来完成加捻和卷绕纱条的工作，工作机与发动机之间的传动，则由导轮与皮弦完成。这种纺车结构复杂，效率极高，需要大量人力物力，所以成本很高，最终没有得到广泛运用。

养好蚕宝宝有哪些技术要点？在古代，掌握它们就能成为享受政府优待的高端人才！

中国人养蚕的历史可以追溯到距今五六千年前的新石器时代，生产丝绸在那时就是很重要的经济活动了。商代墓葬中发现有形态逼真的玉蚕，到了周代，栽桑养蚕已经在我国南北广大地区蓬勃发展起来。据《管子》记载，战国时，对精通蚕桑技术的人，政府要特别优待，给予金钱和免除兵役的奖励，并请他介绍养殖生产经验。

要发展养蚕，就必须繁殖桑树。至迟到公元5世纪的南北朝时期，压条法已经应用在桑树繁殖上。《齐民要术》中讲述了这种方法，即将桑树的枝条埋压土中，使之生根后再成为独立的新植株。压条法用桑树枝条来繁殖新桑树，比用种子播种缩短了好多生长时间。

这一时期，人们对蚕的生活习性和生理特点也有了更确切的认识，描述蚕有一化、二化，三眠、四眠之分，还可以利用温度控制蚕卵的孵化，从而达到一年中分批多次养蚕的目的。

宋元以来，我国南方蚕农发明了桑树嫁接技术，这是一种先进的栽桑技术，能保存桑树的优良性状，加速桑苗繁殖，培育优良品种，到现在也还在生产中发挥着重大的作用。从明代以来，人们对某些传染性蚕病已经有了一定的认识，并且知道采取淘汰或隔离的措施来防止蚕病的蔓延。

中国古代的丝绸织造技术为什么世界领先？古人掌握了哪些核心技术？

古代中国人对蚕的崇拜以及对于丝绸生产的重视，促进了丝绸生产的发展，远在商周时期，中国的丝绸生产技术就已经达到很高的水平。

商代的丝绸工匠们不仅会缀丝，很有可能已经掌握了并丝和练丝的技术。这个发明的意义之重大，不亚于丝织机具的发明，因为对于丝绸来说，练丝是提高产品

质量的非常重要的工序，只有经过练，把生丝上黏附的丝胶去掉，才能使蚕丝的优越性能充分显示出来，产生出有珍珠一样的光泽、柔软滑溜的手感和优美的悬垂波纹的绸子。对此，古代丝绸工匠已有充分的认识，并在实践中摸索总结出一套操作程序：

因丝胶在碱性溶液中有较大的溶解度，故先用较浓的碱性溶液（楝灰水）使丝胶充分膨化、溶解，然后再用大量较稀的碱液（屋灰水）把丝胶洗下来。这就是著名的“灰水练丝法”，它与木杵捶丝的“捣练法”一起，在世界上沿用了几千年。至于曝晒和水洗交替进行的工艺，后来发展成为“草地漂白法”，在漂白粉发明之前，一直是漂白各种织物的主要方法之一。

至迟到周代，染色技术也已经在丝绸生产中大量应用，《诗经》中就有许多描述丝绸美丽色彩和关于丝绸染料的诗篇。如《小雅·采绿》说的是一个妇人因丈夫逾期未归，心神不宁，采了一个上午的“绿”和“蓝”，还不满衣襟。“绿”是荩（jìn）草，是黄绿色的染料，“蓝”是蓼（liǎo）蓝，它的叶片里含有靛蓝，是鲜艳而又耐晒的蓝色染料。《韩非子》记载，春秋时齐桓公偏爱紫色绸衣，上行下效，结果市场上的紫绸价格飞涨，超过白色丝绸五倍。这个故事反映出当时丝绸染色已很普遍，而且人们已经十分讲究“流行色”了。

“青，取之于蓝，而青于蓝。”“青”是如何从“蓝”里提取出来的？

“青，取之于蓝，而青于蓝”是富于哲理的名言，这句话也侧面反映出我国古代印染生产的情况。青色是底层百姓使用的颜色，需求量最大。那么，“青”是如何从“蓝”里提取出来的呢？

“蓝”指的是可以提取靛蓝的蓝草。能制靛蓝的蓝草有好多种，古代最初用的是菘（sōng）蓝，后来逐渐发现了蓼蓝、马蓝、木蓝、苋蓝等“蓝类”植物。

提取靛蓝的过程，在北魏农学家贾思勰的著作《齐民要术》中有详细记载。首先

把蓝草倒竖在坑中，倒入水，使蓝草全部浸在水里。浸泡一定时间后，将浸液过滤，加入石灰水，用木棍快速搅动。等到坑里的物质沉淀下来，倒掉清水，留在底部的泥状物就是靛蓝了。我国古代这种运用靛蓝染色的技术，在化学原理上，与现代合成靛蓝的染色技术是非常接近的。靛蓝并不能直接被丝织物吸收。染色时，人们在靛蓝中加入酒糟，使之发酵，经过化学反应，靛蓝就还原成了可以被丝织物充分吸收的靛白。用靛白染的白布，经过空气氧化后，就呈现出耀眼的蓝色。靛蓝的颜色比蓝草更深、更厚重，因此说“青，取之于蓝，而青于蓝”。

为什么说我国古代提花机的运作原理和现在的计算机程序是一样的？

提花机是我国古代的纺织机器。商代以前，我国织出的布在纹样上比较简单，大多是平纹或者非常简约的几何纹。后来，为了使织物更加美观，古人开始用挑花杆来挑花。这种方法比较原始，挑织的图案和花纹也比较简单，工作效率低下。

两汉时，人们发明了多综多蹑的提花机，综指的是吊起织物经线的装置，蹑指的是脚踏板。织布时，一蹑可以控制一综来织出花纹。花纹越复杂，需要的综和脚踏板数也就越多。最早在东汉时期，古人就尝试用一种固定的方法来约束经线和纬线的走向以及布局。那时的织匠们制出了“花本”，把复杂的制作织物花纹的流程，都固定到一个模板里。每种纬线穿过时经线应当提起还是沉下，都在花本中被固定，任何花纹的编织程式都可以在花本中被保存，然后在提花机上还原出来，这与现代计算机的程序记忆原理是完全一致的。后来，人们又用线制花本代替竹制花本，能够更好地贮存提花程序，可以高效地编织各种复杂的纹样。经过唐、宋两代的改进，提花机发展得非常完备，一直沿用到近代。

本来想炼丹成仙，却一不小心成了化学家！他对化学发展有哪些贡献？

陶弘景是南朝人，曾在南齐任诸王侍读及太医，后弃官归隐于江苏句容的句曲山，后来又到屿山和福泉山居住。他在山上采药、炼丹、著书，还免费替人治病。南朝很流行炼丹术，认为吃了丹药能强身健体，甚至长生不老。陶弘景对炼丹也很在行。

古代的炼丹术依方法的不同，分为两大类：一类是通过加热使固态物质发生反应，称为火法；另一类是通过溶解固态物质使其发生反应，称为水法。这两种方法也是现代化学反应最基本的形态。

在炼丹时，陶弘景发现了一个奇怪的现象：掉在水银里的黄金竟然化成了泥！陶弘景觉得十分稀奇，他又拿来一块银子试了试，银子也被水银融成泥了。那么可不可以用这种金泥、银泥做镀金镀银的器具呢？陶弘景试了试，发现可以，他便把水银能融化金银的现象记载了下来。如果用今天的化学知识来解释，是因为汞可与某些金属形成汞合金，汞合金可以镀物。

在炼丹的过程中，陶弘景又记载和分析了不少化学现象，如胡粉（碱式碳酸铅）和黄丹（四氧化三铅）不是天然产物，而是由铅制得。他指出，胡粉是“化铅所作”，黄丹是“熬铅所作”。他还记载了硝酸钾的火焰分析法，是世界化学史上钾盐鉴定的最早记录。

虽然炼丹成仙不可信，但陶弘景在长达20年的炼丹经验中，发现了许多化学反应，对古代化学的贡献很大，对近代化学也有着深远的影响。

威力强大的连弩是诸葛亮发明的吗？

弩是古代一种威力强大的兵器。它其实是弓箭的变种。使用弓箭对人的臂力有很高要求，需要依靠经验来瞄准，而且箭只能一支支射出，不能形成大规模的杀伤。弩的出现，针对性地弥补了弓箭的这几个缺点。

弩利用的是机械的力量。与普通的弓相比，它在弓和弦之间增加了一个木臂。木臂正面是放箭的矢道，槽的后部是一个匣，称为“弩机”。匣内有挂弦的钩，称为“牙”，“牙”的下面连接着扳机，称为“悬刀”。弩机上还装有瞄准器，称为“望山”。发射时，先将弓弦向后拉，挂在钩上，把弩箭放在矢道上，瞄准目标后，扣下悬刀，牙就缩下，牙钩住的弓弦就把箭迅速弹出。用弩代替普通的弓箭，不仅节省力气，瞄准也更加精确。

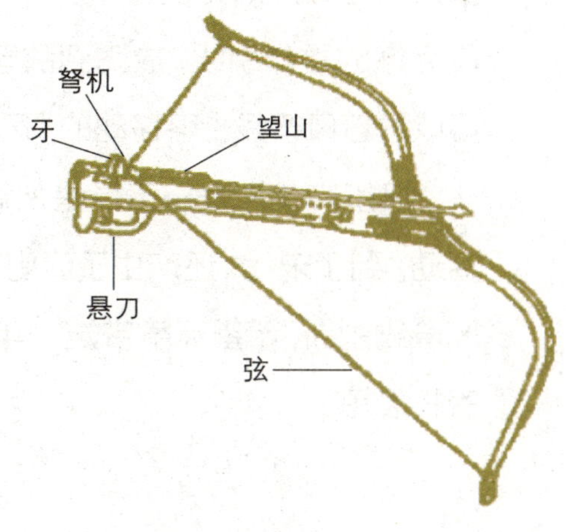

弩结构图

传说，诸葛亮发明了可以一次射十支箭的连弩，因此这种弩也叫“诸葛连弩”。那么，连弩究竟是不是诸葛亮发明的呢？

其实，可以一次发射数支箭的连弩，早在战国时就出现了。《墨子》中就记载了一种叫“连弩车”的武器。1986年，湖北江陵的一座战国楚墓中发现了一件双矢并射的连弩，是目前所见最早的连弩实物。

此后，连弩又经过了人们多次的改进，其中可能就包含了诸葛亮制造的连弩。有人认为诸葛亮是对前人发明的连弩做了改造，比如让弩一次同时射出十支箭，但这些也都只是人们的猜测。

风筝原本是一种军事武器？这是怎么回事呢？

风筝可以说是世界上最早的人造飞行器。风筝能够起飞，是巧妙地借助了风的力量。起飞时，下方的空气受到风筝面的阻挡，流速减低，气压升高，于是把风筝往上托，这样风筝就升到了空中。风筝的出现，最初是由于军事活动的需要，比如古书中记载，鲁班做木鸢就是为了监视、侦察敌方兵营的情况。在战争中，风筝也被用作重要的通信工具。南朝时，梁武帝被侯景的叛军围困，都城建康（今南京）被包围得水泄不通。有人为梁武帝出了个主意——制作一只风筝求救。风筝做好以后，系着皇帝讨

救兵的诏命，顺风飞出。风筝还可以用作武器。宋朝时，人们在风筝上装上火药，用一段点燃的香作引线，放飞到敌营上空，引线燃尽就会产生爆炸。明代时，人们还利用可以沿着风筝线上下移动的“风筝碰”来引爆风筝上的炸药。

风筝转化为娱乐工具是从唐代开始的，唐代宫廷把放风筝当成一项重要的娱乐活动。到了宋代，还产生了清明时节放风筝的习俗——把风筝放得又高又远，然后把风筝线割断，希望风筝带走一年所积留的晦气。也有一种说法是，人们放飞风筝可以寄托哀思。

世界上第一个用科学方法测量子午线长度的人是谁？

子午线也叫经线，是连接地球南北两极的线。测量子午线的长度可以确知地球的大小。

早在周朝时，人们就通过测景台来测量日影，主要是用来测量日影长短和寒暑变化之间的关系。西汉时，负责天文观测的官员认为“日影一寸，地差千里”，也就是说，在同一时刻的两个不同地方日影的长度相差一寸，那么这两个地方的距离就有一千里，第一次将日影与地面距离联系起来。

后来“日影一寸，地差千里”的说法受到了质疑，唐玄宗时期国力强盛，为在全国范围内进行测试提供了基础。公元721年，才能出众的僧人一行受命主持制订新的历法，其中有一项准备工作，就是通过观测日影进行大地测量。

这次测量区域跨度大，规模空前，一共在全国选择了12个观测点。最北观测点在铁勒（今蒙古国境内），最南的在林邑（今越南境内），最核心的观测点设在中原区域的滑州白马、汴州浚仪太岳台、许州扶沟、上蔡武津等地。因为观测点遍布全国各地，获得的观察数据更加准确。依据这些观测数据，一行等人发现，从白马到上蔡有526.9里，日影相差已经有2.1寸，这一测量的结果彻底否定了“日影一寸，地差千里”的说法。

一行根据测量的数据，计算出了极地度值，也就是现代地理学中经线上纬度相差

一度的地表距离。既然求得了经线一度的数值，那么子午线的长度值也就不难得出了。一行的测量结果为南北间地面距离每增加129. 22千米，极地度值就变化1度。这与今天经线变化1度，地球表面弧长111.2千米相比有较大误差。可不管怎么说，一行终归是世界上用科学方法进行子午线实测的第一人，这一发现是在科学发展史上划时代的创举。

古代也有“空调房”？古人的这些纳凉方法你可能想不到。

古人借助很多出色的发明创造，可以轻松地度过夏天。将普通的扇子加以改良和组装，就成了特别的降温设施，类似于现在的电扇。汉代能工巧匠研制了“叶轮拨风”大型风扇，可以产生强劲的风力。

到了唐代，长安等地出现了“凉屋”。“凉屋”在靠水的地方建造，采用水车运转的方式推动一只大扇轮，将凉气送入屋中。有的屋子里还出现了“人工瀑布”“水帘洞”：先在屋子的中间造一个水池，然后用水车把池中的水运到屋顶，再冲入水池中，这样循环往复，流水带走了屋中的热量，气温就降下来了。这时还出现了一种水亭，人们在池塘里建造起亭子，利用机械将池塘里的水运送到亭子顶上，并用水罐贮存起来。天热的时候，让这些水从亭檐四周流下，形成雨帘，不仅可以降温，景色也绝佳。

宋代的京城开封出现了皇帝专用的“凉殿”。炎热的夏天，皇帝办公的殿内摆放了几十个架子，上面放着装满冰块的金盆，屋中到处有着丝丝凉意。

私人别墅中也有避暑纳凉的设施。比如明朝文人高濂曾经提到一处“霍都别墅”，便是在一间屋子里开挖七口井，夏天，七井生出凉气，人们坐于屋中，根本不知道“暑气”二字。这些古代“空调房”可比今天的环保多了，但只有帝王或富贵之家才能享受得到，与普通百姓无缘。

馊饭变美酒？酒是这样酿出来的吗？

你可能想不到，香醇的酒竟然会和馊饭联系在一起。在原始社会，收获的粮食由于保管不善，生芽、发霉的情况时有发生，人们舍不得扔掉，就把它们蒸煮了来吃。人们惊讶地发现，这些“坏掉”的粮食竟然变甜了，如果再放置一段时间，就变得非常香。原来古人在不知不觉中使用了酒曲酿酒。发霉或发芽的谷物在温度、湿度合适的情况下，会产生霉菌，这些霉菌能把淀粉分解成麦芽糖和葡萄糖，最终完成化腐朽为神奇，变馊饭为香酒。

在商代，人们将发霉的谷物与发芽的谷物区别开来，用作不同的酒曲。前者称为曲，后者称为糵（niè）。曲、糵不同，酿造出来的酒也不同。

最迟到西汉时期，古人改进了曲的制作方法，不再用谷物直接发酵，而是选用面粉等精细原料进行发酵制曲，这是酿酒技术的一大突破。

北魏时期，酒曲的制作技术又得到发展，《齐民要术》中就总结了前人制作酒曲的九种方法。唐宋以后，曲的种类越来越多，制曲原料越来越丰富，大米、豇（jiāng）豆、酒糟甚至中药都可制曲，制作工艺也日趋复杂和先进，越来越多的享誉天下的美酒被酿造了出来。

古代也能做外科手术？这要归功于一种花？

《后汉书·华佗列传》和《三国志·华佗列传》里都有华佗做腹腔手术的记载：当疾病出现在人体的内部，用药物和针灸都无法治愈时，大夫就会让病人伴酒喝下“麻沸散”。等到病人像酒醉一般没有知觉的时候，大夫就可以动刀把病人的腹腔剖开，切除里面的病灶，然后对切断的部位进行缝合，并在缝合处敷上有神奇疗效的膏药。大约四五天之后，伤口就可以愈合，一个月之后病人就完全康复了。

相传，曹操曾患头痛，华佗建议先利用麻沸散将其麻醉，再进行开颅手术。但曹操性格多疑，以为华佗是要加害自己，于是将他处死了，麻沸散的配方从此失传。

麻沸散的配方虽已失传，但其中的主要成分曼陀罗花却留传了下来。宋人窦材认为，汉北回回地区有一种草，名叫押不芦，摘一点磨碎，用酒服下，就通身麻醉如死，用刀斧砍都不知道。这里的押不芦就是曼陀罗。

1805年，日本外科医生采用了以曼陀罗花为主要成分的手术麻醉剂来治病，被称为世界外科学麻醉史上的首创，然而这却比华佗的麻沸散晚了近1600年。

没有显微镜的帮助，晋代医学家葛洪却弄清了传染病的病原和传播途径，他是如何做到的？

葛洪，人称“葛仙翁”，是东晋著名的医学家和炼丹家。他从小就喜欢学习，曾拜南海太守鲍靓为师，鲍靓精于医药和炼丹的技术，见葛洪虚心好学，年轻有为，就把技术毫无保留地传授给他。

葛洪不光医术了得，他的观察力也十分敏锐。一次，他到一个岭南的村落看病，那里不少村民都有一种奇怪的皮肤病：早期症状是皮肤上有小米小豆子那么大的红疙瘩，用手摸的话，痛得像被刺扎一样。三天后，关节就开始痛了，而且发寒热，红疙瘩上生疮，再没过多久，病人越来越难受，最后会一命呜呼。

他仔细给病人做了检查，又从病人的饮食起居上开始了更详细的调查，发现病人有一个共同点：村后有一条小河，他们很多人都去河里洗澡、洗衣服。

葛洪到河水旁认真一瞧，发现水中有种小得几乎看不见的虫子，因为太小，所以人被咬后根本没啥感觉。他再往河水周围走了走，发现阴天下雨时，草丛里也有这种小虫子。他牵来一头猪，让猪在河水里泡了泡，过了几天，猪身上也出现了病人的症状。

葛洪将这种小虫取名为沙虱，将这种病命名为沙虱病。其实，这是由形似小红蜘蛛的恙虫幼虫（恙螨）做媒介而散播的一种急性传染病，流行于东南亚、我国的台湾省和东南沿海一带。到20世纪20年代，国外才逐渐发现了恙虫病的病原是一种比细菌小得多的“立克次氏体”，并弄清了携带病原的“小红蜘蛛”的生活史。而葛洪早在一千六百年前，在没有显微镜的情况下，就把它的病原、病状、发病的地点、感染的途径、预后和预防弄得较为清楚，还指出此病见于岭南，与现在临床所见竟无二致，这不能不说是很了不起的事。

现在我们用火柴、打火机可以迅速点火，古人要快速点火靠什么工具？

火镰是一种比较久远的取火器物，大约出现在春秋战国时代，东汉以后逐渐流行，因其外形酷似镰刀而得名。火镰点火要借助另外三个物件：火石、火绒、火媒。火石一般由坚硬的石头充当，火绒是柔软、蓬松、易燃的植物纤维，火媒一般使用纸筒、干草、麻秆等。如果要点明火，首先要用火镰打击火石，溅出火星，然后通过火星来引燃火绒，再把缓慢燃烧的火绒放到火媒上，还要有技巧地吹气，使火媒燃烧，才能得到明火。

到了汉代，炼丹家用炼丹的主要材料硫黄制作发烛，点火非常快捷，即将硫黄沾在小木棒上，借助火刀、火石敲击溅出的火星，使之点燃，这和现代火柴已经很接近了。到了南宋时期，在杭州的大小街道上，就有小贩到处兜售火柴了。这些都说明这种原始火柴在古代越来越流行。这个时期的火柴取火原理大多一致，只不过南北朝时期是用硫黄沾在小木棒上，而到了南宋时期，人们制作火柴时是把松木削成如纸张薄的小片，用硫黄涂满它的一端。这些小改动，让火柴点火更加快捷，使用起来更加方便。

阳燧是一种什么东西？为什么能取到火？

大约从4000年前开始，我国进入了青铜器时代，随着铜器的出现，一种新的取火方法诞生了，这就是阳燧取火。

阳燧是一种凹面的铜镜，宋代科学家沈括的《梦溪笔谈》这样记述："阳燧表面凹陷，用它对着太阳照，光就会聚到内部，在离镜面一二寸的地方，光会聚为一点，像芝麻粒那么大，如果在这一点处放上易燃物，就会燃烧起来。"阳燧取火的原理，就是凹面镜的聚光原理。

我们的祖先利用凹面镜取火的历史非常悠久。陕西周原遗址出土过一件西周时期的阳燧，这是我国目前发现的最早的人工取火工具。这件阳燧直径8.8厘米，出土时生满绿色铜斑。为了搞清楚这件阳燧到底能不能取火，周原博物馆对它进行了复制，复制品经过打磨抛光，置于阳光之下，最快仅需三五分钟就可以将焦点处的物品点燃。

古代的"火箭"可以载人吗？

宋朝时，与现代火箭原理相同的武器产生了：把火药装在用纸糊成的筒里压实，绑在箭杆上，点燃后用弓发射出去。火药燃烧会产生大量的气体，这些气体向后排出，形成的反作用力就会让箭飞得更远。

火箭技术在军事上的运用，到明朝时已经非常成熟，人们开始想，能不能用火箭来载人，实现"飞天"的梦想呢？最早的尝试者就是明朝人万户。据说，万户曾经从当时军中广泛使用的火箭身上吸取灵感，设计制造成了一种会飞的"飞龙"：它的前后两端分别是木雕的龙头和龙尾，下面各装有两个火箭筒，龙肚子里装有火药，点燃引信后，能飞行1000米的路程。万户一生中所做的最轰动的一件事就是制作了一把能上天的椅子。他在座椅背后安装了47支当时最大的火箭，然后自己坐在椅子上，捆好身体，两手各拿了一个大风筝，想借助火箭的推力和风筝的上升力把自己带上天空。他叫人把47支火箭同时点燃，随着一声巨大的轰响，火箭拔地升起，冲入半空，接着便是一阵剧烈的爆炸，烟散声息之后，万户和他的火箭都不见了踪影。

万户是世界上第一个试图利用火箭升空飞行的人。为了纪念他的献身精神，国际天文联合会将月球上的一座环形山命名为"万户山"。

没有避雷针，中国古代建筑怎样躲避雷击？

为了防止雷击，现在的建筑上都会装有避雷针，古代建筑同样也有类似的东西。汉朝时，柏梁殿遭遇火灾，一位方士建议将一块鱼尾形状的铜瓦装在屋顶上，就可以防止因雷击产生的大火。这块鱼尾形状的瓦饰，也就是古代屋檐上“鸱（chī）吻”的雏形，它的作用正与避雷针相似。

古代的一些宝塔也采用了相似的办法，借助金属的导电性防止雷击。位于洞庭湖边的慈氏塔，据记载建于唐朝，至今已有一千多年的历史。这座宝塔的尖顶上装有铁刹，六根铁链从塔顶直贯塔基，不仅起到了稳固塔身的作用，也能让雷电沿着铁刹和铁链导入地下，避免了塔身遭雷击而毁坏。这和避雷针的原理是一样的。

建于宋代的山西应县木塔则是绝缘避雷的典范：塔身全部为木结构，每层塔檐伸出7米多，遇到雨雪天气可以保护塔的侧面不被完全打湿，这样就使木塔保持了良好的绝缘性能；木塔所在的地方常年干燥，缺少地下水，也没有地下矿藏，再加上塔基的密闭性很好，使得塔底也成了良好的绝缘体。此外，应县木塔也运用了“避雷针”作为“护身符”：塔顶立了一个铁刹，中间有一根铁轴，插入梁架之内，从塔顶向四周地面垂有八条铁链，用作雷电的引线。这些要素的运用，使应县木塔成为古代防雷建筑的杰作。

算盘是孔子的夫人发明的吗？

民间传说，算盘是孔子的夫人发明的。春秋时鲁国的司库大臣不擅理账，于是有人推荐孔子来代替他。孔子也不擅理账，就向他的夫人求教，孔夫人教他用绳子串珠计数，把账目管理得井井有条。这就是传说中算盘的来历。

关于珠算的文字记载，最早见于东汉时期的《数术记遗》，里面记载了14种古代算法，并首次提到了“珠算”这个词。北宋著名画家张择端的《清明上河图》描绘了宋代开封汴河两岸的风物，“赵太丞家”的柜台上就放着一个算盘。文物专家经过反复

观察确认，认为这个算盘就是与现代使用的形制类似的九档算盘。1921年，河北巨鹿出土了一枚宋代的木制算盘珠，鼓形，中间有孔，与现代算盘的算珠完全一样。

宋代以后，出现了许多与珠算有关的论著。元代数学家朱世杰所著的《算学启蒙》中，珠算的“九归”口诀已经与现代基本相同。珠算在明代得到了普及，公元1592年，程大位编写了《直指算法统宗》，表明珠算理论已成系统，标志着古代算术工具完成了从筹算到珠算的转变。

在阿拉伯数字传入我国之前，零用什么符号来表示？

零表示无、没有数量，我们今天用阿拉伯数字“0”来表示。阿拉伯数字传入我国之前，“0”是怎么表示的呢？其实，在很长一段时间里，这个符号是用一个空位来代替的。在出土的甲骨文中，已出现了用空位表示零的方法。最晚到公元4世纪，中国的算盘就已经开始用空位来表示零了。用空位表示零，是我国古代的一个发明。

在文字中使用“0”这个符号，则是受了古人书写习惯的影响。古人在抄书时遇到缺字，便用“□”这个符号代替，意思就是空缺、没有。至今我们在整理古籍文献的时候遇到缺字，也还是用“□”来代替。古人在写数字需要空位的时候，便也采用“□”这个符号。由于古代的人们是用毛笔作书写工具的，写得太快，方块难以成方，于是写成“○”的“零”就诞生了。到了1247年，“○”这个符号第一次出现在我国的印刷中。

自从有了“0”这个表示空位的符号后，计数和算术就变得更加方便快捷。世界上较早使用“零”这个概念的还有古印度，但他们表示空位用的是“·”。欧洲国家直到距今400多年前，才逐渐采用了画圆圈的办法表示“0”。

在古代，数学为什么叫算术？

我国古代的数学，起源于人类早期的生产活动，比如测量土地、商业计算以及预测天象等。我国古代把数学叫“算术”，又称“算学”。

“算”这个说法与古代一种记数工具——算筹有关。算筹是用竹子做成的长约十几厘米的小棍，将这些小棍按照不同的位置组合摆放，就可以表示各种数字，进行加减乘除等运算。在春秋时代这种工具就已广泛应用，直到15世纪的元朝末年，才慢慢被珠算取代。古代的不少数学成就都是运用算筹进行计算取得的。古代数学除了狭义的计算以外，还涉及几何、代数等领域，但那时候并没有把这些领域精细地区分，因此古代的“算术”“算学”泛指一切与数学有关的知识。

“算术”一词最早出现在古代的数学著作《九章算术》中。《九章算术》是中国古代数学形成体系的标志。古人称数学为“算术”，也从侧面体现了《九章算术》的重要地位。

19世纪起，西方传教士将几何、代数等概念传入中国，于是中国人开始逐渐接受现代数学的概念。现在，我们已经普遍采用“数学”这个名称，而“算术”仅作为数学的一个分支学科，主要研究自然数与非负分数的运算。

古人很早就认识到了负数的存在，他们是怎么表示负数的？

负数是数学术语，指小于0的实数。负数的产生与人们的生产和生活密切相关。比如，在计算粮仓存米时，有时要记收进粮食量，有时要记借出粮食量；在记账时，有时盈利，有时亏损。为了记录这种具有相反意义的数，人们就引入了正负数的概念，把收进粮食或余钱记为正，把借出粮食或亏钱记为负。

我国古代的人们很早就意识到了负数的存在价值。成书于汉代的《九章算术》就已经提出了正负数的概念。三国时期的数学家刘徽在为这本书作注时，还给出了区分正负数的方法：用算筹进行运算时，往往用黑筹表示负数，用红筹表示正数；或者用斜列表示负数，用正列表示正数；再或者，用矩形表示负数，用三角形表示正数。其中，用不同颜色来区别正负数的做法一直保留到现在。现在一般用红色表示负数——

报纸上登载某国经济上出现“赤字”，就表明支出大于收入，国家财政亏损。

我国古代还有很多数学著作提到了负数和负数的运算法则，比如负负相加为负、负负相乘为正等。元代数学家朱世杰在《算术启蒙》中，不仅总结了正负数的加减法则，还提出了正负数的乘法法则。

印度人认识到负数的存在，比我国晚了700多年；欧洲人则比我国晚了1000多年，直到文艺复兴以后，西方数学家才开始研究负数。

中国古代的“数学神人”祖冲之除了推算圆周率，还有哪些科学成就？

南朝宋时，我国出了一位杰出的科学家祖冲之。

祖冲之出身官宦家庭，自小聪明，喜欢思考，懂得机巧的科学技术。宋武帝听到他的名气，派他到一个专门研究学术的官署“华林学省”工作。他对做官并没有兴趣，但是在那里可以更加专心地研究数学、天文。我国历代都有负责研究天文的官职，并且根据研究天文的结果来制定历法，到了祖冲之的年代，历法已经有很大进步，但是祖冲之认为还不够精确。他根据长期观察的结果，创制出一部新的历法，叫作“大明历”（“大明”是宋武帝的年号）。这种历法测定的每一回归年（也就是两年冬至点之间的时间）的天数，跟现代科学测定的时间相差只有50秒；测定月亮环行一周的天数，跟现代科学测定的相差不到1秒，可见它的精确程度。

公元462年，祖冲之请求宋武帝颁布新历，宋武帝召集大臣商议。那时候，有一个皇帝宠幸的大臣戴法兴出来反对，认为祖冲之擅自改变古历，是离经叛道的行为。祖冲之当场用他研究的数据回驳了戴法兴。宋武帝想帮助戴法兴，找了一些懂得历法的人跟祖冲之辩论，也一个个被祖冲之驳倒了。但宋武帝还是不肯颁布新历，直到祖冲之死了10年后，他创制的大明历才得到推行。

尽管当时社会十分动乱不安，但是祖冲之还是孜孜不倦地研究科学。他更大的成就是在数学方面。他曾经对古代数学著作《九章算术》作了注释，又编写一本《缀术》。他最杰出的贡献是求得相当精确的圆周率。经过长期的艰苦研究，他计算出圆

周率在3.1415926和3.1415927之间，成为世界上最早把圆周率数值推算到小数点后七位的科学家。

没有现代计算工具，祖冲之是怎样把圆周率计算到小数点后第七位的？

圆周率，数学上用π来表示，用来说明圆形的周长与直径之比，同时也是圆形的面积与半径的平方之比。

为了获取精确的圆周率，从古至今，人们付出了异常艰辛的努力。在我国古代，公元前2世纪左右的《周髀（bì）算经》就认为圆的周长大约是直径的3倍。

公元263年，魏晋时期的数学家刘徽在注释《九章算术》时，叙述了一种求圆周率π的方法。他在圆内作一个无限接近圆面积的正多边形（3072边）来求得π的近似值约为3.1416，时人称这种方法为“开密法”，后人称为“割圆术”。虽然这一研究方法非常简便，但是在圆内接正3072边形已经非常困难，要继续求证更精确的圆周率，实在是对后续者毅力和智力的一次大考量。

祖冲之正是这场科学“接力赛”中的下一个“接棒者”。他认为，假设直径为一丈，圆周率在3.1415926和3.1415927之间。祖冲之的具体运算过程已经失传，但可以肯定的是，如果祖冲之采用的完全是刘徽的“开密法”，要得出8位数的结果，他就一定要在前人刘徽的基数正3072边形上不断割下去，大概需要在一个大圆内接正12288边形！祖冲之算得的圆周率在当时的世界遥遥领先。过了将近一千年，直到15世纪初，阿拉伯数学家卡西求得圆周率的17位小数值，才打破祖冲之的纪录。

古代的密码锁使用什么作为密码？

清代时，有一种锁特别流行，往往以铜制成，没有锁孔，没有钥匙，怎么打开呢？原来这种锁类似于现代密码锁，以藏有的诗句为密码，叫文字密码铜锁，也叫

藏诗锁。这种锁设密码的半边看起来是一个横着的圆柱体，实际上是几个并列在一起可以活动的铜转轮，一般是3个到5个。每个铜转轮上面分别刻着各不相同的汉字，开锁的密码就是由这些汉字组成的诗句。比如一把密码锁，5个转轮上分别刻有“吉庆有余”“子孙满堂”“五子登科”“春华秋实”和“三阳开泰”5句祝语，当人们把5个转轮上的字拼成“庆满登华泰”，并且这5个字保持一条直线时，锁才会打开，稍有偏差，铜锁照样纹丝不动。

不用钉子、绳子、胶水，古人是怎样把几根木条交叉固定在一起的？

榫卯（sǔnmǎo）结构是中国古代传统土木建筑工艺的一种。中国的土木建筑构架一般包括柱、梁、斗拱、椽子等基本构件。我国古代建筑原则上都不使用铁钉，这些相互独立的基本构件要连接在一起，就必须用一种方式将之连结起来。古人采用的方法，就是利用开凿出来的卡榫（榫）与凹槽（卯）之间的咬合来连接稳固。简单的“榫卯”结构，是用一种咬合的方式把两根木条以十字形状相交固定，缺缺相合，卡榫卡放在木条的凹槽里，若榫卯使用得当，两块木结构就能严密扣合。传说它是鲁班的发明，因此又叫鲁班锁。高明的木匠至少要掌握几十种不同的榫卯方法，能做出“六方锁”“十二方锁”“二十四锁”等纷繁复杂的外形。运用榫卯结构建造出来的物件，结构稳定，符合现代力学观点，能实现极其复杂而巧妙的平衡。

鲁班锁

榫卯结构在我国有着非常悠久的历史。在距今约7000年前的浙江余姚河姆渡文化遗址中，考古学家就发掘出了大量结合完好、式样繁多的榫卯结构遗物。距今约1000年、建造于辽代的山西应县木塔高达68米，虽历经数次大地震以及战火的侵袭，至今仍能安然无恙，不能不说受益于榫卯结构的稳定性。

古人是怎样通过植物找到地下矿产的?

一些特殊生物的存在能够在一定程度上反映地下的矿化特征。如石松生长茂盛的地方，可能存在铝矿。金属矿的存在也能给植物染上特殊的颜色，如铜元素进入植物体内能使植物的花朵呈现为蓝色。所以，利用生物标志来寻找矿产的理论是科学且可行的。

古人很早就开始利用指示植物来探矿。早在春秋战国时期，人们就依据经验总结出了一套植物探矿理论，并可以依据铜草花这种植物嗜铜的特性发现铜矿。

南北朝时期，我国的植物探矿理论逐步建立起来。梁代出现了一本专门的植物探矿著作《地镜图》，它把地下的矿藏和地表的植物联系起来，总结了金、银、铜、锡、玉等矿藏与地表植物的关系，甚至还详细地介绍了找玉的规律。按照这个理论体系，后人继续完善植物探矿理论，明代的《庚辛玉册》系统地记载了一些植物与矿物间的联系，但这些知识大多都来自古人的探矿经验，植物探矿理论一直都不可避免地存在经验主义错误。

这种局面直到现代人掌握了植物元素分析技术后才得到改变。植物探矿理论与植物元素分析结合起来，促使今人对植物属性与矿藏关系的认识更加全面准确，植物探矿理论的实际操作性就越来越强了。

一千多年前的矿物岩石学家怎样解释鱼化石的成因?

杜绾（wǎn）是宋代很有成就的矿物岩石学家，他写的《云林石谱》是宋代内容最丰富的石谱。《云林石谱》给各种各样的石头进行了分类，还介绍了各种岩石的用途，以及当时工人加工石材的方法。

一次，杜绾的朋友新修了一座园林，请他过去观赏。花园里有一座假山，假山上面既有大大小小的孔，又有不同纹理的花纹。人们一面看，一面啧啧称奇："这假山真是生得奇怪啊！"

杜绾却不觉得这假山是天生就这样的，他对大家说：“你们看，这些大大小小的孔应该是风浪冲击导致的，这些花纹应该是水流不断冲击而成，这石头左边的花纹深，右边的花纹浅，说明那时左边的水流更湍急。”他又说：“太湖石不就是利用风水冲击而成的吗？工匠先把太湖石初步加工，雕刻成需要的形状，然后放在水里，石头被风水冲刷，就能出现美丽的花纹了。”众人被他的话折服了。

还有一次，杜绾在陇西（今甘肃渭源东南）听人说有一种奇怪的石头叫鱼龙，他赶紧前往当地一看，发现这就是鱼化石。鱼化石在湖南湘乡也被发现过，但那边靠水，有鱼化石不足为奇，但陇西这儿是陆地啊，怎么会有鱼化石呢？

杜绾想了又想，终于明白了，所谓沧海桑田，古代陇西这儿原是低洼的沼泽地，鱼生活在水中，后来由于泽边的山崖崩坍，土块填塞了沼泽，许多年以后，土块就凝结成岩石，死亡的鱼体不就变成化石了吗？

用现代地质学和化石知识去衡量杜绾的这段论述，也是完全正确的，他不但阐述了鱼化石的形成过程、埋藏条件，而且还就鱼化石的发现合理地推断出当时当地的自然环境。这种有科学依据的推理方法，直到今天，还有效应用在古地理及地质变迁的研究上。

为什么说《九章算术》记载的是当时世界上最先进的应用数学知识？

《九章算术》是我国古代的一部数学专著，大约成书于东汉时期。由于这部书把涉及的数学问题分为九大类，故称为“九章”。这部书内容十分丰富，是系统总结战国、秦、汉时期数学成就的一部综合性著作，代表了当时世界上应用数学最先进的水平。

《九章算术》主要来自民间智慧，并非一时一人所著，所以它特别强调解决与生产、生活密切相关的应用问题，比如如何精确地计算田亩面积，如何精准计算建筑城墙、开沟挖渠的体积，如何合理兑换、分配不同谷物等。《九章算术》从数学角度为这些问题提供了解决手段。

《九章算术》还开创了许多数学应用知识的新领域。它是世界上最早系统地叙述分数运算规则的著作；它涉及的比例问题，在世界上也是比较早的；“盈不足”是一种通过两次假设求未知数的算法，在西方称作“双设法”，也是我国古代的一项创造。在代数方面，“方程”章中所引入的负数概念及正负数的加减法则，在世界数学史上都是最早的记载。在几何方面，《九章算术》总结了生产、生活实践所需的大量几何知识，提出了许多计算面积和体积的公式。此外，它还通过各种例题介绍了勾股定理的应用。

《九章算术》的影响非常深远。在唐宋时期，《九章算术》被朝廷定为教科书。《九章算术》早在隋唐时期就已传入朝鲜、日本，即使到现在，它的价值还在不断被发现。

为什么说《天工开物》是中国“17世纪的工艺百科全书”？

《天工开物》是我国明代著名科学家宋应星撰写的一部科学巨著。书名来自“巧夺天工”和“开物成务”两个古代成语，合在一起的意思是：只要掌握了知识技能，就能制造出各种精美的生产、生活用品。

《天工开物》的主要内容是实用科学技术，全书共3卷18章，介绍了我国古代30项先进技术。第一卷介绍的是农业技术，包括谷物栽培、甘蔗栽培、桑麻栽培、染料植物栽培、养蚕、养蜂、谷物加工、制糖、制盐、纺织、染色等11项；第二卷介绍的是工业技术，有榨油、铸造、锤造、采煤、非金属矿烧炼、陶瓷、制砖瓦、造纸、造船、航运、制车等11项；第三卷介绍的是金属开采、合金冶炼、冷武器制造、火器制造、制墨、颜料制造、珠宝采集、珠宝加工等8项技术。在这30种技术下面，作者又细分出很多工艺，而这些技术以及工艺，基本囊括了当时中国工农业生产领域中的所有主要技术。

《天工开物》介绍的工艺详细透彻，书中将每一个技术都解说得非常清楚，内容不仅有原料种类及产地、产品特性及用途的介绍，更有技术过程、操作要点等详细流程的讲解。比较复杂的工艺、产品设备还配有图解，全书共附有121幅插图，对130多

项工艺设备、工艺技术、工艺流程等做了详细介绍。这些插图有助于读者更深刻地理解产品及其制造技术，可以说是世界上较早的科技图录。

《天工开物》在19世纪传到欧洲，对西方科技产生了重要影响，被欧洲人赞誉为“中国17世纪的工艺百科全书”。

《梦溪笔谈》为什么称得上是“中国科学史上的里程碑”？

20世纪50年代，英国科学史家李约瑟在研究《梦溪笔谈》后，称其为“中国科学史上的里程碑”。《梦溪笔谈》是北宋学者沈括晚年所著，大约成书于公元1086至1093年间，这部著作以笔记的形式记录总结了前人尤其是宋代人在科学技术方面的卓越贡献和沈括自己的研究成果。

《梦溪笔谈》包括《笔谈》《补笔谈》《续笔谈》三部分，全书涉及天文、历法、气象、地质、地理、物理、化学、生物、农业、水利、建筑、医药、历史、文学、艺术等诸多领域。它以多于三分之一的篇幅记述并阐发自然科学知识，介绍了时人毕昇领先世界的活字印刷术，描述了当时先进的“浸铜”生产工艺，总结了如何铸造铜镜、维修盐井、巧建船坞等工程技术，记述了古代兵器如弓弩的制作技术与方法……古人很多杰出的科技发明，都在其中有所体现。甚至可以这样说，如果没有这块里程碑，中国古代劳动人民的许多工程技术与科技发明，都将难以得到保留与传承。

不仅如此，沈括在记录前人科技成就的同时，凭借自己良好的科学素养，还对其中的一些科技发明进行了改良创新，提出了自己的见解。如在物理学方面，沈括在研究人工磁化现象的时候，第一次发现了磁偏角的存在，比西方领先400多年；在天文学方面，他改进了浑天仪，对日食月食等现象做了进一步的合理解释；在地理学方面，他比达·芬奇早400年发现化石并对其成因进行了介绍……类似的改良和创新在数学、化学、医学等其他领域同样不胜枚举。如此看来，《梦溪笔谈》自然当得起李约瑟的称赞了。

生活在明代的徐光启为什么被称为中国近代科学的先驱者？

徐光启是我国明末著名的科学家，是第一个把欧洲先进的科学知识介绍到中国的人。徐光启20岁中秀才，35岁中举人，步入仕途，他时刻关心强国利民的经世实学。公元1600年，他在南京结识了意大利传教士利玛窦。利玛窦带来的三棱镜、自鸣钟、日晷仪等西方科技产品深深吸引了徐光启，他与利玛窦合作翻译了欧几里德《几何原本》六卷，在这里他们创造了许多数学概念，如点、线、面、平面、曲线、曲面、直角、钝角、锐角、垂线、平行线、对角线、三角形、四边形、多边形、圆、圆心等。这些概念一直被使用到今天。

1610年以后，徐光启在制定天文历法的过程中，和传教士一起设计了许多天文仪器，并且第一个把西方历法引进中国，会通当时的中西历法，主持编译了《崇祯历书》。在历书中，他引进了圆形地球的概念，明晰地介绍了地球经度和纬度的概念，这对于我国古代历法的改革是一次飞跃性的突破。他还钻研了西方的水利学，编译成《泰西水法》六卷。

徐光启出身农家，自幼即对农事极为关心。他的家乡地处东南沿海，水灾和风灾频繁，这使他很早就对救灾救荒感兴趣，并且研究排灌水利建设。步入仕途之后，他在北京、天津和上海等地设置试验田，亲自进行各种农业技术实验，总结推广农业生产技术。他把福建甘薯引到上海试种并获得成功，他又将北方的芜菁（一种消食解毒的药材，形似萝卜）移植于上海。1633年，徐光启回到家乡，编写成《农政全书》60卷，这部书详细总结和记录了我国的农业技术，成了中国历史上最重要的农业科学著作。

由于徐光启在多个科学领域都有杰出的贡献，是第一个把西方先进的数学和科学知识介绍到中国的人，是近代中国人学习西方科技的先声，所以他被称为我国近代科学的先驱者。

军事体育

被全世界奉为教科书的《孙子兵法》到底有多厉害?

《孙子兵法》可以说是中国乃至世界上最伟大的军事著作之一，由春秋时期的孙武所著。它所阐述的军事理论，直到今天也依然被用来指导战争，连外国人都要学习《孙子兵法》，从中汲取智慧和营养。

《孙子兵法》从敌我双方实力分析、战略部署、后勤准备、鼓舞士气、敌情观察、作战地理、特殊战法（如火攻、间谍战）等方面，阐述了孙武的军事思想。它是历史上第一部系统地对战争性质、规律、取胜方法等问题进行分析研究的著作，因此，在军事学上具有里程碑的意义。

《孙子兵法》中提出了许多先进的军事观点，影响至今。如："不战而屈人之兵"，指出军事的真正目的是不通过战争就迫使敌人屈服；"知彼知己，百战不殆"，意思是必须对敌我双方的实力有清醒的认识，才能获得战争的胜利；"兵无常势，水无常形"，指的是用兵作战没有固定的模式，就像水没有固定不变的形态一样，必须根据敌情变化采取相应战略才能取胜。

《孙子兵法》诞生后，逐渐被奉为军事学经典，孙武也被后人尊称为"兵圣"。随着中华文化的传播，《孙子兵法》也走向了世界，先后被介绍到日本、法国、德国、俄国等，对世界军事产生了巨大的影响。

"三十六计"影响国际外交？它有什么神奇之处？

"三十六计，走为上计"，可以说是中国家喻户晓的一句俗语。在民间，"三十六计"的知名度甚至超过《孙子兵法》，但其来源至今仍没有确切的定论。

"三十六计"分为"胜战计""敌战计""攻战计""混战计""并战计""败战计"六套，每套下有六个具体计策，每个计策都配有著名的战争故事加以说明。"三十六计"流传很广，很多计谋和故事大家都耳熟能详。如"美人计"，讲的是越王勾践被吴王夫差打败，于是勾践将美女西施送给夫差，使其沉溺在温柔乡中丧失斗志，最终反败

为胜；如“苦肉计”，讲的是东汉末年“赤壁大战”中，东吴老将黄盖故意惹怒周瑜而挨打，向曹操诈降，骗取曹操信任，最终曹操放松警惕，被孙权、刘备两家联手打败。

“三十六计”是对中国历史战争策略的归纳总结，可以说是古人智慧的结晶。在现代社会，“三十六计”不仅有助于战争，还被广泛应用于政治、外交、商业、管理等多个领域，发挥着巨大的作用。例如中国与美国建交，源于著名的“乒乓外交”，用的就是“三十六计”中的“声东击西”。中美乒乓球运动员的友好往来，看似是体育交流，实际上隐藏着外交寓意，最终“小球带动了大球”。

第一套 胜战计

第一计 瞒天过海　第二计 围魏救赵　第三计 借刀杀人

第四计 以逸待劳　第五计 趁火打劫　第六计 声东击西

第二套 敌战计

第七计 无中生有　第八计 暗度陈仓　第九计 隔岸观火

第十计 笑里藏刀　第十一计 李代桃僵　第十二计 顺手牵羊

第三套 攻战计

第十三计 打草惊蛇　第十四计 借尸还魂　第十五计 调虎离山

第十六计 欲擒故纵　第十七计 抛砖引玉　第十八计 擒贼擒王

第四套 混战计

第十九计 釜底抽薪　第二十计 浑水摸鱼　第二十一计 金蝉脱壳

第二十二计 关门捉贼　第二十三计 远交近攻　第二十四计 假道伐虢

第五套 并战计

第二十五计 偷梁换柱　第二十六计 指桑骂槐　第二十七计 假痴不癫

第二十八计 上屋抽梯　第二十九计 树上开花　第三十计 反客为主

第六套 败战计

第三十一计 美人计　第三十二计 空城计　第三十三计 反间计

第三十四计 苦肉计　第三十五计 连环计　第三十六计 走为上

刘邦为什么要“明修栈道，暗度陈仓”？直接从栈道走不行吗？

“三十六计”中有一计，名叫“暗度陈仓”，意思是把真实的意图隐藏在表面的行动背后，给敌人以错觉，从而出奇制胜，比喻用假象迷惑对方以达到某种目的。“陈仓”是地名，在今陕西宝鸡陈仓区。这一计策出自《史记》，与汉朝著名将领韩信有关。

秦朝末年，项羽、刘邦都是起义军领袖，但彼此之间存在竞争关系。秦朝灭亡后，项羽自封为西楚霸王，为了防范限制刘邦，就将刘邦分封到偏僻荒凉的巴蜀，称为汉王。

前往巴蜀的道路十分艰险，沿途都是悬崖峭壁，只有凌空的栈（zhàn）道供人通行。刘邦采用了张良的计策，一边继续向巴蜀进发，一边烧毁栈道，给项羽造成一个假象：自己不会再向东与项羽争夺天下。

刘邦就任汉王后，养精蓄锐，励精图治，训练军队，选拔人才，任命韩信为大将。公元前206年，韩信向刘邦建议，向东出击，进攻项羽。刘邦感到为难，因为此前按照张良的计策，栈道已经被烧毁，无法从原路东进。于是，韩信献计，一面假装重修栈道，一面绕道由陈仓向东发动进攻。刘邦采纳了韩信的计策。

当刘邦的军队重修栈道的消息传到项羽部下的耳朵里时，他们完全不当回事，认为重修栈道这么大的工程，不可能短期完成，等刘邦把栈道修好，他们也可以逸待劳，打败刘邦的军队。没想到，不久后，韩信率领大军从陈仓绕道攻来，把他们打了个措手不及。韩信一举夺得了当时富庶的关中（在今陕西中部）地区，为刘邦最后打败项羽、统一天下奠定了基础。

“擒贼先擒王”，唐朝将军张巡是怎样从十万大军中准确找出敌方首领的？

唐代大诗人杜甫在《前出塞》诗中写道：“射人先射马，擒贼先擒王。”后人在编

“三十六计”时，借用了这句诗“擒贼先擒王”，作为一计的名称——“擒贼擒王”，意思是作战要先抓主要敌手，也比喻做事首先要抓关键。在中国古代军事史上，有一个著名的战例“张巡智射尹子奇”，就是“擒贼擒王”的典范。

公元755年，由于唐玄宗后期昏庸腐化、政治黑暗，致使“安史之乱”爆发。安禄山的叛军很快攻占唐朝首都长安（今陕西西安），唐玄宗被迫逃入四川避难。叛军为了占领全国，南下进攻，在睢（suī）阳（今河南商丘）被守城将领张巡率军抵挡了整整9个月，史称“睢阳保卫战”。

当时，叛军大将尹子奇率十万大军围困睢阳。每当叛军入夜准备休息之时，张巡就命令士兵擂鼓呐喊，做出将要进攻的假象。几夜下来，叛军疲惫不堪，最终没了精神，呼呼大睡。这时，张巡才真正发动进攻。叛军从梦中惊醒，惊慌失措，乱作一团。

张巡知道“擒贼先擒王”的道理，然而，由于张巡不认识尹子奇，一时无法在乱军中找到他。后来，张巡心生一计，命令士兵用稻草秆削尖作箭，射向敌人。叛军中箭后，发现并未受伤，一看射中自己的竟然是稻草秆，以为张巡军中已经没有了箭，只能用稻草秆充数，大喜过望，争先恐后地向首领尹子奇报告。这样，张巡一眼就认出了人群中的尹子奇，马上命令神箭手放箭，正中尹子奇。尹子奇仓皇逃窜，叛军军心大乱，跟着奔逃，一败涂地。

晋明帝逃跑时为什么要把马鞭交给卖菜的老婆婆？

蝉变为成虫时，要脱去幼时的壳。由于壳的外观和蝉本身几乎一样，于是蝉的天敌如鸟类等，往往被迷惑。因此，“金蝉脱壳”常常形容像蝉脱壳一样造成迷惑，巧妙脱身。“三十六计”中有一计就叫“金蝉脱壳”，在中国古代军事史上，有很多类似的例子。

东晋初年，大将王敦实力强大，甚至凌驾于皇帝之上，对皇帝构成很大威胁。晋明帝司马绍决心消灭王敦，维护皇帝的权威。为了探清王敦的实力，他化装成一个普通商人，亲自潜入王敦军营，刺探军情。然而，王敦的部下有所察觉，发现司马绍不是一般人，想要抓住他。司马绍赶紧骑马逃走，王敦的部下依旧紧追不舍。危急中，司马绍看见路边有位卖菜的老婆婆，便把自己的马鞭递给老婆婆，说："如果后面的人追上来，请你把马鞭给他们看。"又继续逃。王敦部下追到老婆婆那儿，老婆婆便将马鞭给他们看。这马鞭是由很多宝石镶嵌而成的七宝御鞭，非常名贵，王敦部下反复把玩，爱不释手，时间一长，晋明帝已经跑远，再也追不上了。后来，晋明帝召集军队，打败了王敦。

古代打仗为什么要摆"八卦阵"？"八卦阵"有什么制敌优势？

"阵"，在古代和"陈"字是同一个字，意思是军队在战场上摆出的队列。原始时期，不同种族、部落之间发生战争，往往是一拥而上，乱打一气，没有什么队列可言。随着人类文明的进步，人们发现，规范整齐的队列，对取得胜利起着很大的作用。因此，战争中的"阵法"便应运而生。

阵法是古代训练军队和作战的重要方法。通过队列，统帅教给士兵进退的规矩、聚散的法度，使他们熟悉各种信号和口令，在战斗时做到令行禁止、协调一致，只有这样，才能发挥整体合力。同时，在作战中，某些特殊的队列形式能够迷惑敌人，合理安排己方力量，在战争中取得优势。因此，"布阵"是中国古代军事史上常见的战斗形式。

中国古代最著名的阵法莫过于"八卦阵"，传说最早由孙膑（bìn）发明，后来三国时期诸葛亮将其发扬光大。这个阵法的特点是将士兵按照"休、生、伤、杜、景、死、惊、开"八个方向排列，分别由四支主力部队和四支机动部队组成，变化灵活。据说诸葛亮曾在白帝城（位于今重庆奉节）附近摆过这种阵法，作为日常操练士兵的阵地，被称为"八阵图"。唐代大诗人杜甫还写有《八阵图》一诗来纪念此阵。

古代战争中，为什么“鸣金”是收兵的意思？

中国古代有“五行”的观点，认为世界是由“金木水火土”五种物质构成，而“金木水火土”又分别对应“西东北南中”五个方位。金，就是指金属。在“五行”中，金对应的方位是西方，西方象征着收敛。收敛，就意味着不再进攻，因此，古人用“鸣金”来表示停止进攻、战斗结束的信号。

东周青铜钲。早期“鸣金”中的“金”就是“钲”，后来慢慢变成了锣。

“鸣金”的“金”，是一种铜制乐器，名叫“钲（zhēng）”，形状像钟，但是比钟狭长，上方有柄，可以悬挂。古代战争中，一旦敲钲，就意味着战斗结束，双方各自撤退。从战场实际来看，古人“击鼓进军，鸣金收兵”蕴含着一定的科学原理：鼓用皮革制成，敲击时声音浑厚，震撼人心，能够起到激励的作用；钲的声音清脆，穿透力强，传播距离远，便于士兵清楚听见撤退信号。

到了北魏时期，人们发现：铜锣的形状平圆如盘，敲击时声音响亮，比钲的穿透力还强，就逐渐用锣代替钲，“鸣金收兵”也就渐渐演变成了“鸣锣收兵”。

进入近现代之后，无论是击鼓还是鸣金，都已经无法适应大规模战争的需要。

为什么投降要举白旗而不是举其他颜色的旗？

白旗起初只是要求暂时停战的标志。远古时期，战斗的双方为了向对方表示谈判的诚意，通常举白旗，因此逐渐形成了一个习惯：白色旗帜表示要求休战谈判。在交战的一方拿出白旗时，对方就知晓来意，下令停止任何进攻行动。举白旗的一方要派出使者向对方说明条件和意图。从使者展示白旗起，直到他回到本方，他有不被侵犯的权利。

举白旗意味着投降，据说起源于秦朝末年。秦始皇建立秦朝后，依据“五行相替”

的说法，认为秦朝是代表水德，战胜了周朝的火德，因为“水克火”。水在“五行”中对应的颜色是黑色，秦朝就把黑色作为国家的代表色。秦朝末年，刘邦率领大军攻入都城咸阳，秦朝的末代君主子婴被迫投降。当时，子婴为了表达诚意，使用了秦朝“代表色”黑色的反色——白色作为旗帜，坐上白马拉的白色车子，带上玉玺兵符，把自己捆绑起来，亲自到刘邦军营投降。于是，后人便把举白旗作为投降的形式。

在西方，也有举白旗表示投降的意思，这点与中国不谋而合。西方人举白旗投降，据说是因为白色的布是没有染过的布，很容易得到，而且白色象征一无所有，意味着投降的一方已经失去了作战能力。

为什么打了败仗叫“败北”而不是“败南”？

我们常常用“败北”来形容打了败仗，也用来泛指在各种竞争（如体育比赛、竞标、竞选等）中失败。这里的“北”，并不是“东西南北”的“北”。在古代，“北”字的本义是“背”或“相背”，是一个象形字。在甲骨文中，“北”字的样子就是两个人一个向左，另一个向右，背向坐着，生动形象地表示“背对背”的意思。

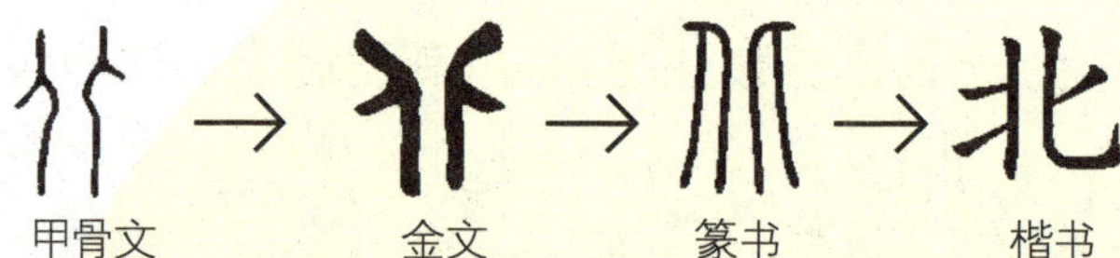

“北”字的演变。东汉许慎的《说文解字》中，“北”的含义就是“背”。

两军交战，打了败仗的一方逃跑撤退时，一定是背对着胜利方的，因此，“北”字就慢慢用来形容打了败仗。《孙子兵法》里说：“佯北勿从。”意思是敌人假装打败了逃跑，不要盲目追上去。西汉时期文学家贾谊也在《过秦论》里提到：“追亡逐北。”意思是追杀失败逃亡的敌人。

后来，随着汉语音节的发展，本来表达失败含义的“北”字，逐渐和“败”字连用，成为“败北”一词。无论向哪个方向逃，都叫“败北”。例如司马迁《史记·项羽本纪》：“吾起兵，至今八岁矣。身七十余战，所当者破，所击者服，未尝败北。”再后来，

“败北”不仅指军事失败，还引申为办各种事情的失利。

“败北”一词的来源，还有一个说法：中国古代的方向有着上下尊卑的含义，南面在古代是尊贵的方向，皇帝的座位都是坐北朝南，因此，古人就只说“败北”而不说“败南”了。

烽火台上表示求救信号的狼烟真是狼粪烧出来的烟吗？

狼烟，是古代军事上用于报警的信号。古代有学者认为，狼烟是用狼粪烧出来的，这种烟笔直又不容易吹散。但是，现代学者研究之后，认为这一说法并不准确。

那么，狼烟到底用的是什么燃料呢？应该说主要还是植物。古代的烽火台一般都处于荒凉的边疆地区，荒漠上生长着胡杨、红柳、甘草、旱芦苇、梭梭等植物。士兵将这些植物收集晒干，和牛羊粪、湿柴、油脂等混合在一起，点燃后就能冒出浓烟，起到传递信号的效果。现代出土的烽火台文物还有这样的残迹，甘肃省嘉峪关市长城博物馆就有狼烟原料的展品。当然，或许古人也收集过狼粪用于焚烧，但狼烟绝不是只用狼粪烧出来的。

那为什么要把这种报警信号叫作“狼烟”呢？在古代，中原地区的王朝一般都会遭受北方游牧民族的侵扰。北方游牧民族匈奴、鲜卑、突厥、女真等都是草原民族，往往以狼作为民族的象征和图腾。烽火台点燃烟火，是为了向中原报告北方游牧民族前来侵袭的讯号，因此，中原王朝就将这种信号烟叫作“狼烟”。

后来，狼烟逐渐成为战争的代名词。狼烟点燃，象征着战争爆发、外敌入侵，激励人们英勇作战，保家卫国。

古人是怎样参军的？为什么要边当兵边种田？

夏商周时期，奴隶是不能服兵役的，军队主要由奴隶主和平民构成。春秋战国时期，各诸侯国经常发生战争，为了补充兵源，开始实行征兵制，例如秦国规定：年满

17岁的男子都要在官府登记，从23岁起轮流守卫京师和边疆。

汉朝实行全民皆兵的兵役制。当时规定，凡20岁的男子都要去官府登记，从23岁起服兵役两年，服役期满转为后备兵，随时准备再次参军，到56岁才能免除兵役。汉乐府诗中有一首《十五从军征》就是描述汉朝兵役制的。

三国两晋时期，由于战争频繁，人口减少，国家实行世兵制，就是将专门作战的士兵之家列为兵户，世代都要参军。

府兵制起源于南北朝时期，于隋唐时期正式实行。男子一般21岁参军，61岁退伍。府兵由设置在各地的军府管理，因此叫作“府兵”。士兵平时散居务农，农闲时训练，并轮流保卫京师或戍守边防，战争时出征。出征时，要自备兵器、口粮；战争结束，又恢复到务农训练的正常状态。

宋朝盛行募兵制，也就是说招募男子参军。参加招募的人，会根据身高、体力、技能等确定等级，较高级的编入中央直接指挥的“禁军”，较低级的编入地方军队“厢兵”。

元明清时期，又恢复了三国两晋时期的世兵制。清朝末年，鸦片战争把中国推入近代社会。为了镇压太平天国起义，清朝允许大臣自办“团练”，建立地方军队，后来又通过招募建立了新军，实行现代兵役制度。由于新军士兵接受现代军事思想熏陶，思想进步，最终打响了武昌起义的第一枪，成为中国2000多年封建王朝的掘墓人。

现代军衔起源于古代军职？“帅、将、校、尉、士”是如何一一对应的？

军衔是用来区分军人地位等级的标志，一般分为将官、校官、尉官、士官和士兵5个等级，目前中国也采用这一分级。

中国古代并没有现代意义上的军衔制度，军人的地位等级主要通过职务和品级来区分。职务，就是官员实际的官职大小；品级，就是官员的待遇和地位高低。现代军衔中的“帅、将、校、尉、士”这些名称，实际上来源于古代军事职务。

帅，就是元帅。在古代，“元”有“首领”的意思，“帅”就是“率领”，“元帅”一词就是率领军队的首领。春秋时期已出现“元帅”这一职务，一般是一个国家或政权的最高军事负责人。从南北朝起，元帅逐渐成为战时统军征战的官职名称，如唐代设有元帅、副元帅的官职，南宋第一任皇帝宋高宗赵构曾担任过“天下兵马大元帅”。

将，就是将军。“将”字在古代也有“率领”的意思，因此，“将军”一词就是“率领军队”，后来逐渐演变成具体官职名。古代一般没有单纯的“将军”这种官职，将军一般都有不同的名号，用以区别。例如汉朝的大将军、骠骑将军，地位很高，仅次于丞相；车骑将军、卫将军、前后左右将军，地位就要稍低些。

校和尉，都与古代的“校尉”这个官职有关。校是古代军事编制单位，一般是指规模较大的军队，因此，校尉起初是中高级军事官职。秦朝最早设立校尉，汉朝将其发扬光大，并设有多种名号的校尉官职，如曹操就当过“典军校尉”。随着时代变化，校尉逐渐变成低级军事官职。

士，起源于春秋时期。“士”是贵族的最低一级，古代的贵族还兼有从军作战的义务，而最低等级的贵族在战场上往往只是士兵身份，因此，后人便将军衔的最低一级称为“士”。

为什么古代男子手上要戴一枚大戒指？只是一种装饰吗？

影视剧里，我们经常会看到清朝男子大拇指上套着玉石或玛瑙戒指。其实，那不是戒指，而是“扳指”。

清朝的扳指制造工艺达到顶峰，乾隆皇帝用过的这枚玉扳指上还刻有他自己写的诗句。

在古代，扳指是一种护手的工具。在冷兵器发达的古代，弓箭是一种重要的作战工具。但是，在弓弦绷紧、箭支发射后，弓弦会迅速弹回，这时弓弦的锐利程度不亚于刀锋，很容易将手指割伤。因此，将扳指戴在用来勾弦的手指上（一般是拇指），可以防止急速回弹的弓弦擦伤手指。

扳指早在商朝就已出现，到春秋战国时期使用已经

很普遍。几千年来，扳指出现过很多种样式，最主要的是坡形扳指和桶形扳指。坡形扳指从侧面看是梯形，即一边高一边低；桶形扳指一般为圆柱体。扳指的材质也有很多种，常见的有铁、铜、兽骨、犀角等。

清朝，由于建立政权的满族为游牧民族，射箭是必须具备的技艺，因此扳指用得非常多。随着经济繁荣、国家强盛，扳指不再仅仅用于军事，而逐渐变成贵族的一种装饰，材质也开始使用象牙、水晶、玉、瓷、翡翠、碧玺等名贵原料。清朝贵族佩戴名贵扳指，一方面是炫耀富贵、表明身份，一方面也表达不忘祖先靠骑射夺取天下的含义。皇帝佩戴的扳指就更加华贵，无论材质、工艺、纹饰，均登峰造极。皇帝的扳指也失去了原始的军事功能，而纯粹成为一种艺术品，上面还有文字、图案等雕刻，散发着浓厚的文化气息。

为什么古人要把“虎符”分成两半来调动军队？

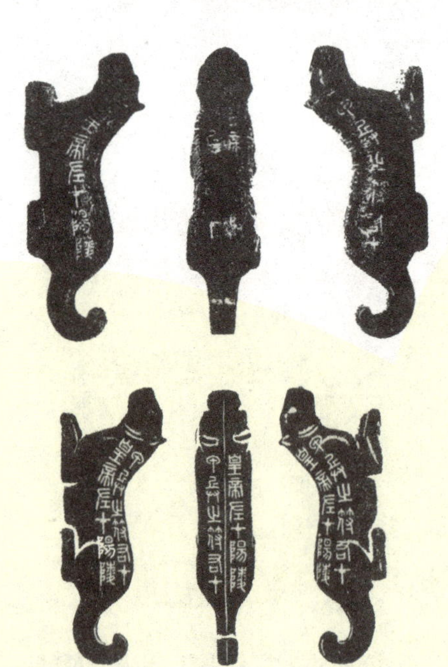

阳陵虎符拓片。阳陵虎符是西汉时期青铜铸造的精品。

虎符是古代朝廷调兵遣将用的信物，一般用青铜或者黄金做成老虎形状，背面刻有铭文，劈为两半，一半留在中央朝廷，一半发给统兵将帅或地方长官。当国家发生战争需要调兵遣将时，中央的一半虎符作为命令发出，与将帅的另一半虎符合成完整的一块，验明是真品，调兵命令才能生效。虎符从来都是专符专用，一地一符，绝不可能用一个兵符同时调动两个地方的军队。虎符制度的产生，是为了保证君主在传达命令或者调动军队时不出差错，也用于防范地方军事统帅势力过大发生叛乱。

虎符最早起源于春秋战国时期，早期用竹、木、石一类的材料制成，后来逐渐开始使用青铜、金、玉等高级原料。从汉朝到隋朝，虎符均为铜质。隋朝时改为麟符，即麒麟状的兵符。唐朝因为唐高祖李渊的父亲叫李

虎，为了避讳，改用鱼符或兔符，后来又改用龟符。南宋时恢复使用虎符。元朝则用虎头牌。后世，虎符逐渐不再用动物形状，而是演变为普通形状的铜牌。

古人打仗常像影视剧中那样双方大将单挑决胜负吗？

事实上，中国古代确实存在过像影视剧那样的武将单挑的战斗方式。春秋时期，由于“礼”文化的影响，贵族之间更讲究作战中的礼仪。单挑能够展示贵族的个人实力和礼仪风度，因此，单挑的作战方式一度盛行。《春秋谷梁传》中就曾记载：鲁国大将公子友和莒（jǔ）国大将莒挐（rú）率军对峙。战场上，公子友对莒挐喊道：“士兵有什么罪过，何必让他们白白牺牲？不如我们俩单挑吧！”于是公子友和莒挐单挑作战。眼看公子友处于下风，他的部下便纷纷呐喊起来：“孟劳！”“孟劳”是公子友身上佩带的一把宝刀。公子友被部下提醒，猛地拔出宝刀，杀死莒挐，因此反败为胜。

秦汉时期，武将单挑的形式还有一定保留。如秦朝末年的名将项羽，个人作战能力很强，当他与刘邦对峙时，也提出与刘邦单挑，但刘邦回答说：“我又不逞匹夫之勇，为什么要和你单挑？”这也充分说明，军事统帅已越来越重视统筹全局的能力，项羽的思维已经落后于时代。而秦汉之后，单挑的作战方式已经基本退出了历史舞台，后世名将虽然也注重自身的武艺修养，但更重视军事思想和战争谋略。

盔甲用纸做成？为什么纸做的盔甲能够起到防御作用？

史书记载，纸盔甲是由一位名叫徐商的唐朝官员发明的，据说坚固异常，飞箭都不能射穿。到了宋代，宋仁宗赵祯为了抵挡西夏大军的侵扰，曾经下诏，要求造3万副纸盔甲，调拨给负责保卫城池的弓箭手。纸盔甲特别适合抵御远程的飞箭袭击，也常被战船水兵使用。

明代民族英雄戚继光在抗击倭寇的时候，曾大量使用纸盔甲，还进行了改良：在纸张中加入棉花，做成的“新型纸盔甲”能够抵挡一些初级火器的进攻。

后人记载了纸盔甲的制作方法：用特别柔软的纸作为原材料，加工捶软，叠成厚三寸的甲片，打上钉孔，缀成盔甲。如果被雨浸湿，箭矢就更难射透。

为什么一戳就破的纸张做成盔甲后，坚固程度会发生这么大的变化？从现代科学角度来看，纸张是由纸纤维构成的，富含高度弹性的胶原蛋白。这些纤维相互交织，就像混凝土一样，既强又韧。制作纸盔甲时，纸张经过捶打，纤维的密度变得更高，叠压到一定的厚度后，就会形成多层细密的纤维网络。面对外物的攻击，纤维网络将把集中于一点的冲击能向四周区域传播，从而吸收能量，起到防御的作用。

今天，传统的纸盔甲制作技术已经失传，人们只能根据古代文献中的只言片语去想象它曾经的样子了。

火药是什么时候开始应用于军事的？

火药是中华民族的四大发明之一。据历史学家研究，中国人最迟在公元9世纪时就发明了火药。中国古代火药的主要成分是硝石、硫黄和炭，其中最主要的成分是作为氧化剂的硝石。

火药的发明与中国的炼丹术有关。炼丹家在反复的实验中，无意中发明了火药。火药的这一特性后来被军事家注意到，逐渐被应用于军事。从唐宋时期开始，火药便登上了战争舞台并迅速得到发展。

宋代军事著作《武经总要》中记载了三个军用火药的配方，这是世界上最早的明确应用于战场的火药配方。宋代早期的火药兵器是火药箭和火药球。火药箭用弓弩发射，箭端带有火药包，能够引火燃烧；火药球则通过抛石机抛掷而出，引起燃烧。当时，火药、火药兵器生产已达相当规模。南宋时期，一位叫陈规的军事学家发明了最早的火枪，这种火枪将火药装在竹管中发射而出，提高了火药兵器的杀伤精准度，在热兵器史上是一大进步。

元朝时期，火铳（chòng）出现，说明此时火药兵器已经开始用金属管进行发射。

明朝时期，火炮从葡萄牙等欧洲国家传入，这就更加增大了火药兵器的威力，改善了军队的装备。清朝时期，军队已经大量配备火铳、火炮，战场上一度所向披靡。然而，从明清时期开始，中国的火药兵器应用却开始落后于世界潮流。

古代有哪些著名的女将军？

中国历史第一位有据可查的女将军是商代的妇好。妇好是商王武丁的妻子，曾多次出征，立下汗马功劳。由于年代久远，妇好的事迹其实一直未见于史书记载。1976年，位于河南省安阳市的妇好墓被发掘，考古学家们从出土的甲骨文中解读出了妇好的事迹，才发现她作为将军出征的史实。出土文物中有一件带有“妇好”铭文的钺（yuè，一种武器，形似斧），被认为是妇好领兵打仗的权力标志。

唐代的平阳公主也是一位著名的女将军。她是唐高祖李渊的三女儿。隋朝末年，李渊起兵反隋，平阳公主把自己的家财拿出来招募了数百名士兵，响应父亲。由于这支队伍的统帅为女性，大家都把这支队伍叫作“娘子军”。李渊建立唐朝后，论功行赏，封三女儿为平阳公主。今天位于山西平定县与河北井陉（xíng）县之间的名胜“娘子关”，据说就是因平阳公主曾在这里驻守而得名的。

明朝的秦良玉是中国历史上唯一一位正式被当朝皇帝册封为将军的女性。她自幼习武，长大后成为将军夫人。她跟随丈夫出征，英勇善战，远近闻名。丈夫被人陷害，病死在监狱中后，按照习俗，秦良玉继承了丈夫的职位，成为朝廷官员。因战功赫赫，被崇祯皇帝封为“镇东将军”。

近代有著名的黄埔军校，古代有没有军校？

军校是进行军事教育、培养军事人才的专门机构。中国近代有著名的黄埔军校，在中国古代，为了培养军事人才，也出现过类似“军校”的机构。

早在夏商周时期，承担贵族教育任务的学校就要教授学生军事思想和武艺技能。当时，贵族要求具备“礼、乐、射、御、书、数”六种技艺，其中的“射”“御”指的就是战场需要的“射箭”和“驾车”两项能力。

中国古代第一个官方的军校雏形——教武堂，出现在东晋时期的北方前秦政权。秦王苻坚于公元208年设立教武堂，专门教授太学生阴阳学和兵法知识。这是有历史记载的第一个官办中央军校雏形。

宋朝，中国终于出现了正式的军校——武学。武学最早设立于北宋仁宗时期，但不久后便被废除。宋神宗时，王安石变法，认为培养人才应当文武并重，于是向皇帝建议重新恢复武学。武学选取具备军事知识的文武官员作老师，大官员的后代、普通百姓均可入学，学校提供食宿，学习兵法、骑射、军事史等内容，学习期限3年，期满考试及格者授予官职，不及格者留校1年再试。南宋时期，由于长期受金朝、西夏、蒙古等游牧民族政权威胁，朝廷更加重视武学，规定武学与国子监（古代的官办最高学府）地位相同，并命令各地普遍开设武士斋，培养人才。

牛、羊、猴子等动物还能上战场？古人是如何指挥动物作战的？

在古代战场上，马是最常见的动物。骑兵作为军种之一，发挥着极其重要的作用。不过，古代还有许多动物，如牛、骆驼、象、鸡、猴子、山羊、鸽子等，也曾用于战争。

战国时期，燕国名将乐毅领兵攻打齐国，势如破竹，接连攻下70多座城池，齐国即墨城危在旦夕。即墨城守将田单足智多谋，收集了全城1000多头牛，并在每头牛身上都披上画着五彩龙纹的赤色丝绸；牛角上绑着锋利的尖刀，牛尾上捆着浸满油脂的芦苇；再挑5000名身强力壮的士兵组成一支敢死队，装扮成神仙鬼怪模样。在一个月黑风高的夜里，齐军打开城门，点燃牛尾上的芦苇，牛群受惊冲出，奔向燕军阵地。1000多头被火灼痛的牛在敌营中疯狂乱撞，敌军非死即伤；5000名敢死队士兵也奋

勇冲杀。燕军被吓得魂飞魄散，慌忙逃跑。田单乘胜率兵追击，收复了全部失地。这就是著名的"火牛阵"故事。

明代抗倭名将戚继光在操练士兵时发现，山上的猴子喜欢学人的样子舞棒弄枪，便命令猎人上山捉猴，对猴子进行驯化，教它们使用火把。待驯成以后，戚继光命令军士给每只猴子一个火把，点着以后，猴子直奔敌营，烧得倭寇狼狈不堪。戚继光借机指挥军队冲杀过去，一举取胜。

历史上一大把年纪的老将军都有谁?

在中国古代，有很多老将军，虽然年事已高，依旧在战场上拼杀，为国家建功立业。

赵充国是西汉时期的著名将领。他年轻时与匈奴作战，非常英勇，立下战功，被封为侯爵。公元前61年，西边的羌人部落侵犯汉朝边疆，因为赵充国曾经与羌人打过交道，于是汉宣帝征求赵充国意见，询问合适的将领人选。这时赵充国已经70多岁了，却自信地回答："没有人比老臣更适合。"汉宣帝又询问具体作战计划，赵充国说："听说一百次不如亲眼看见一次，我愿意亲自到前线观察之后，再拟定具体对策。"于是汉宣帝任命赵充国为大将，负责对羌作战。赵充国到达前线之后，一方面与侵扰汉朝边疆的羌人交战，一方面同与汉朝友好的羌人交往，数年之后，边患平息，赵充国的声威也传扬朝野内外。

黄忠是三国时期蜀汉名将。黄忠早年追随刘表，后来归顺刘备，屡立功勋，与关羽、张飞、赵云等大将齐名。黄忠的老将形象主要来源于《三国演义》，书上说他年纪虽老，却能开二石弓，箭法百发百中。正史上虽然没有记载黄忠的年龄，但关羽在黄忠与自己一起受封将军时表示不悦，说"大丈夫不与老卒同列"，可见黄忠的确是一员老将。黄忠在刘备集团中，最著名的战役即大破定军山，斩杀曹操大将夏侯渊，在后世的小说、戏曲中，这个故事常常用来展现老将军老当益壮的风采。

为什么打仗要“一鼓作气”？

人们常说做事要“一鼓作气”，意思是要趁锐气旺盛之时鼓足干劲，一往直前，才能成功。“一鼓作气”是个成语，它与古代的一个战争故事有关。

春秋时期，齐国与鲁国发生战争。曹刿（guì）陪同鲁庄公出征，出谋献计。齐、鲁两军在长勺（今山东莱芜）对峙。齐军擂鼓呐喊，准备进攻，鲁庄公正要下令击鼓出击，曹刿劝阻说：“先等一等。”于是，鲁军没有擂鼓，严阵以待。齐军见鲁军没有反应，又擂鼓准备进攻；曹刿还是让鲁庄公按兵不动。齐军又擂了第三遍鼓，这时曹刿才说：“可以进攻了。”鲁军这才擂鼓发令，士兵奋勇争先，一下将齐军打得落花流水，大获全胜。

战斗结束后，鲁庄公非常奇怪，问曹刿：“为什么齐军擂第三次鼓时，你才让我军擂鼓进攻？”曹刿解释道：“战斗主要是靠勇气。第一次击鼓时，士兵们勇气最足；到第二次击鼓时，勇气有些衰落；到第三次击鼓，勇气就枯竭了。敌军勇气枯竭，我们却勇气十足，斗志昂扬，所以打败了他们。”这就是“一鼓作气”的来源。

从军事策略上说，“一鼓作气”使用的是疲兵之计。疲兵计，就是以逸待劳，在敌人气势正盛之际，不直接进攻，坚守阵地，消磨敌人士气，等敌人士气低落时，寻找最佳战机，一举破敌。

周武王是怎么打败商纣王的？难道是靠姜子牙请来神仙助战的吗？

在小说《封神演义》中，周武王姬发的军师姜子牙请来各路神仙助战，最终打败了商纣王，帮助姬发建立了周朝。真正的历史可不是这样，事实是：周国通过攻打商的附属国，壮大了自己的实力，最终依靠决定性战役“牧野之战”，灭了商朝。

据史书记载，周国最初是商朝的诸侯国。商朝末年，纣王暴虐荒淫，引起了各诸侯国的反抗和本国人民的不满。于是，周国首领在姜尚（即姜子牙）的辅佐下，对内任用

贤臣，对外调停诸侯国之间的纷争，逐渐成为诸侯国的领袖。

约公元前1046年，姬发会合各部族组成4万多人的联军出兵东征。到达战场牧野（大致在今河南新乡）后，姬发庄严誓师，列举纣王罪状，宣布战场纪律，鼓舞士气。这时，纣王亲自率领的70万大军也在牧野集结，准备开战。

战争开始后，姬发的联军奋勇冲杀，很快打乱了纣王军队的阵脚。当时纣王的人数虽多，却大部分是临时集结的奴隶和战俘，毫无斗志，纷纷倒戈起义，帮助联军杀向纣王。商朝军队迅速崩溃，纣王见大势已去，逃回都城朝歌（今河南淇县），自焚而死。商朝灭亡，姬发正式建立了周朝。

为什么古时候很多王子当过人质？

在古代，人质很多时候都是王子或贵族，他们被派到其他国家，充当两国之间某种盟约或协议的抵押品，这种现象在东西方都曾出现过。中国古代将这种交换王子作为人质以保证两国关系的做法叫作“质子”，意思是“以王子为人质”。

最早的质子事件发生在春秋时期。著名的“触龙说赵太后”故事就与“质子”有关。公元前256年，秦国进攻赵国，赵国向齐国求救。齐国要求赵国用国君最小的弟弟长安君作人质，才肯出兵。因为长安君是太后最喜爱的儿子，太后担心儿子遇到危险，起初坚决不同意。于是老臣触龙亲自进宫，劝说太后：长安君作为王室贵族，年纪尚小，对国家没有功劳，虽然现在有太后作为靠山，但太后一旦去世，长安君势必会被大家瞧不起；不如让长安君到齐国做人质，为国家立功，以后即使太后去世，国人也还会尊重敬佩长安君。触龙摆明利害关系，最终说服太后，同意送长安君到齐国作人质。齐国随后出兵，救了赵国。

齐国军队迷了路，大臣管仲是怎样带领大家走出“迷谷”的？

春秋时期，周朝在政治上的影响力已经减弱，各诸侯国展开激烈的争霸战。其中最有名的“春秋五霸”之一齐桓公对内改革、提升国力，对外提出“尊王攘夷”（尊重周朝的天子地位，抗击周边民族对中原诸侯国的侵扰）的口号，得到各诸侯国的支持，并通过一系列战争，成为当时的霸主。约公元前663年，北方游牧民族山戎攻打燕国，燕国向齐国求救。于是，齐桓公和大臣管仲率领军队出发，援救燕国。

齐国大军打败山戎，杀掉山戎首领后，大军凯旋，却由于不熟悉道路，误入当地一个叫“迷谷”的地方。这里是一片荒漠，大风一起，黄沙茫茫，齐国军队失去了方向，被困在原地。齐桓公非常焦急，与管仲商量。管仲思考后说：“离家很远的老狗都能找到回家的道路，那么老马应该也能认识原路。”于是派人在军马中挑了几匹老马，让它们走在队伍前方。在老马的带领下，齐国大军果然顺利地走出了“迷谷”。

作为军事家，管仲足智多谋，能够根据经验，运用动物天生辨别方向的能力，解决危机。“老马识途”有其科学原理，现代科学研究表明：马有惊人的记忆力。

晋文公与楚军交战，还没开打为什么就后退九十里？

“春秋五霸”之一的晋文公重耳在没有登基之前，由于晋国发生内乱，被迫在外流亡了19年。当他流亡到楚国时，楚国国君楚成王认为他历经磨难却没有失去志向，将来一定能成就大事，对他非常尊重，当作贵客款待。

有一次，楚成王在宴席上与重耳闲聊，无意中说：“如果你回到晋国，当上了国君，怎么报答我今天对你的恩情呢？”重耳答道：“如果我能回到晋国当上国君，今后晋国和楚国不幸在战场上相见，我一定让军队后退九十里，以报答您的恩情。”

后来，重耳果然回到晋国登基，成为晋文公。约公元前632年，晋国和楚国为了争夺中原霸权，兵戎相见。楚国大将成得臣派人向晋文公传话：“当年您说要后退九十里报答楚国的恩情，今天怎么兑现您的诺言呢？”晋文公认为应该兑现诺言，于是下

令军队后退九十里。楚军步步进逼，双方在城濮（在今山东鄄城）战场对峙。

决战当天，晋军针对楚军左右两翼薄弱的特点展开进攻。楚军遭受重创，溃不成军；楚成王大怒之下，下令让成得臣自杀。“城濮之战”使晋国成功战胜楚国，成为中原霸主。

古代的战车由几匹马拉？能坐几个人？如何作战？

春秋时期，使用马车作战非常流行。马车是木头做的，有一个长方形的车厢，一根轴承串起两个大轮子。车的前方有一个长长的车辕，用来拴住马匹。拉车的马通常是4匹，车上一般可以坐3个人。正常情况下，坐中间的是御者，就是驾车的“司机”；坐左边的人为车左，配备弓箭，负责射击敌人，还配有短剑，用于近距离格斗；坐右边的人为车右，配备长矛、戈等长兵器，负责远距离格斗，在车遇到阻碍无法前进时，车右还要负责下来推车。一辆战车周围通常还要配置一定的步兵。能够坐在战车上的人，一般都是有身份的贵族，在战场上属于指挥官级别。

战车作战，相距较远时用弓箭对射。两车逼近，就必须错车格斗。当时错车有共同遵守的规矩，就是都以己车右侧去迎对方来车的右侧，这也是车右负责使用兵器格斗的原因。

当时，战车的数量就代表一个国家的军事实力。如公元前632年的城濮之战，晋国一次出动战车多达700乘；而到春秋末期，一些大的诸侯国，如晋国和楚国，所拥有的战车数量已在4000乘以上。

秦国大将白起为什么要活埋40万赵国俘虏？

在现代战争中，不许虐待俘虏是国际公约，各国都应当遵守，否则就会受到全世界的共同谴责。但在古代，战争非常残酷，虐待甚至杀害俘虏，是经常发生的事。战国

时期，在一场战争中就有40万俘虏惨遭杀害，这便是“长平之战”。

约公元前262年，秦国出兵攻打赵国，赵军统帅为名将廉颇，他谋略丰富，把秦军拖了几年。但赵王却中了秦国的离间计，解除了廉颇的军权，换赵括去做前线统帅。与此同时，秦国也将前线统帅换为名将白起。白起是战国名将，足智多谋，久经沙场；而赵括虽然是赵国名将赵奢之子，却是个没上过战场、没有实战经验的纨绔公子。

约公元前260年，赵括到达前线，立刻改变廉颇坚守的策略，命令赵军向秦军发起进攻。秦军按照白起的计策，假装后退，将赵军引诱进包围圈。赵括丝毫没有意识到中计，仍旧全力冲锋。秦军埋伏的奇兵迅速出动，将赵国大军包围，切断赵军的粮食供给线。赵括在绝望中率精锐部队突围，一败涂地，自己也丧命于秦军乱箭之下。赵括死后，已彻底失去斗志的40万赵军便向秦军投降。

面对40万俘虏，秦军感到这支庞大的队伍难以驾驭，非常危险。于是，白起与秦国将领商议说：“赵国士兵反复无常，不全部杀掉，恐怕日后会成为灾乱。”于是用诡计把40万俘虏骗到深坑边，一夜之间将这40万人全部活埋。消息传回赵国，赵国几乎家家户户都有人战死，全国一片悲痛。

为什么秦国大将王翦出征时，不停地向国君写信要赏赐？

王翦（jiǎn）出生在秦国的军事世家，自幼学习兵法，上阵打仗，成年后担任将军，富有谋略。秦王嬴政登基后，王翦便被任命为秦军统帅，开始了灭六国的战争。

当秦军的作战矛头转向实力比较强的楚国时，秦王问王翦：“灭掉楚国需要多少军队？”王翦慎重地回答：“大概要60万。”而青年将领李信则说：“只要20万。”于是，秦王认为王翦缺乏锐气，任命李信为灭楚统帅。李信过分轻敌，被项燕率领的楚军打败。秦王这才知道王翦没有说错，亲自登门向王翦赔罪，并交给王翦60万大军，让他出征。

王翦出征前，对秦王说：“如果我立了功，请大王一定要多赏赐我田地房子。”秦王哈哈大笑，说：“老将军难道还担心贫穷吗？”王翦笑着说：“我想趁大王亲近我的

时候，多求点赏赐，为子孙留点财产。”秦王答应了。

王翦率领大军出发，沿途又多次写信，派使者回朝，向秦王请求赏赐。有人不解地问王翦：“您这样是不是太过分了？”王翦解释说：“大王年轻有为，但性格粗暴又不信任人。我率领60万大军出征，几乎带走了全国兵力，如果有人说我坏话，大王很容易怀疑我。我多向大王请求赏赐，他就会觉得我一心顾家，不可能造反，才能打消对我的怀疑。”

之后，王翦到达前线，采用以逸待劳的疲兵战术消灭了楚军主力，随后灭掉了楚国。

为什么韩信和项羽决战之前，要让士兵唱楚国的歌？

秦朝灭亡后，当时中国最大的两个军事集团，分别以西楚霸王项羽和汉王刘邦为首。为了消灭对方，他们之间进行了长达4年的战争，历史上把这段时期称为“楚汉争霸”。

刘邦本来军事实力不如项羽，但他善于联合当时的其他诸侯势力，又善于选拔人才，任命韩信为大将，实力逐渐壮大。公元前203年，项羽由于形势不利，向刘邦提出停战协议，约定以鸿沟（在今河南荥县）为界，互不侵犯。然而，协议订立后，刘邦认为不能与项羽讲信义，于是撕毁协议，追击撤退的楚军，终于在垓下（在今安徽灵璧）把项羽率领的楚军重重围困。

汉、楚两军在垓下对峙，一时胜负未分。汉军大将韩信想出了“四面楚歌”的计策：命令汉军士兵在夜晚唱起楚军故乡楚地的歌谣。楚歌一响，楚军士兵非常吃惊惶恐，对故乡倍感思念，愈加抗拒战争，士气低落，陆陆续续逃走。

项羽听到楚歌，以为楚地已经被汉军占领，也失去了作战的勇气。悲愤的项羽率兵连夜突围，不慎误入沼泽地，被汉军包围。项羽努力拼杀，来到乌江边上。这时，一名老人划着船让项羽坐船过河，回家乡去组织军队，再继续和刘邦抗衡。但项羽认为战士都牺牲了，自己无法面对父老乡亲，于是他也自杀了。至此，“楚汉争霸”结束，刘邦取得了最后胜利，统一了天下，建立了汉朝。

从现代军事学上讲，韩信的“四面楚歌”之计，是一种心理战术。心理战，就是运用心理学的原理和方法，从精神上瓦解敌军，削弱战斗意志，使其放弃抵抗，从而不战而胜或战而胜之。

汉文帝视察细柳营时遭到了“无礼”对待，却没有生气，这是为什么？

公元前158年，匈奴大举入侵。汉文帝任命刘礼、徐厉、周亚夫三人做将军，分别驻军灞上（今陕西西安东南）、棘门（今陕西咸阳东北）、细柳（今陕西咸阳西南）这三个地方，抵御匈奴。为了鼓舞士气，汉文帝亲自前往军营，慰问将士。到达灞上、棘门两个军营后，皇帝的仪仗队伍不用通报，直接开进军营，将军们都列队在两旁迎接，仪仗队伍走到哪里都自动放行。

汉文帝又来到细柳军营，然而，在这里，仪仗队伍被拦在了军营外。随从告诉守门士兵：“这是陛下亲自来视察慰问！”守门士兵却说：“周亚夫将军有令，在军中只听将军的命令，请陛下派人向将军通报，将军让我开门，我才能开门。”汉文帝只好让随从向周亚夫通报，周亚夫才命令打开营门迎接。

仪仗队伍进入军营，一名传令兵跑来传令：“周将军有令，军营之中，不许车马随便驰骋。”仪仗队伍只好老老实实、规规矩矩地一路走到大帐前。这时，周亚夫才穿着盔甲出来迎接，只向汉文帝拱手行礼：“陛下，我身在军中，不便跪拜，请陛下允许我以军礼参拜。”陪同皇帝来的大臣随从们都非常惊讶。

慰劳完毕，离开细柳军营，汉文帝感慨地对群臣说：“周亚夫才是真将军啊！灞上和棘门的军队，简直是儿戏一般。如果敌人来偷袭，恐怕他们的将军也要被俘虏了。只有周亚夫的细柳军营做到了军令如山，纪律严明，这样的军队才有战斗力呀！”

汉武帝真的是仅仅为得到汗血宝马而发动战争吗?

约公元前112年，汉武帝得到一匹汗血宝马，非常高兴，将其称为“天马”。当时，西域的大宛（yuān）国是汗血宝马的产地。为了得到更多汗血宝马，武装汉朝骑兵，汉武帝先派出了几百人组成的使团，带着一个用纯金制作的马模型，作为礼物，前往大宛国，请求交换几匹汗血宝马回汉朝。然而，大宛国王不愿与汉朝交好，拒绝了使者的请求。随后，在使团返回汉朝途中，大宛国王垂涎金马，派人打劫使团。剩下的随从逃回汉朝，将经过报告了汉武帝。汉武帝勃然大怒，为了维护国家尊严，公元前104年，命令将军李广利攻打大宛国。

李广利大军从都城长安出发，行军几千里后，到达大宛国，但出师不利，只得退回敦煌，等待时机。3年后，汉武帝再次命李广利率军出征。这时，大宛国发生政变，主张与汉朝和好的贵族杀掉了国王，另立新王。新王与汉朝讲和，允许李广利大军自选优质马匹数十匹、中等以下马匹3000匹，并约定以后每年向汉朝进贡两匹好马。

汉武帝出兵攻打大宛国，除了获得汗血宝马、维护国家尊严的目的外，还与当时西域形势有关。大宛国在西域称霸，影响了汉朝在西域的交流发展，因此，打败大宛国，还关系到打通西域交通要道，提升汉朝在西域诸国的影响力。

昆阳大战中，刘秀为什么能以少胜多?

公元8年，王莽掌握了大权，篡夺了汉朝的天下。然而，由于王莽政策不当，老百姓生活困苦，纷纷揭竿起义。著名的起义军有绿林军、赤眉军等。在这种背景下，一批汉朝皇族之后也参加了起义军。东汉开国皇帝光武帝刘秀就是其中之一。

公元23年，刘秀所在的绿林军拥戴西汉皇族刘玄做了皇帝，史称“更始皇帝”。更始皇帝派刘秀等将领攻占了昆阳（今河南叶县）。王莽听说这一消息，迅速调集由大将王寻、王邑带领的42万大军，包围昆阳，想要一举消灭绿林军。当时，驻守昆阳的绿林军只有9000多人，面对新朝的42万大军，绿林军将领恐慌不已，刘秀主张坚守，并自

告奋勇率领12名勇士，杀出重围，从附近的郾（yǎn）城（今河南漯河）等地搬来援军。

刘秀从援军中挑出1000多人组成先锋队，赶到昆阳，在离新朝大军不远处摆开阵势。王寻、王邑见刘秀军队人少，只派了几千兵士对阵。刘秀趁敌军还没有站稳阵脚，先发制人，向新朝大军的中坚部队冲杀过去。混战之中，新朝大军的大将王寻被刘秀军杀死。新朝军队听说主将被杀，士气低落，开始四下逃散。在绿林军的冲杀下，新朝大军一败涂地，士兵掉在水里淹死的都有上万人，当另一名大将王邑逃回京城洛阳时，42万大军只剩下几千人。

昆阳大战一举消灭了新朝大军主力，更加壮大了起义军声势。不久后，起义军攻入洛阳，杀死了王莽，新朝只存在了15年就灭亡了。

东汉将军马援为什么打了胜仗还不高兴？

东汉名将马援打了胜仗回到京城洛阳，友人孟翼向他表示祝贺。马援却不高兴，说："我希望您作为朋友，能够指出我的不足，促使我不断进步，可为什么您也只对我说好听的恭维话呢？"孟翼一时尴尬，不知说什么好。马援唯恐孟翼误解了自己的意思，进一步解释道："我这次虽然打了胜仗，但是北方的匈奴和乌桓还在侵扰边疆，我希望继续为国家效力，因此希望您作为朋友能够鞭策我。真正的男子汉，就应该战死在沙场上，用马皮裹着尸体回来埋葬，怎么能沉溺在安逸中，死在儿女身边呢？"孟翼这才明白马援的用意，由衷赞叹："将军真是大丈夫啊！"成语"马革裹尸"就是源自这里。

马援年轻时就胸怀大志，后来，他参加了新朝末年的起义军，成为刘秀的大将。公元48年，南方武陵五溪蛮（湖南一带的少数民族）暴动，将军刘尚孤军深入，结果全军覆没。这时，马援已经62岁了，毅然请命出征。马援率军到达前线，当地气候炎热，瘴气弥漫，士兵纷纷患上疫病，连马援也被传染。但每当敌人登上高山、鼓噪示威，马援都拖着重病之躯出来观察敌情。手下将士深为其精神所感动，不少人流下热泪。不久，马援病死在前线军中，实现了自己当年战死沙场"马革裹尸"的誓言。

"不入虎穴，焉得虎子"，班超准备与老虎作战吗？

班超是东汉时期著名的军事家、外交家。年少时，由于家境贫穷，班超不得不在官府里做一些抄写文书的工作，挣钱补贴家用。但是他胸怀大志，有时候忍不住把笔丢下，感慨道："男子汉在世，应该建功立业，怎么能让自己埋没在简单的笔墨文事之间呢？"不久，班超果然辞去了文书的工作，跟随将军窦固出征，实现了从文人生涯向军旅生活转型的第一步。班超作战勇猛，窦固非常欣赏，派他和另一名军官郭恂（xún）一起出使西域。

东汉初年，由于经过王莽时期的变乱，中原王朝对西域地区的影响有所减弱，很多西域国家都和汉朝断绝了关系，归附了匈奴。班超一行人先来到鄯（shàn）善国（在今新疆鄯善）。鄯善国王起初对班超一行非常热情，没过几天，却变得态度冷淡。班超经过打探，得知匈奴使者也到了鄯善，如果不及时采取行动，鄯善国王很可能会把班超等汉朝使者抓起来，交给匈奴人。于是，班超召集手下的36名随从，并说："现在我们处境危险，只有当机立断，才能保护自己，进而建功立业。'不到老虎的窝里，怎么可能捉到老虎崽呢？'我们必须冒险进攻匈奴使者！"当天夜晚，班超率领随从，悄悄来到匈奴使者营帐边，点火进攻，英勇作战，杀死匈奴使者。第二天，班超请来鄯善国王，把晚上发生的一切告诉他，鄯善国王非常震惊和恐惧。在班超大义凛然地劝说下，鄯善国王终于被汉朝的威严镇服，表示愿意归顺汉朝，并把自己儿子送到汉朝做人质。班超一战成名，立下大功，在西域威名远播。后来，他又收复了不少西域国，加强了汉族与西域各族的联系，立下大功，被皇帝封为定远侯，实现了自己的理想。

历史上的张飞如《三国演义》里写的那样是个"大老粗"吗？

看过《三国演义》的人都知道，蜀汉大将张飞，豹头环眼，络腮胡须，手持一支丈八蛇矛，勇猛无敌。按照《三国演义》的说法，张飞最早是个屠夫，和刘备、关羽桃园三结义后，为刘备打天下；他性格暴躁鲁莽，做事经常有勇无谋，甚至犯过不少错误，

比如喝醉酒责打下属以致丢失城池等。

其实，历史上的张飞和小说里的张飞有很大不同。历史上的张飞，有勇有谋，具备一定的文化修养。

据《三国志》等史书记载，张飞出生于涿郡（今河北涿州）的一个豪门大族家庭，受过良好的教育。张飞和关羽很早就追随刘备，是刘备开创基业的功臣。张飞在当时以勇猛闻名，曾在当阳（今湖北当阳）长坂坡与曹操大军对峙，大喝一声："张飞就在这里，谁敢上前来决一死战！"敌人没一个人敢上前交战。在刘备进攻西川（今四川一带）的战役中，张飞用计谋打败并俘虏了西川将领严颜。严颜宁死不屈，张飞反而对其非常敬重，亲自为他松绑，最终收服了严颜，可见张飞做事并不粗鲁。在刘备与曹操争夺汉中的战役中，张飞又巧妙地利用地势，打败曹操手下大将张郃，也可见张飞在战斗中很有谋略，不是有勇无谋的匹夫。

由于史书记载有限，世人所了解的张飞大多是《三国演义》里的张飞，在这种情况下，张飞"大老粗"的形象就比他真实的历史形象要出名得多了。

为什么赤壁之战中，曹操的兵力占优势，却输给刘备和孙权？

东汉末年，军阀混战，最后只剩下了曹操、刘备、孙权这几个较大的军事集团。公元208年，曹操率军南下，准备一举消灭刘备、孙权，统一中国。面对曹操的大举进攻，孙权、刘备联合起来，共同抵抗。双方实力悬殊，曹操有20万大军（对外号称80万大军），而孙刘联军只有约5万人。然而，曹操方面却有致命的弱点：第一，曹操大军远道而来，士兵疲惫，而孙刘联军却士气正旺；第二，曹操的士兵大部分是北方人，不识水性，而孙刘联军都是南方本地人，占据地理优势；第三，曹操的士兵因为不习惯南方气候，已经开始传染瘟疫，战斗力低下。

曹操和孙刘双方大军在赤壁对峙。曹军因为士兵不习惯坐船，把战船都用木板缆索连接起来，方便士兵在上面行走，不至于晕船。但这也造成了战船行动不便。针对曹军的这一弱点，孙刘联军一方采取了火攻的计策。孙权手下的大将黄盖假装向曹操

投降，率领装有易燃物品的小船，顺着风向驶向曹军，等靠近之时，便点燃小船。大火很快引燃了曹军的战船，从水面烧到岸上，曹操大军陷入一片火海。孙刘联军趁机进攻。曹操见大势已去，只好撤退。赤壁大战成为古代历史上著名的以少胜多的战役。

诸葛亮真的摆过“空城计”吗？

《三国演义》里，蜀汉丞相诸葛亮由于错用了说大话的马谡（sù）做大将，在与魏国的交战中失利，丢失具有重要战略位置的街亭（在今甘肃天水），魏国主帅司马懿率军杀来。当时，诸葛亮的主力部队不在身边，于是诸葛亮冒险打开城门，让军士洒水扫地，自己在城楼上焚香弹琴，装出一副镇定自若的样子，让疑心重的司马懿误以为城中埋伏了千军万马。就这样，诸葛亮吓跑了司马懿的大军。

“空城计”的故事非常有名，还被编成了戏曲。然而，真实的历史上，诸葛亮并没有摆过“空城计”，倒是有很多其他将领用过这一招。

西汉时期，李广率领100多名骑兵追击匈奴散兵，不料却在半路上遇到了几千人的匈奴大部队，敌众我寡，形势非常危急。李广分析说：“我们只有100多人，如果逃跑，匈奴肯定会追杀我们；如果我们按兵不动，敌人肯定会疑心我们后方也有大部队，不敢贸然进攻。”他命令士兵全部下马休息，卸下马鞍，让马匹自由吃草，装出一副若无其事的样子。匈奴军队观察了很久，以为李广肯定在附近埋伏了大军，始终不敢进攻。僵持到夜晚，匈奴军队撤退了，李广等人安全返回了营地。

东吴名将陆抗为什么敢喝敌军将领送来的药？他不怕被敌人暗算吗？

吴国名将陆抗出生在军事世家，他的父亲就是火烧连营打败刘备大军的东吴名将陆逊。陆抗自幼学习兵法，长大后便继承父亲爵位，担任吴国大将，镇守荆州前线。

公元263年，蜀国被魏国灭亡。公元266年，晋武帝司马炎废掉魏国皇帝，建立晋朝。三国中只剩下吴国。晋武帝一心想要统一天下，派名将羊祜（hù）担任前线统帅，做好伐吴准备。

羊祜到达前线后，观察军情，分析形势，发现吴国皇帝孙皓残暴昏庸，但作为吴军前线统帅的陆抗却有勇有谋，认为伐吴的最佳时机还没有来到。于是，他与陆抗主动友好往来，并不挑起争端。陆抗也认为，吴国实力弱小，不能与晋朝抗衡，更不能主动挑起战争。在羊祜、陆抗两位名将的共同努力下，晋军和吴军在前线始终保持了一种相对和平的状态。

有一次，陆抗生病，羊祜得知消息后，立即派人送药过来，并带话说："这是我最近自己配制的药，还未服用，听说您病了，就先送给您吃。"吴军将领纷纷劝阻陆抗，怀疑其中有诈。陆抗笑道："羊祜不是下毒害人的人啊！"毫不怀疑地服下药，不久后病就痊愈了。

陆抗和羊祜的"和平军事外交"被后人称为"羊陆之交"。军事并不意味着随时随地都是血淋淋的残酷场面，军事也是需要文明的。陆抗和羊祜的行为，避免了两国之间不必要的冲突。

吴国据有长江天险，西晋大将杜预为什么认为打败吴国非常容易？

公元278年，镇守荆州前线的西晋将领羊祜去世。在羊祜的推荐下，晋武帝任命大将杜预担任前线统帅。这时，吴国内政外交一片混乱。杜预来到前线，认为此时正是起兵伐吴、统一天下的好时机，于是向晋武帝提议伐吴。公元279年，晋朝正式出兵伐吴。

杜预率领大军出击，很快攻占了吴国的江陵（今湖北江陵），接着继续配合其他几路晋军，攻打吴国都城建邺（今江苏南京）。由于战争时间长，军中有人对进军产生了畏难情绪，向杜预提出，天气转热，雨水增多，北方士兵不服水土容易感染疾疫，

应该等到冬天再继续进军。杜预不同意这种看法，召集将领开会，分析战争形势，说："现在我们接连取胜，士气旺盛，正需要一鼓作气。打仗好比劈竹子，只要劈开头上几节，下面的就会迎刃而解了。"而西晋的另一位大将王濬，则率军从西川顺流而下，进攻吴国。在晋国大军的夹击下，公元280年，吴国灭亡，三国分裂的局面正式结束，晋朝统一中国。

杜预虽然是当时著名的军事统帅，却不是一位猛将。史书记载，他几乎没什么武艺，连骑马都不会，射箭技术也很糟糕。但是他熟知兵法，富有军事谋略，因此每有军事活动，朝廷都要召他参谋规划。他精通儒家典籍《左传》，又懂得天文、地理、法律、音乐、文学等各种知识，被当时人称"杜武库"，意思是他肚子里的知识像兵器库一样，里面什么都有。

西晋大将马隆为什么要将许多磁石摆放在战场上？

中华民族是世界上最早认识磁石特性的民族之一。古代的"磁"字写作"慈"字，因为古人认识到了磁石可以吸铁的特性，认为磁石就像慈母把孩子吸引到身边一样。古代有一位叫马隆的将军利用这一特性，用磁石打败了敌人。

西晋时期，凉州（今甘肃武威）地区作为国家西部边境，经常受到鲜卑、羌等游牧民族侵扰。大将马隆看到这种情况，向晋武帝司马炎主动请缨，请求去镇守边境。晋武帝便任命马隆为武威太守，负责西部边境的防守。

马隆到任后，招募3000射箭高手，与前来侵袭的鲜卑等部落展开交战。在一次作战中，因为战场在山谷，马隆让人搬了很多磁石事先摆放在战场上，给己方士兵穿上犀牛皮做的铠甲。敌方士兵穿着铁制铠甲，一到战场就被磁石吸住，动弹不得，马隆指挥士兵冲杀，大获全胜。不久，在马隆的努力下，西部边境的游牧民族纷纷降服，凉州地区也安定和平。后来，朝廷将马隆调走，继任的官员没有马隆的威望，游牧民族便准备发动叛乱。朝廷不得不重新将马隆调回，继续让他镇守边疆。最后，马隆病逝于任上。

前秦皇帝苻坚吃了什么败仗，以致紧张得把树木误认为敌军？

约公元382年，前秦基本上统一了北方。公元383年，前秦发兵90万攻晋，皇帝苻（Fú）坚亲自出征，意图统一中国。当时，很多大臣都认为国内局势并不十分稳定，时机不够成熟，因此纷纷反对出兵。苻坚却一意孤行，率军出发。

东晋方面，皇帝幼小，宰相谢安掌握政局。面对前秦气势汹汹的攻势，他果断任命家族名将谢石、谢玄等人担任前线将领，抵抗前秦军队。

苻坚率军到达寿阳（今安徽寿县），派部下朱序到东晋大营去劝降。然而，朱序本来是东晋将领，因战斗失利被迫投降前秦，内心却忠于东晋。他到达东晋军营后，不但不劝降，反而向谢石等人提供了前秦军的机密，两军分别在淝水两岸驻扎对峙。这时，谢玄派使者去见前秦大将、苻坚的弟弟苻融，用激将法说："秦军紧逼淝水布阵，是准备和我们打持久战吗？如果你们敢稍微退后一点，让我们晋军渡河过来，跟你们决一死战，这样不是更好吗？"秦军很多将领都表示反对，但苻坚、苻融却高估自己的实力，下令部队后撤。

然而，秦军内部本不团结，一开始后撤，很多士兵就开始逃跑，秦军顿时失去控制，阵势大乱。这时，谢玄率晋军抢渡淝水，发起猛攻。秦军前锋溃败，后续部队逃跑，几十万大军彻底崩溃。在逃跑的途中，苻坚等人惊慌失措，看到漫山遍野的树木，听到刮风和鸟叫夹杂的声音，都以为是晋军追来。等苻坚逃回洛阳，90万大军已经只剩下10多万了。

南北朝的一位将军打仗的时候为什么要戴上面具？

古代军人上战场要戴头盔，用来保护头部不受伤害。然而，南北朝时期，有一位将军更特别，他上战场，不仅要戴头盔，还要戴面具。

他的名字叫高长恭，是北齐皇帝高澄（没有实际当过皇帝，追封的皇帝称号）的

第四个儿子，被封为兰陵王。他长相如女子一样柔美，却并不是纨绔子弟，而是经常上阵杀敌，非常英勇。然而，敌军看到他的样貌，常常嘲笑和轻视他。高长恭非常愤怒，为了震慑敌人，他让人给自己做了一些面目狰狞的面具，每次上战场时，就戴在脸上。敌人见他这副模样，以为是妖魔鬼怪，士气大减，而高长恭则更加勇猛地杀敌，所向披靡。

公元564年，北齐与北周发生战事。洛阳城被北周大军包围，眼看就要失守。危急关头，高长恭戴着面具，率领500名精壮骑兵，奋勇杀入北周大军重围，一直杀到洛阳城下。洛阳城里的北齐守军看到援军到来，却不敢轻易开门。高长恭便摘下面具，让城里守军看到自己的真面目，北齐守军看见是高长恭，都欢呼起来，立即打开城门，和城外援军会合，杀得北周军队一败涂地。这一次大战史称“邙山大捷”，高长恭功劳巨大，威名远扬，将士们都非常崇敬，于是便作歌编舞以传颂他的功绩，这支舞就是《兰陵王入阵曲》。

唐朝大将秦琼和尉迟恭为什么成了“门神”？

过年时，家家户户都要在门上贴“门神”。“门神”其实是两张画，画上分别是两位威风凛凛的武将，据说，他们可以把妖魔鬼怪挡在门外。而这两位武将是历史上真实存在的人物，他们就是唐朝名将秦琼和尉（yù）迟恭。他们俩都是唐朝的大将，追随唐高祖李渊、唐太宗李世民，为建立唐朝立下了汗马功劳。

秦琼和尉迟恭作战勇猛，武艺高强，在当时都非常有名。据传，秦琼跟随李世民攻打洛阳城时，把一杆长枪插在城外的泥土中，十几个敌方士兵冲出城来，一起用力，想要拔出这杆长枪，但长枪纹丝不动，依然稳稳地插在泥土当中。秦琼只伸手一拔，就轻松将长枪拔了出来，握在手中昂然离去。在场的双方将士都目瞪口呆。尉迟恭曾跟随李世民攻打军阀窦建德，李世民看到敌军中有一员大将骑着一匹好马，赞叹了一句，尉迟恭二话没说，当即率几名勇士杀入敌军阵中，俘虏了那名大将，把好马牵到了李世民面前，敌军中没有一个人能够阻拦他。

这两位将军又是怎么成为“门神”的呢？据道教的说法，李世民做皇帝后，有一次生病，听到寝宫门外有妖魔鬼怪嚎叫，让他日夜不得安宁。于是秦琼和尉迟恭自告奋勇，说：“我们俩身经百战，不怕鬼怪，愿意晚上守在寝宫门外，卫护陛下安宁。”夜里，两位将军便身穿盔甲，手持兵器，守在唐太宗寝宫门外，果然平安无事。这样几个晚上下来，唐太宗觉得两位将军非常辛苦，便让画工画了两位将军的画像贴在门上，也起到了同样的效果。这个故事流传开来，老百姓便纷纷效仿，将两位将军的画像当作“门神”，用来驱邪压鬼。

薛仁贵武功很高吗？他为什么能“三箭定天山”？

薛仁贵是唐朝著名军事家、政治家，他年轻时家境贫寒，但天生力大，武艺高强。成年后，他便参军，开始了在军旅建功立业的生涯。

公元645年，唐太宗率兵出征高句（gōu）丽（lí）（唐朝时期中国东北和朝鲜半岛上的古国）。两军交战时，薛仁贵身穿白衣，手持方天画戟，腰间挎着两张弓，一个人冲入敌人阵中，杀得敌军七零八落。唐太宗远远望见薛仁贵英勇无畏的英姿，非常惊喜，战后立即提拔他做了将军。

公元661年，铁勒（唐朝西北的少数民族政权）与唐朝发生战争。唐高宗李治任命薛仁贵为大将出征。临行前，唐高宗设宴饯行，对薛仁贵说：“听说你射箭很厉害，古代有人可以一箭穿透七张木片，你能不能射穿五副铠甲？”薛仁贵立即下场，摆好铠甲，一箭射去，五副铠甲应弦射穿。唐高宗非常高兴，当即重赏薛仁贵。

薛仁贵出征，到达前线天山（今蒙古国境内杭爱山），铁勒军队派出几十名勇士挑战。薛仁贵出阵，连发三箭，射死其中三人，其余铁勒勇士大惊失色，被薛仁贵的勇武震慑，下马投降。薛仁贵趁机进攻，大败铁勒，活捉了铁勒首领兄弟三人。由于薛仁贵在这场战役中的卓越表现，军中将士还为他的功劳编了歌谣传唱：“将军三箭定天山，壮士长歌入汉关。”以表达对他的敬仰之情。

俗话说“程咬金三板斧”，历史上的程咬金真的只会“三板斧”吗？

程咬金是中国民间故事中很有名的一位大将。传说他年轻时家里很穷，卖过私盐，坐过牢，后来参加了隋朝末年的农民起义军，武器是大斧，只会三个招式，人称“程咬金三板斧”，依旧杀得敌人屁滚尿流，还做过“混世魔王”，最后成为李世民的手下将军。这些事迹被写进小说、评书，还多次被搬上过电视荧幕。事实上，除了最后为李世民效力这一点是真的，其他情节都是虚构的。

程咬金出身于贵族家庭，家境富裕，从小习武，骑术很好，用槊（shuò，长矛）作为武器。当时，隋炀帝荒淫残暴，百姓生活困苦，纷纷起义反抗。程咬金眼见隋朝快要灭亡，也参加了由李密率领的瓦岗起义军。由于程咬金勇猛善战，李密让他担任了亲卫队队长。在一次战斗中，程咬金为了救战友，被敌人的长矛穿透身体，他强忍剧痛，回身将刺入身体的长矛折断，还冲上去杀掉了偷袭的敌人。从此，程咬金的勇武之名传遍天下。

瓦岗起义军失败后，程咬金又投奔了当时的另一个军事领袖王世充。但由于王世充猜疑心重，不信任外来降将，最终程咬金主动离去，归附了唐朝，被李世民收为部下。李世民知道程咬金是位勇将，非常器重他；程咬金也知恩图报，奋勇作战，先后跟随李世民击败了王世充、宋金刚、窦建德等多个军事势力，最终帮助李世民统一了天下。

宋朝的士兵脸上为什么要刺字？

读过《水浒传》的读者都知道，东京禁军教头林冲，因为得罪了奸臣高俅，被陷害下狱，最后被判刑充军，在脸上刺了字，成为他的终身耻辱。充军，就是发配边疆当兵。宋朝的士兵在脸上刺字，是当时的一种风气。

五代十国时期，由于战乱频繁，很多军阀强行抓老百姓当兵，致使逃兵很多。为

了禁止士兵叛逃，军阀发明了在士兵脸上刺字的方法，用来标明军人身份，便于严格管理。之后的宋朝继承了五代十国的这一风气，也在士兵脸上刺字。刺字一般是在脸颊、额头、手背等身体部位，内容主要是军队的番号。宋朝对于罪犯，也往往通过刺字表明他们的身份，而且将罪犯从军作为军队士兵的来源之一。因此，宋朝士兵刺字，成为一种常见现象。

北宋著名大将狄青脸上也有刺字。狄青年轻时，因为哥哥和人打架犯法，他替哥哥顶罪，于是被判刑发配从军，脸上被刺了字。他参军后，英勇善战，后来当上了将军，多次充当先锋，率领士兵夺关斩将。

北宋宰相寇准为什么强迫皇帝上战场？

北宋时期，北方的辽国是宋朝最大的威胁。公元1004年，辽国皇帝辽圣宗耶律隆绪和萧太后亲自率领大军南下，很快打到宋朝边境定州（今河北定州），俘虏了好几名宋朝大将。消息传到宋朝京城汴京，举国震惊。宋真宗赵恒畏惧辽军的攻势，甚至想迁都避难，但寇准态度坚决，硬是逼着皇帝做出了御驾亲征的决定。

这时，辽军已经打到了澶（chán）州（今河南濮阳），离汴京已经很近，形势非常危急。于是寇准就和另一位大臣高琼商议，强迫皇帝上前线，以鼓舞广大将士的斗志。

高琼命令卫士推着宋真宗的车向前线进发，渡过浮桥，到达澶州北城城楼。当皇帝的旗帜在城楼出现时，城上城下的将士和百姓受到了莫大的鼓舞，齐声欢呼。战乱中辽军大将被射死，辽军的士气也因此大大受挫。

在这种情况下，辽国皇帝和太后改变策略，决定和宋朝讲和。

辽国使者来到澶州城内，向宋真宗转达了讲和的意愿。宋朝和辽国达成和约：两国结为兄弟之国；宋辽两国以白沟河（在今河北保定）为国界；宋朝每年向辽国提供白银十万两、绢二十万匹等。历史上把这个和约称为“澶渊之盟”。

“澶渊之盟”中，虽然宋朝有所吃亏，但自从和约订立后，两国遵守约定，互不侵犯，近百年再也没发生过战争，两国老百姓都过上了相对和平安宁的生活。

为什么"靖康之耻"中北宋皇帝宁可迷信"天兵天将"，也不信任会打仗的将军？

公元1115年，女真族建立金国政权。公元1125年，金国灭亡辽国。灭亡辽国之后，金国立即将宋朝看作敌国，准备灭亡宋朝。

这时，北宋皇帝宋徽宗赵佶昏庸无能，任用奸臣，统治腐朽黑暗，由于不敢承担责任，他就把皇位让给儿子宋钦宗赵桓，自己躲在深宫中。

宋钦宗任命著名抗金大臣李纲为主帅。李纲迅速组织军队和老百姓，奋勇抗敌，打退了金军。然而，金军撤退不久，同样昏庸无能的宋钦宗，把刚立下大功的李纲赶出了汴京。

公元1126年，金军卷土重来，把汴京重重包围，猛烈攻城。这时，李纲身在外地，朝中已没有得力的大臣主持大局。

这时，有个叫郭京的人，说自己能够请来天兵天将战胜金军，消灭金国。宋徽宗、宋钦宗竟然相信了郭京的鬼话，立即授予郭京官职，让他请天兵天将来助战。郭京打开城门，假装做法，实则逃之夭夭。然而，城门来不及关闭，金国大军趁机冲杀进来，汴京失守。宋徽宗、宋钦宗两个皇帝成了金军俘虏，北宋灭亡。这是宋朝历史上的巨大耻辱，人们把这一事件称为"靖康之耻"（"靖康"是宋钦宗的年号）。

"靖康之耻"之所以会发生，最大原因就在于宋徽宗、宋钦宗两个皇帝的昏庸无能。首先，父子俩信任奸臣，政治黑暗，老百姓生活痛苦，为北宋灭亡埋下祸根；其次，父子俩胆小懦弱，不敢组织军队抗击金国，而是一味投降求和，丧失了很多作战时机；第三，在最关键的时刻，父子俩竟然糊涂愚昧到相信天兵天将会来帮忙，让一个骗子出城迎战，直接导致了汴京沦陷。可以说，这两个皇帝被俘，完全是咎由自取，罪有应得，然而，汴京的老百姓却因此遭受了巨大的战争灾难。

岳飞为什么要故意把敌方的间谍认作自己人?

公元1128年，金国灭亡北宋不久，为了巩固统治，在北宋沦陷区建立了一个“大齐国”（历史上称作“伪齐”），扶植北宋降臣刘豫做了傀儡皇帝。伪齐成为金国的下属，经常和金国合伙出兵侵略南宋。著名抗金将领、军事家岳飞对伪齐的行为非常愤怒，决心要除掉刘豫这个叛国奸贼。

公元1137年的一天，岳飞的部下抓住了一名金国的间谍。岳飞想了个反间计，亲自审问这名间谍。

一见面，岳飞装作认错了人，对间谍说：“你不是张斌吗？”那名间谍一愣，为了保命，没有开口，低头假装默认。岳飞见间谍中计，进一步说：“前些日子，我派你给刘豫送信，要他设法把兀术（zhú）引诱出来。没想到你半路失踪了。我已经又派了人去联系，刘豫已经答应，到冬天把兀术引出来，和我共同夹击他。你现在既然回来，就再替我送封信给刘豫。”

岳飞说的这番话，其实全是编的，根本没有这回事，目的就是为了引间谍落入圈套。那名间谍果然信以为真，以为自己既保住了命，又无意中得到了军事机密，连连答应送信。岳飞马上写了一封信，内容是宋朝军队和伪齐军队暗中联合，攻打金国的计划，把信交给了间谍。

间谍回到金国，把信交给金国皇帝，详细讲述了自己在岳飞那里的见闻。金国皇帝早就对刘豫不满，这下更是十分生气，认为刘豫吃里爬外，立即命令兀术带兵前往伪齐，抓住刘豫，废掉了他的皇位，把伪齐重新收编为金国的土地。

就这样，岳飞用一出“反间计”成功地除掉了刘豫这个投降外敌、背叛祖国的罪人。

为什么成吉思汗的蒙古大军几乎所向无敌?

公元13世纪，草原上崛起的蒙古帝国，先后灭掉西夏、金、大理等国，一举攻破南宋，统一中国，建立元朝。蒙古大军所向披靡，是一支训练有素、纪律严明、战术灵

活、智勇兼备、令人生畏的部队。

蒙古军队的强大，首先归功于蒙古帝国的建立者成吉思汗。他把蒙古草原上原先分裂的部落统一成一个团结的部族，并建立了严密的军事制度。因此，蒙古军队士气旺盛，战斗力很高。

蒙古骑兵是蒙古军队的主力部队，拥有强大的战斗力。首先，骑兵作战所用的蒙古马，品质优良，不论严冬酷暑都生活在野外，耐力很强，士兵作战时一般不带马匹饲料，因此，蒙古骑兵不需要庞大的后勤供应，具有极强的灵活机动性。其次，蒙古骑兵依靠弓箭作战。当时，蒙古战士的弓，拉力在50公斤到75公斤之间，这种弓射出的箭射程可达300米，在箭上装备锋利的金属箭头，能穿透最厚的盔甲。再次，蒙古人在作战中善于运用计谋和策略。作战时，蒙古骑兵一般采取类似围场打猎的策略，由轻骑兵掩护，重骑兵冲锋，然后从两翼包抄，最后将敌人完全包围并彻底歼灭。

除了骑兵之外，蒙古军队还有一个重要的兵种——炮兵。这种炮其实是一种巨型投石机，是蒙古人从西域回族那里引进的兵器。投石机投出的巨石，能够有效地摧毁坚固的城墙。

人们常说：“前朝军师诸葛亮，后朝军师刘伯温。”刘伯温真的和诸葛亮一样神机妙算吗？

历史上真实的刘伯温，运筹帷幄、决胜千里，为朱元璋建立明朝立下了不朽的功绩。元朝末年，朝廷黑暗腐朽，摇摇欲坠。元朝末年的起义军领袖朱元璋为了推翻元朝，到处招揽人才。听说刘伯温很有才能后，朱元璋把他请来，拜为军师，为自己出谋划策。南征北战的过程中，刘伯温不仅为朱元璋制定了有效的战略方针，还陪朱元璋赴前线指挥，展现出了高超的军事水平。

朱元璋与另一个军事集团的陈友谅展开大战，当时，朱元璋的实力不如陈友谅，很多人都主张投降或逃跑。朱元璋征求刘伯温的意见，刘伯温坚定地说：“主张投降或逃跑的人，都应该被惩罚。我们应该利用陈友谅自以为强大这个弱点，打他个措手不及。”随后，两军在鄱阳湖发生激战。刘伯温陪在朱元璋身边指挥，忽然发现水鸟乱飞，预知是敌人在向己方开炮。千钧一发之际，他立即拉着朱元璋转移到另一条船上，还没等坐好，先前的那条船就被敌人的炮火打得粉碎。刘伯温凭借细致的观察和敏锐的反应救了朱元璋一命。在刘伯温等人的协助下，朱元璋打败了众多敌人，最后统一中国，建立明朝。

“土木堡之变”为什么让明朝皇帝成了俘虏？

在古代，君主是一个国家的象征，代表着国家的形象与尊严。君主当了俘虏，不能不说是一件非常丢人的事情。在明朝，明英宗朱祁镇昏庸无能，却又自不量力，想表现自己的勇敢，亲自上战场，结果打了个大败仗，被敌人俘虏，成为明朝历史上的一大耻辱。

公元1449年，元朝的残余势力——瓦剌部首领也先率领大军，大举南下，想打败明朝。瓦剌军队一路杀来，沿途明朝将领阵亡多人。军情传到明朝首都北京，太监王振极力怂恿明英宗御驾亲征。明英宗轻信了王振的话，决定亲自率兵出征。

就这样，明英宗和王振率领50万大军从北京出发，前往大同（今山西大同）迎战瓦剌军队。也先得知明军动向，假装撤退，设下埋伏，引诱明军深入。行军途中，不懂军事的王振自以为是，擅自改变行军路线，胡乱指挥，最后，明朝大军在土木堡（今河北怀来）陷入瓦剌军队的包围。瓦剌军队切断明军水源，使明军断水，明军士气低落，战斗力锐减。王振又乱下命令，让全军出发寻找水源，明朝军队一时间人马乱窜，一片混乱。瓦剌军队趁机对明军发起猛攻，杀得明军一败涂地，明朝将领50多人都在混战中阵亡，明英宗也在混乱中与皇帝护卫队失散。愤怒的护卫队长樊忠抓住王振，说：“我今天要为天下除害！”用铜锤将这个导致战争惨败的罪魁祸首打死。而明英宗躲在草丛中，最后被瓦剌军队发现，成了瓦剌的俘虏。历史上把这场战役称为“土木堡之变”。

戚继光曾用大竹竿杀倭寇，是因为没钱造武器吗？

在戚继光指挥的抗倭战斗中，有一种特别的武器——狼筅（xiǎn）。狼筅，就是南方生长的毛竹，把顶端削尖，保留四周尖锐的枝丫。戚继光让士兵用狼筅杀敌，并不是因为缺少经费，而是他细心观察，针对倭寇特点，发明了这种“特殊武器”。

为了组建一支强有力的军队，戚继光从浙江沿海一带的矿工中招募了很多为人老实、力气大、个性勇悍的人当兵，同时，又精心设计了一种阵法“鸳鸯阵”，用来训练军队，对付倭寇。

“鸳鸯阵”以12人为一队。最前面的人是队长；其次是2名手持盾牌的士兵，负责防御；接下来就是2名手持狼筅的士兵，负责冲锋；再后面是4名手持长枪的士兵，负责配合盾牌手和狼筅手作战；最后是2名手持镗钯（古代兵器，形状像叉子）的士兵，负责警戒和支援。还有1名负责炊事的火兵，一般不上阵。因为当时倭寇的主要武器是长枪和刀，擅长近距离作战，而狼筅竹节枝丫层层岔开，能挡住长枪刺入，也不容易被刀砍断，使用时也不需要很高超的武艺，只要力气大就行，因此在交战时，能够掩护队友，把倭寇扫倒，让其无法发挥近距离作战的特长。鸳鸯阵讲究分工明确，整体配合，可随地形和战斗需要而不断变化，机动灵活。明朝军队通过演练鸳鸯阵，明确了合作意识，提高了整体战斗力。

明朝大将袁崇焕是怎样保卫北京的？

公元1616年，女真族首领努尔哈赤建立后金政权，正式脱离明朝的统治，成为明朝的敌国。当时，为了对付女真族的威胁，明朝在东北一带部署了大量军队，明军大将袁崇焕便是后金政权的劲敌。袁崇焕英勇无畏，善于指挥，多次在战争中取得胜利，遏制了后金对明朝的攻势。

公元1626年，努尔哈赤去世，其子皇太极登基。皇太极深知袁崇焕是最大的敌手，于是改变了进攻策略，率军避开袁崇焕驻守的辽东，从蒙古绕道，向明朝首都北

京发起进攻，不到一个月时间，长驱直入，直逼北京城。袁崇焕得知消息，率领军队，日夜追击，马不停蹄，沿途对皇太极进行阻截，终于赶在后金军到达北京城下的前一天到达北京，布下防御。第二天，“北京保卫战”打响了。

皇太极亲自率领后金几名皇族大将，进攻北京德胜门。后金军队与明朝军队相互用大炮轰击，继而展开肉搏战，双方死伤惨重，但明军抵挡住了后金军的进攻，城门没有被攻破。同时，后金大将莽古尔泰率军进攻北京广渠门。广渠门由袁崇焕亲自把守。双方激战，袁崇焕亲自上阵，身先士卒，身中数箭，仍然拼命杀敌。他的精神大大鼓舞了明军将士，明军士气倍增，将后金军击败，追赶到运河边。后金军急于渡河逃命，无数人淹死在河里，被迫在北京远郊驻扎。袁崇焕又派出500名火炮手，悄悄前往后金军大营，离大营一里地左右，四面攻打。后金军不知敌人来自何方，一片混乱。皇太极不得不把主力部队撤回自己的根据地辽东。至此，袁崇焕组织的“北京保卫战”取得了胜利。

雍正皇帝为什么要设立军机处？是为了指挥作战方便吗？

我们看有关清朝的影视剧时，经常能听到一个词——军机处。从字面意思来看，军机处就是处理军事机密的地方，而在历史上，“军机处”的诞生也的确和军事有关。

公元1726年，青海地区的蒙古准噶尔部发生叛乱。清朝雍正皇帝为了不让军事机密泄露，秘密命令几名大臣在紫禁城内的一处小房子进行军事筹备。公元1729年，清朝正式出兵平叛。雍正皇帝在紫禁城的隆宗门内正式设立“军需房”，以处理紧急军务。公元1732年，“军机处”的名字得到正式确认，并成为拥有独立办事权力的政府部门之一，专门负责指挥西北一带的战事。

由于指挥军事的关系，军机处的办事效率非常高。皇帝一旦做出决定，军机处就要把命令通过驿站迅速直接地传达到具体部门或个人，减少了很多中间环节，大大加快了办事速度。

战事结束后，雍正皇帝没有解散这个临时机构，而是不断加强，军机处的权力逐

渐超越了其他政府部门，成为清朝的政治核心。

后来，军机处负责全国军政事务，包括文武官员的任用、军事政策的制定、皇帝诏书的草拟等。军机处实际上就是皇帝的私人秘书处，真正的决策权牢牢掌握在皇帝一个人手中。军机处的出现，意味着中国封建王朝的中央集权达到了顶峰。

左宗棠是怎样力排众议、收复新疆的？

清朝末年，清政府腐败无能，外国列强纷纷欺压中国。新疆陷入被英国、俄国瓜分的境地。

这时，清政府内部对是否收复新疆存在很大分歧。以李鸿章为首的大臣认为应该放弃新疆，主要做好东南沿海的防御；而大臣左宗棠则力排众议，认为应当收复新疆，他还专门给皇帝写信，讲述了新疆对中国的重要性。在左宗棠的努力下，清政府下决心派兵收复新疆，任命左宗棠担任主帅，率军收复新疆。当时，左宗棠已经64岁了，他命人抬着一副棺材出征，以表示不收复新疆就不活着回来的决心。

公元1876年，清朝军队发动进攻，收复乌鲁木齐（今新疆乌鲁木齐），接着又攻克玛纳斯（今新疆玛纳斯），平定了整个北疆地区。公元1877年，左宗棠兵分三路，进军南疆。清军先后攻克达坂、托克逊、吐鲁番等地，夺回了南疆这一重要军事要塞。

这时，英国侵略者想负隅顽抗。左宗棠毅然指挥大军前进，以势如破竹之势，收复南疆大部分地区，沉重打击了侵略者。俄国一看清政府收复新疆态度坚决，于1881年与清朝签订《伊犁条约》，同意向清朝归还伊犁地区。左宗棠收复新疆的战役取得最后胜利，粉碎了英国、俄国企图吞并新疆的阴谋，有力维护了中国统一。

古人的足球是用什么材料做成的?

类似足球的活动在古代称为蹴鞠(cùjū),又叫蹋鞠。有确切记载的蹴鞠运动出现于战国时期的齐国临淄(今山东省淄博市)。汉武帝时,霍去病将军奉命远征塞外,在打仗的空闲时间,他便率领战士们修筑球场比赛蹴鞠,以此来鼓舞士气。在汉代,蹴鞠不仅是军事训练的重要项目,也是军事检阅项目,是立秋军队大阅的主要内容之一。

汉代时蹴鞠的基本情况已与现代足球大致相似。球场是方形的,称为鞠室,四周有围墙,球场的两边各有球门,形状似月,比赛双方各有十二人,场上还有裁判。蹴鞠所用球称鞠,为圆形,外壳用皮做成,内部用毛发填充。唐代在制球工艺上有两大改进:一是把用两片皮合成的球壳改为用八片尖皮缝成的圆形球壳,球的形状更圆了;二是把球壳内塞毛发改为放一个动物尿泡在里面,成为充气的球,这是蹴鞠发展史上一项重要的发明。这样制作出来的球,轻便而且弹性好,球能踢得更高、更远。这两项改进,直接促进了蹴鞠运动的发展。

蹴鞠在古代受到上至皇帝贵族下到平民百姓的一致喜爱,是流传最广的运动之一。蹴鞠在古代还是寒食节的一项重要娱乐活动,人们在这一天玩蹴鞠、荡秋千,非常热闹。蹴鞠在宫廷女子中也很受欢迎,常常出现一群宫女争抢踢球的场面。

明代商喜所绘《宣宗行乐图》,生动描绘了明宣宗观赏蹴鞠比赛的情景。

足球还有只用一个球门和不用球门的玩法？古人确实这样玩。

古代的蹴鞠比赛形式多样，除了传统的两球门比赛之外，古代人还发明了不少新鲜的玩法，主要有筑球、白打等。

据《宋朝事实类苑》记载，筑球主要是比赛踢球技巧，参赛者可以用足、膝、肩、背、胸等部位接触球，但球不能落地，以球先落者为输，以球久不落者为赢。街头巷尾经常出现“球终日不坠”的情景。宋朝曾有一个著名的女子足球队，队里有153人，她们可以“球不离足，足不离球”。筑球比赛也有用一个球门的玩法，宋代颇流行这种玩法。在场地中间设一球网，球网上有一个直径一尺的圆洞，两队分别从两边向球洞射球，以射过球洞次数多者为胜。与现在不同的是，当时的规定是队友之间用脚传球，但是不能让球落地，规则类似于现在的排球，可以说是一种“脚上排球”。

《蹴鞠谱》中记载的球门样式

除了这种正式的分队比赛，蹴鞠玩法中更多的是不分队、没有球门和球网的玩法。白打采取两人或多人对踢的方式，主要是比赛球技，就好像我们常常见到的一伙人踢毽子一样。其中一人玩的独角戏叫作“一人场户”，是难度最大的一种玩法，功夫好的能用头、脚和膝盖来碰球，一只皮球仿佛粘在身上一般。两个人对踢的“二人场户”有“挑踢”等动作。“三人场户”就是三个人站成三角形，互相颠球对踢，唯一的要求是不要让球落地，相对来说比较简单。白打球通常不像正规蹴鞠那样严格按照一定的次序传踢，踢起来更加自由洒脱，特别适合女子，因此往往成为宫女们的娱乐项目。

唐代居然有18位皇帝爱打马球！古人怎样打马球？

马球是一种骑在马上用球杆击球入门的运动。马球在中国古代又称击鞠、击球、打球。马球用质地轻而坚硬的木头做成，有拳头大小，中间挖空，外边涂上颜色，一般呈红色或彩绘。打马球的棍子叫球杖、鞠杖，一般用木头或藤条做成，由于球棍顶端的弯曲部分形状如弯月，古代诗歌又常用月杖或初月来形容它。比赛用的马，都是经过严格挑选和特殊训练出来的好马。唐代的马球场周围大都建有亭、台、楼、榭等类似于看台的建筑，球门两旁还分别插有二十四面红旗。每队出场的球员大致为十人，他们身穿不同颜色的球衣及专用靴、帽，在乐曲伴奏下上场。唐人非常重视开场得胜的第一球，当时称为“第一筹”或“头筹”。在有皇帝参加的马球比赛中，按规定应该由皇帝打得头筹，在场人员大呼“万岁”，然后才能开始正式的比赛。

唐代人对马球如痴如狂，它的盛行是与当时统治者的提倡，尤其是皇帝的爱好分不开的。在整个唐王朝300年间的22个皇帝中，居然有18个是马球运动的爱好者。唐玄宗在做皇帝之前，曾和两位驸马组成四人马球队战胜了吐蕃的十人马球队，以少胜多，可谓是英雄少年。

为什么在古代驴子能参加球类运动？

我们知道唐代特别流行打马球，但是马球比赛具有很大的危险性，在比赛中经常发生烈马冲撞的现象，加上球杖的挥舞和球的高速飞行，球员没有专门的防护措施，在比赛中经常发生伤亡事故，所以一些力求安稳的大臣向皇帝上书建议人们远离这项危险的运动。

古人对马球的热情是控制不住的，于是有人开始想，有没有什么动物可以替代马呢？那就是驴子了。“驴鞠”从马球发展而来，顾名思义就是骑在驴背上挥杖击球，除了坐骑不同，其他与打马球都一样。由于驴子体型、速度和力量都不如马，乘驴打球的风险较小，这种玩法一经出现，就很快在社会上流行起来。

据史书记载，曾有一场驴鞠比赛一直打到了二更才结束，古人的二更是现在的晚上九点至十一点，骑驴打球竟然打到半夜，挑灯夜战，实在是夸张。更为夸张的是，皇帝竟也坐在驴上大摇大摆地打球。《资治通鉴》记载，唐僖宗就曾因沉溺于“乘驴击球”而受到大臣的批评。到了宋代，男子驴鞠已不足为怪了。《东京梦华录》中形象地记载了宋代男子驴鞠的盛大场面：先用彩色绸布结成小球门，参与者为“男子百余人”，都穿着固定服饰，一半穿红，一半穿青。然后各骑驴子“分为两队”，两队各设队长一名，两队你攻我防，互相追逐，场面热闹非凡。

什么是步打球？居然还有人想当步打球考试的状元？

现代曲棍球运动起源于19世纪初的英国，并在1908年伦敦奥运会上首次成为正式比赛项目。其实，早在1000多年前的唐朝，就已经出现了“曲棍球”比赛，只不过唐代人不把它叫作曲棍球，而叫步打球。步打球是一种徒步持杖击球的游戏，是唐代出现的马球的新玩法。

唐代童子步打球图（敦煌榆林窟第15窟南壁壁画）。一儿童伏跪在莲花座上，左手拿着一个圆球，右手挥舞着半月形的球杖。

比较起来，步打球没有马球和驴鞠那样奔腾热烈的场面，但自有它的优点和乐趣。首先，不用驴马代步，游戏者奔跑起来更加灵活，击球的准确性提高了，游戏的成就感也提高了，而且对于古代贫苦的老百姓来说，用马、驴来游戏毕竟是奢侈的。其次，跑步毕竟要比骑马、骑驴安全很多，极少有人会因为玩步打球而受伤或丢掉性命。第三，活动的空间更加随意。只要有一块空旷的平地，只要大家手里有一根球杖，随时都可以进行。步打球不需要专门的球场，在街道巷口也可以即兴玩起。

步打球因其危险小、难度小，深受广大妇女和儿童的欢迎。元稹《六年春遣怀》（其七）“童稚痴狂撩乱走，绣球花仗满堂前”描写了儿童热热闹闹玩步打球的情景。唐僖宗是个不折不扣的体育迷，他对各种打球方式都精通，尤其擅长步打球，他曾对手下人说：“如果我要考步打球的进士，肯定能拿到状元。”

“捶丸”是捶打丸子，看谁打的丸子多的运动吗？

捶丸，来源于唐代的步打球。步打球是挥动球杆将球打进球门的一种运动，类似于现在的曲棍球。但到了宋朝，人们不再像玩步打球那样十几个人争抢一个小球，而是各人击打各人的球，球进洞得一分。竞赛形式变了，名称也随之改变了，叫捶丸。“捶”即击，“丸”即球。

明代商喜《宣宗行乐图》中，亭子里摆放着各色球杆，图正中间的宣宗皇帝正要挥杆击球。

捶丸运动的器具、球场、规则与现代高尔夫运动有惊人的相似之处，难怪不少学者称它为“中国高尔夫”。捶丸的球洞叫作窝，通常一块比赛场地上设立多个球洞，每个球洞边插着一面三角旗，有白色旗、红色旗和蓝色旗，不同的颜色代表不同的意义。今天高尔夫球设有发球座作为每一洞的发球点，古代的捶丸也划定击球点，称为“基”，大致是一块长短各一尺的地方。捶球时分头棒、二棒、三棒，头棒需先安基再击球，每棒以前一落球处为新的起点。

捶丸中用到的球和球杆也很有讲究。捶丸的球杆有撺棒、杓棒、扑棒、单手、鹰嘴等十种，根据击球的姿势和距离远近不同，要换用不同的球杆。现在的高尔夫选手在比赛中需要用到木杆、铁杆、长杆、短杆辅助，比较起来，捶丸的讲究犹有过之。北京故宫博物院所藏的《宣宗行乐图》有一部分描绘了明代捶丸运动的场景。画中挥杆

人为明宣宗，宣宗的球杆，一根根分门别类地躺在特制的球台上，几位小太监一人捧着一根杆，等候主子换杆。帝王的球杆，通常以纯金打造边缘，顶上缀饰玉器，打球结束后，球具不装在球袋内而收藏在锦盒中。

类似明宣宗捶丸的古画有多幅，画中挥杆人有孩童、有妇女，显然当时人们不分男女贵贱都爱捶丸。元代人编写的《丸经》一书是古代关于捶丸运动的专著，书中记载宋徽宗、金章宗都爱捶丸。但是，这种宋、元、明时期盛极一时的运动，在明朝后期已经逐渐走下坡路，最终消失在中国的历史中。

古代也有保龄球运动？你猜球瓶上写着什么字？

保龄球又叫地滚球，是一种用滚球的方式去击倒远处的瓶状柱子的室内运动。其实中国古代也有类似的滚球游戏，这种游戏在唐朝开始出现，当时叫木射，又叫十五柱球戏。游戏时放置15个瓶状的木柱于地上，其中10个用红色书写：仁、义、礼、智、信、温、良、恭、俭、让，另外5个用黑色书写：傲、慢、佞、贪、滥。红黑字柱相间排列，作为目标竖立于场地的一端。游戏者依次在场地的另一端将木球从地面上滚去，击倒红字木柱者为胜，击倒黑字木柱者为输。

木射活动带有鲜明的传统道德烙印，“仁义礼智信，温良恭俭让”是我国古代儒家思想所追求的道德规范，“傲慢佞贪滥”则是古人所不齿的几种行为。在游戏

拟唐代木射图

中融入道德训诫的意味，是我国古代很多游戏娱乐的一个共同特征。

现在世界上流行的保龄球运动发源于欧洲。15世纪时，德国宗教教会流行一种用木球击柱的运动。那时，木柱被教徒们视为邪恶的象征，人们用球击倒木柱就可以免遭厄运，并且获得身体和心灵的洗礼，这就是现代保龄球的雏形。最初，人们把9个木柱摆成钻石形状，后来又增加了1个木瓶，最终形成了流传至今的10个木瓶柱的保龄球运动。

汉代一位皇帝想玩足球但是又怕累，大臣帮他想出了什么好办法？

蹴鞠在古代大受欢迎，连皇帝也心里痒痒想一展球技。西汉的汉成帝就是一位地道的“球迷”，但是大臣们认为皇帝是九五之尊，大汗淋漓地追着一个球跑实在是不成体统。汉成帝说：“我就是喜欢玩蹴鞠，你们帮我想一个和蹴鞠类似但又不累的运动吧。”大臣刘向就献出了“弹棋”，皇帝很快喜欢上了弹棋。这种“棋”和足球有什么关系呢？

弹棋是两个人玩的“桌上足球”。弹棋的棋盘大约呈方形或长方形，用非常光滑的石头或者一大块玉制成，中间隆起，四周低平，两端各有一个圆洞。棋子分黑白棋，各有6枚。下棋双方各占一边，将棋子摆好，并在棋盘上洒上滑石粉，以加速棋子的运行，先将6枚棋子全部弹入对方洞中者获胜。

弹棋发明后，最初只是在宫中流行，到了西汉末期，弹棋从宫中流散到民间。从魏晋到隋唐，弹棋在社会上长盛不衰。

到唐朝，弹棋的玩法有了一些改变。棋子由12枚增加为24枚，分为黑、红（或黑、白）两色，一半为“贵子”或“上子”，一半为“贱子”或“下子”。玩法是先以自己“贱子”去击对方的棋子，迫不得已再用“贵子”。白居易《和春深》二十首：“弹棋局上事，最妙是长斜。”为什么“长斜”是弹棋最妙的一招呢？长斜就是用自己分值较低的“贱子”弹落对方角落里分值较高的“贵子”，这样就可以取得一个最高分。这种

规定使游戏的难度增加，也更加好玩。

但是在魏晋和隋唐时期如此流行的弹棋游戏，到宋代却突然失传了，后人只能靠零星的记载来推测这一游戏的玩法。

尧舜教子说？战争兵法说？围棋究竟是谁发明的？

尧是传说中“三皇五帝”之一，是原始社会末期很有作为的君主。但是，他有个非常令人头疼的儿子——丹朱。丹朱从小活泼好动，长大后也整天惹是生非。尧思量着得想个办法改造儿子顽皮的性格，并且开发儿子的智力。有一天，他在沙滩上捡了两陶罐黑白两色的石子，又在一大块石盘上画好横竖格子。然后他叫来丹朱，父子二人各用一种颜色的石子在画有格子的石盘上围猎。这个游戏引起了丹朱极大的兴趣，丹朱的性子果然慢慢成熟起来，能坐下来安静地学习和思考了。后来这种石子围猎游戏逐渐传播开来，人们管这种游戏叫围棋。围棋古代又称弈，是中国最古老的棋戏之一。关于围棋的起源，历来有多种说法，其中最古老、流传最广的是尧舜发明说。传说“尧造围棋以教子丹朱”，后世还有舜发明围棋的说法，据说舜觉得儿子商均不够聪明，就发明了围棋来教导他。

古人十分强调围棋的启蒙功能。尧舜都以围棋来教子，可见在古人眼里，围棋是一种修身养性、陶冶情操的工具。关于围棋起源的第二种说法是围棋来源于战争兵法。现在不少人认为，围棋棋盘最初由战争时的军事形势图演化而来。古代部落首领在指挥战争时，常在地上画一些简单的军事形势图，并用石子表示双方兵力部署，商量作战及取胜的方法，后来演化成黑白棋子。

现在围棋棋手的水平分为九段，古人是怎么给棋手分级的呢？

隋代白瓷围棋盘

现在的围棋标准和等级分为九段，一段最低，九段最高，依次排定。那么，爱好围棋的古人是怎么评定标准、排出等级的呢？棋品是我国古代围棋棋手的等级，当时分为九等，称为“九品”。与现在的段位制正好相反，古代的棋品按照棋手水平的高低，从一到九排列，一品最高，九品最低。现在我国的台湾地区，还实行着“九品围棋制”。

东汉时，桓谭所著《新论》已将棋手分为上、中、下三等。这可以说是围棋九品制的雏形。“九品”之名，起自东汉史学家班固，他在《汉书》里把古代的历史人物分为九等，即上上、上中、上下，中上、中中、中下，下上、下中、下下。九品中正制成为从魏晋到隋唐延续几百年的选官制度。后来，连当时的神仙也被分为九品。正是受这些九品分级的影响，围棋界也创立了九品制度。

三国时期邯郸淳所著的《艺经》中将围棋分为九品：守拙，若愚，斗力，小巧，用智，通幽，具体，坐照，入神。据史书记载，南北朝时期共有三次大规模的品棋活动，其中第二次发生在梁武帝时期，这是中国围棋史上一次规模最大的评定棋品的盛会，经过筛选、评比，最终“登格者”有278人。所谓“登格”，即棋艺达到品位以上者，才有资格参与棋品的划分。这相当于现在的进入资格赛。

这种制度后来流传至日本，成为日本九段制的根据。1982年，中国围棋界决定正式恢复并实行段位制度，中国围棋最早的三位“九段”是陈祖德、聂卫平和吴淞笙。

我们常把围棋高手称为“国手”，古代有哪些国手？

三国时的王粲是“建安七子”之一，文学水平很高，他还是一位著名的围棋高手。一次，他看人下棋，不料棋盘被人碰了一下，整盘棋被破坏，王粲凭着记忆，重新摆出了原来的棋局。下棋人目瞪口呆，简直不敢相信自己的眼睛。他们用布把棋局盖起来，请王粲再重摆一遍。王粲轻轻松松再次摆出了打乱前的棋局，下棋者揭开罩布，竟然还是一子不错。王粲因此被《弈旦评》誉为“弈中神人”。

唐代棋手多如星云，其中最负盛名的要数王积薪。王积薪是唐玄宗时的棋手，号称“大唐第一国手”。他担任棋待诏，常在宫中陪唐玄宗下棋。棋待诏是唐朝时开始设立的一个官职，隶属于翰林院。“诏”指皇帝的诏书，“待诏”就是随时候命陪皇帝下棋。王积薪成名之后，也从不以名家自居自傲。他每次外出游玩，身边总带着棋子和棋盘。途中不管遇见谁，哪怕是平民百姓，只要会下棋，都要和人家来一局。谁要赢了他，还可以享用他款待的一顿佳肴。

王积薪不仅棋艺高超，而且还提出了一套围棋理论，即围棋《十诀》。这《十诀》为：一、不得贪胜。二、入界宜缓。三、攻彼顾我。四、弃子争先。五、舍小就大。六、逢危须弃。七、慎勿轻速。八、动须相应。九、彼强自保。十、势孤取和。《十诀》的影响非常深远，宋、明、清的棋手，都以《十诀》为座右铭。《十诀》是我国古典围棋理论中的瑰宝之一。

刘仲甫是宋代围棋第一国手，纵横棋坛20余年。刘仲甫总是抱着互相学习的态度，在街上与人切磋棋艺。有一天，刘仲甫的白棋眼看就要输掉了，他随手在一个谁也没想到的地方下了一子，并说：“这着棋的妙处，要到二十几步之后才能显示出来。”果不其然，二十几步之后，原来看似无理的那一步棋发挥了关键作用，白棋一下子转败为胜。

“象戏”就是大象在表演吗?

象戏的说法，始见于北周，有人认为这种游戏就是后来中国象棋的雏形。关于象棋的起源，影响较大的是“创始于先秦时代”说。这种观点认为，象棋中的“车”“马”“卒”“士”等明显来源于春秋战国时期的战争实践。

宝应象戏是历史上有关象棋的著名事件。据《玄怪录》记载，唐代宝应元年，汝南人岑顺旅途中住在了陕州吕氏凶宅，夜间梦见战鼓齐鸣，两支军队在激烈厮杀，他还听见军师命令说“天马斜飞度三止”“各有步卒横行一尺”等。后来掘地发现了一座古墓，墓里有一局象棋。岑顺才恍然大悟，原来梦里军师说的其实是象棋的走法。就棋子而言，现代象棋中的将、马、象、车、卒等名称在宝应象戏里都已出现。玩法与现代象棋也已经比较相似。到了北宋后期，象棋逐渐定型，与现在的象棋已经相差无几。

七国象戏是北宋司马光对象棋的改革。司马光自幼喜欢象棋，但是总觉得两人对局的象棋不过瘾，于是他把棋盘扩大为纵横十九路，制成七人一起下的七国象戏。七国象戏模仿战国七雄争霸的形势进行交锋，齐、楚、秦、燕、韩、赵、魏各占据一方，各有一枚将棋和若干炮、刀、剑等。七国象戏虽然下起来变幻无穷，但是在中国并没有流行开来。后来，这种被称为“司马温公七国象棋”的游戏传到了朝鲜，随后又从朝鲜传到了日本，并影响了日本的将棋。

五子棋和围棋都是黑白子，两者有关系吗?

五子棋起源于古代中国，发展于日本。五子棋与围棋用的都是黑白子，都是中国古代的传统黑白棋种。历来人们对五子棋与围棋的关系有好几种说法：一说五子棋早于围棋，起源于4000多年前的尧帝时期，比围棋的历史还要悠久；一说五子棋源于围棋，是围棋发展的一个分支；也有传说认为，五子棋最初流行于少数民族地区，以后渐渐演变成围棋并在炎黄子孙后代中流行开来。

在古代，五子棋棋具虽然与围棋相类同，但是下法却是完全不同的。正如《辞海》中所言，五子棋是“棋类游戏，棋具与围棋相同，两人对局，轮流下子，先将五子连成一行者为胜”。

现代五子棋在日本被称为“连珠”，据日本史料文献记载，中国古代的五子棋是经由高丽（朝鲜），于17世纪末至18世纪初传入日本的，到日本明治年间，经过公开征名，“连珠”这一名称才被正式确定下来，取意于“日月如合璧，五星如连珠”。从此，五子棋规则经过了不断地变化，后来又将19×19的围棋盘改为15×15的五子棋专用棋盘。20世纪初五子棋传入欧洲并迅速风靡全欧洲。通过一系列的变化，五子棋这一简单的游戏更加复杂化、规范化。现在，世界上有数10个国家加入了国际连珠联盟，五子棋已经成为了一种国际性棋类活动。

“格五”是遇到五就跳过去的古代跳棋游戏吗？

在春秋战国时期，人们创造出一种名叫“格五”的游戏。格五的玩法，类似今天的跳棋，可以说格五是古代的跳棋游戏。格五游戏要采用一种特殊的用具——簺（sài，通“塞”），所以又名博塞或塞戏。簺是一个六面体，类似今天的骰子，除去两面各有一个尖头以外，还剩有四面。掷簺有四种掷法：第一面刻一画，叫“塞”；第二面刻二画，叫“白”；第三面刻三画，叫“黑”；第四面不刻，叫“五”。塞、白、黑代表赢，遇到五时，则阻碍不能走，格五的名字正是由此而来。

古代格五的行棋方式与现在的跳棋大概相似，双方各执红白（或黑白）棋五枚，每次走一步，遇到对方则跳越，以先到达对方领地者为胜。《庄子》有一个关于塞戏的故事：臧和谷两人一齐到郊外放羊，结果把羊都丢了。主人非常生气，问臧干什么去了，臧回答说去读书了。又问谷去干什么了，谷说他去玩博塞了。可见，早在2000多年以前，塞戏已经在社会上流行了。在汉代，塞戏最盛行。东汉文学家边韶曾作一篇《塞赋》来记载塞戏，文章说塞戏有四道，象征一年的四季。棋子有12枚，象征着古代音乐中的十二律。棋子分为红白两色，象征着阴阳。他认为塞戏是比围棋更好的游戏，可以从游戏中明白天地万物、阴阳五行的道理，使自己的品德得到修养。

塞戏一直流传到明清，经过数百年的演变，今天的跳棋已经是全新的面貌了。

华佗发明的五禽戏模仿的是哪五种动物？

模仿动物动作的锻炼方法在我国有相当长的历史。早在战国时代，人们就通过模仿熊攀树、鸟伸脚的动作来延年益寿。马王堆三号汉墓出土的《导引图》，是一套讲解体育锻炼动作的图谱，上面绘有40多种姿势，有的看起来就像在模仿动物的动作。东汉时华佗对这些前代的功法进行了总结，并编制成了系统的套路，称为“五禽戏”。南朝陶弘景将这套动作记录了下来。

华佗的五禽戏共有动作54个，分为五套：一是虎戏，模仿虎的动作，如摇头、摆尾、扑按、转斗等，用来锻炼四肢；二是鹿戏，模仿鹿的动作，如探身、仰脖、奔跑、回首等，用来锻炼颈部，舒展筋骨；三是熊戏，模仿熊的动作，如撼运、抗靠、步行等，用来锻炼腰椎，增强体力；四是猿戏，模仿猴的动作，如纵山跳涧、攀树登枝、摘桃献果等，用来锻炼关节，使肢体更加灵活；五是鹤戏，模仿鹤的动作，如亮翅、轻翔、落雁等，用来锻炼胸腔，增强心肺功能。

通过模仿这五种动物的姿态，人的脊背、腰部、四肢以及周身关节都会得到舒展，全身得到锻炼。经过两千多年的传承与改进，五禽戏已经成为备受欢迎的健身体操，在人民群众中广为流传。

秋千能在水上荡吗？为什么古代有种游戏叫“水秋千”？

大家都玩过秋千，可是你敢在水里荡秋千吗？有人说那多危险啊，万一掉进水里就不好了。可是，古人的“水秋千”恰恰是要掉进水里的。

水秋千有些像现在的“花样跳水”。在鼓声的伴奏下，一名“跳水运动员”在竖立

着秋千的船上，荡起了秋千。只见他越荡越快，越荡越高，一直把秋千荡到与秋千架相平，才猛地双手脱开秋千绳，纵身飞向空中，在空中翻了个筋斗，一头扎进水里，泛起朵朵浪花。

水秋千出现于晚唐，在当时是比较少见的水上运动，经常与龙舟竞渡一起表演。到了宋代，水秋千表演才逐渐多起来。表演水秋千的人需要有很好的水性，并且要经过专业的训练，其难度和现在奥运会上的跳水有一拼。表演者必须掌握好起跳时间，还要把秋千荡到一定的高度，如果起跳的时间稍早或稍晚，就不能顺利地跳进水里，而是重重地摔在船头的甲板上，其危险性可想而知。

元代王振鹏《金明池争标图》中所绘水秋千

像水秋千这样新颖的水上游戏，在宋代不断涌现，例如水球比赛。水球比赛参赛者在水中轮流投掷球，以距离远近定输赢，宋徽宗有诗描写了这一比赛情况：“戏掷水球争远近，流星一点耀波光。”

锦标赛的“锦标”是什么意思？

“锦标”一词，最早在唐代出现，是赛龙舟取胜的标志。赛龙舟自春秋战国以来就是古人非常喜欢的一项体育运动，但这一古老的活动在唐代以前仅为划船活动，并无“夺标”这一环节。到了唐代赛龙舟成了一项独具特色而又极为隆重的竞赛活动，其目的在于争夺第一名。为了裁定名次，人们在水面的终点插上一根长杆，杆上缠上五颜六色的锦布，鲜艳夺目，称之锦标，也叫彩标。竞渡船只以首先夺取锦标者为胜，故这一竞赛又称为夺标。“标”就成了冠军的代名词。宋代以后，夺标成为竞渡的法定规则，一直沿用到明清两代。

“锦标”一词的由来，还有一段故事。据五代人王定保《唐摭言》记载，书生卢肇（zhào）与老乡黄颇齐名，两人一同赶考，当地太守嫌贫爱富，只设宴为黄颇饯行。人穷志不短的卢肇发奋苦读，第二年就中了状元，衣锦还乡。这下那位势利的太守慌了手脚，当时正值端阳佳节，盛大的龙舟竞渡活动正要举行，太守便盛情邀请卢肇同去参观这一盛事。卢肇思前想后，感到这人情世故的巨大反差，他当即赋诗一首：“向道是龙人不信，果然夺得锦标归。”“锦标”在这里一语双关，既应了端午节赛龙舟的景，同时也是卢肇人生经历的象征。

古人也爱水上运动？这些运动的难度系数一点儿都不低。

游泳等水上运动在古代统称为水嬉。唐代有一位著名的水嬉艺人，他能端坐在水面上，就好像坐在自己家的凉席上一样惬意。他还会从百尺的高台上纵身跳下，这和现在的“高台跳水”有几分相似。这个人游泳技术高超，“回波出入，变易千状”，只见他在水里回旋出没，变换各种游泳姿势，“神龙见首不见尾”，颇有些奥运会上“花样游泳”的感觉。

古代不仅有游泳高手，还有一些潜泳能手。汉武帝一次在河边听到水上有歌声，原来是一群老人和年轻人手持乐器在水上表演节目。汉武帝命令他们下水取水底洞穴的宝物，一个人受命潜到数百丈深的水底捞取出了一个硕大的明珠。古代沿海居民很多人都有这样高超的潜泳技术，广西海边的人十余岁就开始学习潜水采珍珠。北方人也有擅长游泳的，《唐国史补》记载龙门人擅长游泳，那里人们能在黄河瀑布中自如地游泳，这实在是需要极大的勇气。晚唐五代时期，一些贵族富豪已经拥有私人游泳池。

宋明时期还出现了一种叫“水傀儡”的水上表演节目：在一个长方形的储水池

里，表演者在小彩楼里操纵着用彩木雕成的人像、物件，使它们在浮在水上的竹板上面表演。宋代的“水傀儡”一直流传到清代才逐渐失传。

即便被浇成“落汤鸡”也要挤着看的运动是什么？

现在每年中秋节前后，都有很多游人前往钱塘江观看大潮。中秋观潮，自古便有。钱塘江大潮是一种奇特的自然现象，表演者在水中向观众表演各种泳技，一场表演下来，手里的红旗连旗尾也没有沾湿。可以说，古代的弄潮儿并不比现在的冲浪运动员差，他们不需借助滑板等工具，只凭手脚，就能在潮头腾身百变。

弄潮的风气在两宋时最盛行，特别是宋高宗定都临安（今浙江省杭州市）之后。每年的八月中旬钱塘江弄潮总能吸引几乎全城的百姓围观。临安市民往往等不到八月十八日潮水最为猛烈的一天的到来，就成群结队去钱塘江边观看了。人站在岸边一小会儿，潮水就会把人浇成“落汤鸡”，很多人不得不退出岸边挤干衣服。即使如此狼狈不堪，他们烘干衣服后还要问：“什么时候还有大潮啊？”如此高的热情，只为一睹弄潮儿的绝代风采。弄潮还吸引了皇帝大臣围观，钱塘江岸上到处是为观看弄潮而搭起的棚子。在正式的表演之前，通常还有“热身赛”。趁着大潮还没到，水兵会在潮水中表演“水中武术”，他们一会儿展旗，一会儿舞刀，一会儿弄枪。弄潮儿表演结束后，还会得到临安市民的集体犒劳，即使不富裕的市民也会端出丰盛的酒肉。他们回城时，高高举起没有被潮水打湿的旗帜，沿岸的百姓击鼓奏乐，那阵式一点儿也不输给凯旋归来的战斗英雄。

清朝的“花样滑冰”有哪些花样？哪位皇帝喜欢花样滑冰？

古人的花样滑冰有单人独滑，也有双人或多人组合，一人做出托举动作，另一人在上面做出腾飞旋转等动作。表演者还可以做出千姿百态的动作，如“凤凰展翅”“金鸡独立”“燕子戏水”等。花样滑冰比赛也很精彩，正式比赛开始之前，要在皇帝的御座附近鸣炮，数里地之外的大旗处随后也鸣炮一声作为回应。随着一声炮响，就见众人从大旗处争先恐后滑向御座，如千军万马驰骋，最先到达御座的为胜，分头等、二等，各有赏赐。

转龙射球是将滑冰和射箭合二为一的活动。这种技艺较高的冰上活动只流行于宫廷，民间少见记述。一人手拿小旗走在前面，后面两人拿着弓箭，一二百旗手和三四百弓箭手曲折盘旋走在冰上，从远处望去，蜿蜒如长龙。队伍的最后方是一位儿童旗手，表示龙的尾巴。在皇帝的御座附近设有旗门，上面悬挂的球称“天球”，下面悬挂的球称“地球”。长长的队伍将要滑到御座附近时，两位弓箭手快速张弓，一个射天球，一个射地球，射箭后迅速退出按原路返回队伍。

冰嬉在乾隆时期受到高度重视，有一位苗族青年因冰嬉技巧高超而受到乾隆帝的表彰，特许加入八旗。受宫里影响，冰嬉在民间也颇受百姓欢迎。

乾隆时期的《冰嬉图》展示了盛大的冰上表演

皇帝站在冰上看冰上表演不冷吗？你可能想多了。

冰上表演在冰上进行，那么皇帝也要站在冰上观看吗？其实不然。清朝的皇帝会乘坐一架特制的“冰床”亲临现场。冰床，也称拖床，是清代冰上滑行用具。冰床长约五尺，宽约三尺，一般用木头做成。大冰床用黄色缎子围起来，有龙凤花纹，从远处看就像是一顶大轿子。但是它不是由人抬着走的，而是由八个人从后面推着行进的，它的下面装置了利于冰上滑行的铁条。

清代拉冰床图

不仅皇帝在冰嬉时乘坐冰床看表演，官员百姓在冬季时出行也可以乘坐冰床，冰床成为冬季的一种重要交通工具。明代万历年间，宫中水域管理较为宽松，老百姓常在冬季进入皇城内外的水域活动。贫困的百姓经常有靠拉冰床来糊口的，寒冬腊月，冰厚的时候，经常可以见到交拉如织的情景。冰床以木作板，有的上面再垫一层竹席，床上可以坐三四人，只需一人拉着绳子，就可以在冰上滑行如飞。传说明代的北京积水潭等处，曾有豪门子弟将几张冰床甚至十几张冰床用链子连在一起，置酒案于冰床之上，喝酒聊天。有一首诗很形象地描写乘坐冰床游乐的情景：“十月冰床遍九城，游人曳去一毛轻。风和日暖时端坐，疑在琉璃世界行。”

古人用什么做冰鞋？为了玩，古人想出了各种办法。

古人在冬季时经常进行一些冰上运动，既然在冰上运动，就一定要用到溜冰鞋。古代可没有现在这种带轮子的溜冰鞋，聪明的古人会怎么办呢？最早的冰鞋是从冰刀演化而来的，人们为了便于在冰上行走，就把牲畜的胫骨缚于脚下。后来人们对冰刀进行改进，在一块木板的底部固定铁条或铁片，再将木板扎紧在鞋上，称为冰鞋。

清朝时已经有“溜冰”一说了。溜冰，又叫冰上滑擦。冬季时市民经常聚集在护城河进行溜冰比赛，返回的时候则坐人拉的冰床。

古代还有带毛猪皮做成的冰鞋，这是一种特制的冰鞋。清朝有一种冰上运动名为“打滑挞（tà）”，非常类似于今天的高山滑雪。在冬季选一个比较陡的坡，用水浇铸成冰山，高大约有10米左右。勇士们从最高处滑下，以到地不摔倒为胜。之所以要用猪皮的冰鞋，是因为打滑挞从高处滑落，需要非常光滑的冰，同时冰鞋也要非常滑，以尽可能减少与冰的摩擦。

古人在冰上抢球时穿的则是另外一种特制的冰鞋。进行抢球比赛时，参赛者分为左右队，一队穿红衣，一队穿黄衣，排队站好。御前侍卫把一个球踢向两队中间，众人开始争抢，抢到球者再把球抛给自己的队友。这种运动可能是把足球、篮球和滑冰结合起来，抢球时既可以用手掷也可以用脚踢。因为需要控制球，穿的冰鞋必须要比较灵活，所以就在鞋上安装了铁齿。

拔河拔的是绳子，它为什么不叫“拔绳”而叫“拔河”呢？

拔河在唐代之前不叫“拔河”，而是叫“牵钩”。春秋战国时期，南方的楚国与越国经常发生水战，人们发明了一种叫“钩强”的工具，可以在战争时把对方的船只拖住或推开。平时为了训练士兵的这项技能，军队里准备了一条粗大的竹索，把士兵分为两队，让他们各拉竹索的一端，互相较力。后来，这种活动才逐渐演化为民间的一种游戏。拔河用的绳索由原来的竹索改用四五十丈长的大麻绳，大绳正中插一根大旗，旗的两边划两条竖线，称为河界线。比赛时，以河界线为胜负标志，所以改称为“拔河”。

古代拔河与现在的拔河稍微有些区别。古代拔河用的绳索两头系着数百条小绳套，拔河的人把绳套挂在胸前，就像纤夫拉纤一样把绳子使劲往自己的方向拉，而现在的拔河直接用手来拉。古代拔河有时场面很大，唐玄宗在皇宫里举行的一场拔河比赛，参加者有1000多人。

在皇宫里组织过拔河比赛的还有唐中宗。与那场1000多人的浩大队伍相比，这次比赛就显得小了很多。但是，这次比赛的参赛者们可是个个精英。比赛在皇宫的梨园球场进行，参加者都是三品以上的高官，其中还有两位年迈的宰相。其中一支队伍由七位宰相、两位驸马组成，另一支队伍由三位宰相、五位将军组成。一群身居高位的宰相、将军、驸马在皇帝面前拔河作乐，可谓是皇宫一大奇观。更荒唐的是，那两位年纪大的宰相竟然被绳子拖倒在地，最后只好被人扶起来，逗得皇帝哈哈大笑。

拔河在古代不光是一种娱乐游戏，它还带有祈求风调雨顺、五谷丰登的美好愿望。拔河游戏在唐代军队中继续作为一种军事训练的重要科目广泛开展。唐以后，拔河在民间广为流行，但参加者一般只是十几人或几十人为一队，再也没有像大唐盛世那样多达千人的大型拔河比赛了。

踢毽子为什么被称为“蹴鞠之遗事”？

毽子，在古籍中又写作鞬子。毽子底座（毽铊）通常用铜钱或锡、铁片制成。以铜钱为托，把鸡毛固定于钱眼之中，这是最普遍的制毽子方法。毽子源于古代蹴鞠，而它的踢玩方式、技巧又糅合了唐宋以来踢球的技艺，所以人们一般认为它是“蹴鞠之遗事”。由于踢毽子需要很好的腿上功夫，所以有的地方还把它作为练武的辅助方式。

踢毽子又叫作“踢箭”“攒花”，三五个人在一起踢毽子称为“撵花”。汉代砖雕中已出现踢毽者的形象，这说明至少在2000多年前此项游戏就已经问世。据《高僧传》记载，有个12岁的小和尚在街上的井栏上踢毽子，而且能连续踢500下，可见这个小和尚的踢毽子技术十分高超。踢毽子在宋代极为流行，并且吸收了蹴鞠的许多踢法，踢的花样更加丰富。踢毽子的动作被冠以好听的名目，如佛顶珠、拖枪、突肚等。据说，清朝光绪年间，承德有位100岁的老人，能踢出喜鹊登枝、金龙探爪、狮子滚绣球等100多种花式。

明清时，踢毽子游戏得以大发展。清代《帝京岁时纪胜》记述北京民间踢毽子：“有专业踢毽子的艺人，踢的时候手舞足蹈，一刻都不停，毽子一会落在那人的头上，一会落在他的脸上，他还能用背和胸接住毽子。”踢毽子在清朝还被看作一种杂技，三四人一起来踢，一会儿高一会儿低，一会儿远一会儿近。踢的时候还能变换各种踢法，归纳起来有“盘”“拐”“磕”“蹦”四大类。“盘”用双脚替换踢，“拐”用脚外侧踢，“磕”用膝来顶，“蹦”则用足尖来踢。清代的广州，每年的元宵节都有踢毽子盛会，人们不分尊卑都来一试身手。热闹的踢毽子活动，使元宵佳节锦上添花。

古代中国的斗牛和西班牙斗牛是一回事吗?

斗牛在中国是一项很古老的游戏。古代的斗牛有两种情况，一是人牛相斗，二是两牛相斗。人牛相斗，早在先秦时期就有了，在郑州出土的汉代画像石上有人牛相斗图。图上的斗牛士双腿微微弓着，一手高高举起，一手握着牛角，看起来十分惊险。唐代时有一位斗牛勇士名叫宋令文，力大无比。禅定寺有一头十分凶狠的牛，常用牛角抵人，大家都不敢靠近它，只好用栏杆围起来。宋令文听说了这件事，脱掉衣服跳进栏杆，双手拽住牛的两角，用力一拔，牛倒在地上，颈骨断裂而死。

两牛相斗出现得也很早，到唐代，这种斗牛形式逐渐增多。吴越地区在每年八月十八日观看钱塘江大潮之后，都要观看斗牛表演，这种风俗一直持续到近代。

西班牙斗牛起源于西班牙古代宗教活动，已有几个世纪的历史。现在西班牙有300多个斗牛场，每年3月至11月是西班牙斗牛节。斗牛一直被认为是勇敢善战的象征，是西班牙的国技。西班牙斗牛与中国传统的斗牛相比，一个最大的区别是：中国古代的斗牛主要是靠力量，斗牛士一般是徒手拽住牛角或牛尾把牛制服；而西班牙斗牛士一般手持长矛或利剑，在斗牛的最后阶段借助工具把牛刺死。此外，西班牙斗牛都是人牛相斗，而中国古代的斗牛除了人牛相斗之外，还有极具观赏性的两牛相斗表演。

中国古代的马术是怎样表演的？各种花样让人叹为观止。

中国古代的马伎历史悠远，在东汉的画像石上有许多表现马伎的画面。

魏晋南北朝时期是马伎发展的重要时期。后赵统治者石虎曾在宫殿里观看百戏表演，其中的马伎表演非常精彩。表演者扮作猴子，或立于马头，或立于马尾，或横卧于马上，名为“猿骑”。“马射”是人在马背上张弓射箭，“奔马击钱”是将十余枚钱叠起来，人在奔马上将钱一枚枚击落，这种准确性是非常惊人的。“飞骑书写”则是在骏马奔驰的过程中握笔在纸上写字。

唐代舞马衔杯纹银壶上绘有舞马屈膝衔杯的画面，反映了盛唐时期舞马艺术的辉煌。

盛装舞步是现代马术运动的一项，又称花样骑术，起源于公元前4—5世纪，于1912年正式成为奥运会的比赛项目。在整个比赛过程中，人着盛装，马走舞步，在沙地中完成各种步伐表演。其实，在我国古代，也有华丽好看的“盛装舞步”，那就是古代的“舞马”。

曹魏时期就已经出现了舞马表演，到唐代时舞马逐渐成为一种重要的舞蹈表演形式。所谓“舞马四百蹄”就是指的这种由100匹马组成的盛大舞马表演。舞马的装束雍容华贵，它们身披漂亮的锦绣衣服，挂着璎珞，牵马的壮士也都着金挂玉。舞马在音乐的伴奏之下，翩翩起舞，时而盘蹲翻转，时而旋转如飞，时而踏步徘徊，时而跳跃侧转。高潮时，舞马就会跃上三层高的床板，壮士们把床板和马一起举起来。舞马还能屈膝衔着酒杯给皇帝敬酒祝寿。

古人没有杠铃，他们通过举什么东西来证明自己的力量呢？

举重历来是被古人所重视的锻炼体能的体育项目，在我国已有几千年的历史。早在春秋时期，就有了类似举重的活动，这种活动叫作“翘关”。所谓“翘”即举，所谓“关”指的是城门上用木头做的大门闩。古时城门具有非常重要的作用，每天都有专门的人举起城门的门闩来控制城门的开和关。翘关就是凭借手臂的力量举起城门上很重的木闩。孔子是历史上的大圣人，他还是一个“举重”好手。《吕氏春秋》《论衡》《列子》等书均记载了“孔子之劲，举国门之关”。

到了春秋末年，举重有了新的方式，这便是“扛（gāng）鼎”。鼎是古人煮东西的器物，一般三足两耳，也有四足的大方鼎。鼎大的可重达千斤，小的也有百斤左右。扛鼎是由一人用手握着鼎耳将鼎举起来，或者用横木穿过鼎的两耳，人举横木的两端将鼎举起。战国时秦国是扛鼎大力士最多的国家，其中乌获、孟说都是可以举千斤鼎的大力士。“力拔山兮气盖世”的楚霸王项羽据说也是大力士，他“身长八尺，力能扛鼎”。扛鼎是力量的象征，古人的军队里经常用这种方式来训练士兵。到汉代，扛鼎扩展成为娱乐表演形式，并演变出了“举石”“举大瓮”等杂技节目。

举重在唐代成为科举武举考试的一项必考科目。要求翘举时，后手离关的一端不准超过一尺。唐代举重考试或比赛还有其他标准要求，比如举5下或者10下，还有举着五斛米走20步或30步这样的硬性要求。宋代时，举重依旧是一种展现勇力的途径。《水浒传》中的打虎英雄武松也是一位举重高手，他能轻轻松松地把一块三五百斤的方形石墩抱起来，然后往空中抛出一丈高，再用双手接住。

明清两代举重的对象更是五花八门，有举桌床、举石凳、举石狮等。武举时举重的标准也是有规定的，一定要举到膝盖或胸以上才算达标。

相扑运动在哪个朝代流行过？

在中国古代也流行过类似相扑的竞技，那就是角抵。传说中蚩尤（chīyóu）民族头上有角，他们在与黄帝打仗时，就以头上的角抵人，敌方对此很难防御。后来人们戴着有角的面具互相比武、斗力，这种既是竞技又是表演的活动，称为角抵，又名蚩尤戏。

明刊本《水浒全传》插图：燕青智扑擎天柱

秦汉时期，角抵逐渐成为一项娱乐表演活动。从南北朝时开始，角抵又被称为相扑。相扑在唐代已经很盛行，宋代从事相扑的人分为两类：一类称为“内等子”，是宫廷御用的相扑手，兼有表演艺人和皇宫护卫的作用；还有一类是市井相扑手，经常在街头巷尾为市民表演。当时的相扑“明星”都有名号，如“张关索、曹铁拳、武当山、董急快”，从他们的名号中一般能看出该人相扑的特点。北宋还有“小儿相扑”，表演时两个儿童趴下，用双手支在地上，像牛一样用头相触，互相较力。也有双腿往后蹬着，互相搂抱着相搏的。而“女子厮扑”则是指女相扑手，在相扑正式表演之前，往往先有几对女相扑手出来表演一些套路以吸引观众，有名的女相扑手有“赛关索、嚣三娘、黑四姐”等，瞧这些名号应该也是技艺高超之人。“乔相扑”，俗称“二贵摔跤”，是一种相扑滑稽表演，为单人表演形式，表演者隐藏在用棉花、稻草做成的两个偶人的衣服套子里面，以双腿和双臂扮作两人，做手脚互摔的动作。

中国传统武术有“南拳北腿”的说法，为什么南方武术善于拳法，北方武术善于腿法？

“南拳北腿”的说法反映了我国传统武术在风格和特点上的南北差异。所谓“南拳”，即南方武术善于拳法，其特点是贴身短打、迅速紧凑。所谓“北腿”，即北方武术善于腿法，其特点是放长击远、舒展大方。

不同类型的地理环境特点对于该地区武术风格的形成具有重要影响。北方地势平坦，人的体质较为高大强壮，所以北方武术以刚为主，动作幅度比较大，讲究力道的运用。南方气候温润，地形多样，所以南方武术多以灵巧、柔化的拳法闻名。近代体育史研究专家郭希汾说：“武术分南北二派，是由于天时地理的作用导致的，是自然发生的结果，而不是人力可以控制的。南北气候、饮食的不同导致体质的不同，体质既然不一样，武术自然也就不同。北方的拳术，气势雄迈，力量深厚，不是南派武术所能比的。但是北方武术没有南派武术那么灵活，南派武术的变化神奇之处要在北派之上。”

“南拳”在明清两代成为一个大的武术门类，最晚在明朝，南拳就形成了独立的系统。南拳流派众多，错综复杂，比较有名的有洪拳、蔡李佛拳、咏春拳等。“南派多用拳、北派多用脚”的说法也不是绝对的。在经过明清时期的武术南北大交流之后，南北派就不再那么分明了，双方都在互相吸收对方的优点，取长补短。

射柳是射柳叶吗？古人是怎样射柳的？

我国北方少数民族向来重视骑术和射术，其中把二者结合起来的最有趣的活动就是射柳了。这里的射柳可不是站在地上射柳树，而是骑着马射插在地上的柳枝。射柳的渊源可以追溯到匈奴、鲜卑等北方游牧民族古老的祭祀传统。鲜卑族在秋天大祭的时候，插柳枝于地上，众人骑马绕柳枝三圈。

射柳在辽、金、宋、元时期流行于宫廷内外，射柳活动一般与打马球等活动同时

举行，地点一般就在球场。在球场两边插上柳枝，所射的柳枝上有一段去了皮，只有从去了皮的地方射断柳枝并且能飞马捡起断枝的人才算是上乘高手。在射柳的时候，旁边还会有人擂鼓助威。

骑术和射术是古代冷兵器时期作战最重要的两门技能，对北方少数民族来说，这两项技能更是他们谋生的必备本领。射柳既是一项娱乐活动，同时也锻炼了他们的骑术和射术，所以这项活动在军队盛行，作为练兵的一种辅助手段。

到了明朝，射柳的形式有了一些变化，射柳时考校骑术和射术的竞技意味减弱，娱乐消遣的意味加强。除了军队和边镇延续了前代射柳的形式，在宫廷里还出现了一种叫“剪柳”的游戏。剪柳，也叫射柳，明朝永乐年间，宫人用葫芦装着鸽子悬挂在柳枝上，弯弓射之，被射中的葫芦落地震开后，鸽子就能飞出来。比赛输赢的标准是鸽子飞出的高低，虽然名叫“射柳”，但是我们可以看出，明朝的射柳已经和金元时期有了很大的差别，在难度上要小得多。与一些传统体育一样，射柳一直延续到清朝中期，最终走向了衰落。